中文社会科学引文索引(CSSCI)来源集刊(2017—2018)
中国知网(CNKI)全文收录

对外汉语研究

第十九期

上海师范大学
《对外汉语研究》编委会　编

2019 年 · 北京

《对外汉语研究》编委会

目　　录

汉语应用研究

汉语本体研究

基于认知语法研究的汉语教学语法体系建构*

张旺熹

摘　要:本文根据对外汉语教学语法体系建设的需要,着重讨论以下三方面的问题:一是对外汉语教学界有关重构汉语教学语法体系的迫切需求;二是以"V+着"结构为例,讨论汉语认知语法研究的价值取向及其教学转化问题;三是从三个方面谈了汉语认知语法研究对教学语法体系建构的基础作用。

关键词:教学语法体系;认知语法;"V+着"结构

〇、引言

近20年来,我们一直致力于汉语认知语法的研究。主要研究成果体现在以下三个方面:其一,20世纪90年代末对汉语补语系统的认知研究,比如:《动补结构的语义系统》(张旺熹,1999),《"动+得+形"结构的变体形式》(张旺熹,2000a),《表现功效范畴的"动+得+形"结构》(2000b),《"动+形"结构的原型范畴》(张旺熹,2001b);其二,新世纪初对汉语句法认知结构的研究,比如《"把"字句的位移图式》(张旺熹,2001a),《从视点平行移动看持续体"着"的语义形成机制》(张旺熹、朱文文,2006),《汉语句法重叠的无界性》(2006),《连字句的序位框架及其对条件成分的映现》(2005),《重动结构的远距离因果关系动因》(张旺熹,2002);其三,近年来对汉语认知功能的研究,比如《对话框架与副词"可"的交互主观性》(张旺熹、李慧敏,2009),《人称代词"人家"的劝解场景与移情功能》(张旺熹、韩超,2011)。尽管这三个阶段的研究内容和研究视角各有侧重,但其面向对外汉语教学语法研究的主旨是一贯的,集中进行汉语认知语法研究的目标是一致的。

* 本研究得到国家社科基金重大项目"对外汉语教学语法大纲研制和教学参考语法书系(多卷本)"(项目编号:17ZDA307)的资助。

下面，笔者将结合2017年国家社科基金重大项目《对外汉语教学语法大纲研制和教学参考语法书系》（多卷本）的研究目标，就基于认知语法的对外汉语教学语法体系建构问题谈一些粗浅认识，以就教于方家。

一、对外汉语教学语法体系建构的迫切需求

1.1 对外汉语教学语法体系建构的理论基础

众所周知，对外汉语教学语法体系的建立，经历了如下基本历程：由邓懿的《汉语教科书》（1958）初创体系，到李培元等的《基础汉语课本》（1980）进一步完善，再到赵淑华等（1997）对现代汉语句型的统计与分析，形成汉语教学语法体系的基本格局；最后，王还主编的《对外汉语教学语法大纲》（1995）可以说是一个阶段性的总结。此后，并无新的教学语法体系问世。我们必须看到，这一对外汉语教学语法体系，并没有打破汉语母语文教育的体系，因而未能充分体现作为成人第二语言学习者所具有的成熟的认知能力的特点，也未能体现对外汉语教学所必须具有的跨语言比较的特征。这一体系应当说是有明显局限性的。

1.2 现行对外汉语教学语法体系及其存在的问题

应当承认，王还20世纪90年代主编的《对外汉语教学语法大纲》（1995），代表了对外汉语教学最为完整的教学语法大纲体系设计水平，刘月华等编写的《实用现代汉语语法》（1983）是目前使用最广的对外汉语教学参考语法工具书。但这两部著作中所展示出来的对外汉语教学语法体系，仍然存在着一些明显问题，这也是不可回避的。

这些问题主要包括以下几个方面：其一，以母语教学语法体系替代第二语言教学语法体系，语法项目的针对性和选择性均不强；其二，以结构形式体系为主，缺乏对语义系统和语用系统的兼顾和观照，这对于一个科学的第二语言教学语法体系来说显然是不够的；其三，语法的内在层次性和等级性体现不够充分，不能突出对外汉语教学语法分层、分级的特点；其四，汉语语法研究的最新学术成果未能得到有效的吸纳，有些语法观点、观念已显得有些陈旧。

1.3 对外汉语教学语法体系改革的愿望

面对对外汉语教学语法体系长期得不到改善的状况，一些学者从20世纪90年代

开始，便提出改革对外汉语教学语法体系的愿望。德国汉学家柯彼德最早发出改革的呼声，强调短语词在构建教学语法体系中的重要性（柯彼德，1991）；北京语言大学吕文华继而呼吁改革，强调语素在语法体系建构中的基础作用（吕文华，1999）；2016 年 12 月，北语对外汉语研究中心举办对外汉语教学语法体系建设论坛，一批中青年学者参会，强烈呼吁学界重构对外汉语教学语法体系。这充分表明，对外汉语教学语法体系已到了非改不行的地步。

我们对对外汉语教学语法体系的改革，一贯持积极赞同和大力支持的态度，也曾有过对建构新的对外汉语教学语法的思考。我们的思考主要基于两点：其一，主张以句子为核心，贯通句子与篇章、句子与短语，建立以句子为核心的语法关系体系；其二，构建三层级的教学语法体系，即教学语法体系要建立在把握学习者的特点与需求的基础上，而学习者的特点与需求，又要以语法习得规律、汉语语法规律、汉外语言差异三方面的认知研究为基础。如图 1 所示：

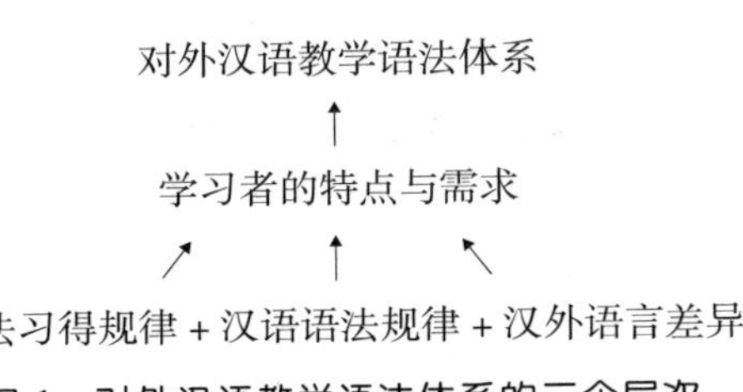

图 1　对外汉语教学语法体系的三个层次

也就是说，一个科学的教学语法体系，首先是要综合语法习得规律、汉语语法规律以及汉外语言差异这三方面的情况，并以此为基础结合学习者的特点与需求，最后再综合考量和建构对外汉语教学语法体系。当然，这种构想是十分理想化的，但我们需要向此目标不懈努力。

二、从研究个案看汉语认知语法研究的价值取向及其教学转化

上文说过，我们从三个方面做过初步的汉语认知语法研究，其中包括：一是对汉语补语系统的认知研究，二是对汉语特殊句法的认知结构研究，三是对汉语句法的认知功能研究。总体而言，笔者认为，基于认知、面向教学的汉语语法研究，是十分有利于对外汉语教学语法体系建构的。

下面，我们结合汉语“V + 着”结构的认知研究，略微展开实例，说明其对教学语法体系建构的价值取向。

一般而言，我们把汉语的“V+着”结构分为四种基本的语法形式：

(1)独立的“V+着”结构：他站着。

(2)“V着+V着”结构：她说着说着哭了。

(3)“V_1+着+V_2”结构：他站着上课。

(4)表存在的“V+着”结构：墙上挂着画。

其实，从认知语法的角度，我们可以很清晰地把它们图式化，并显示这四类句子的不同语义结构和语义关系。

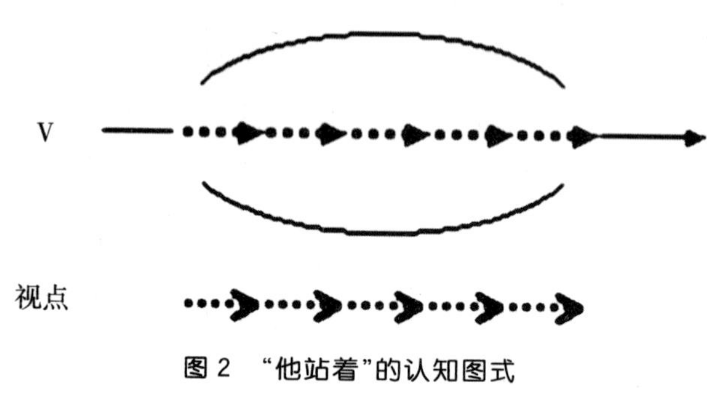

图2 “他站着”的认知图式

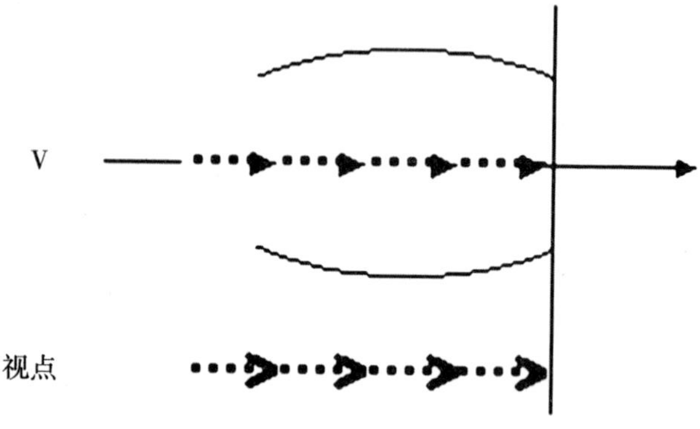

图3 “她说着说着哭了”的认知图式

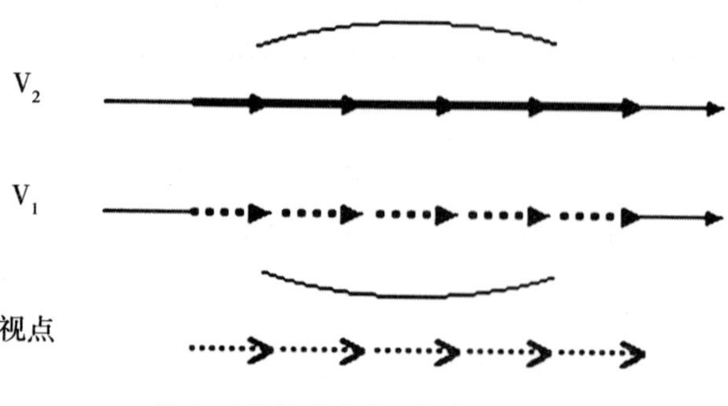

图4 “他站着上课”的认知图式

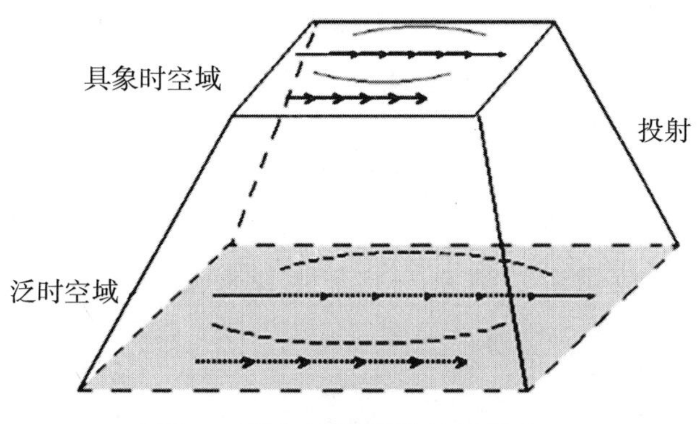

图 5 “墙上挂着画”的认知图式

仔细观察不难发现，从图 2 到图 3 再到图 4 以及图 5，它们显示了“V 着”结构两类认知模式：图 2、图 3 和图 4，显示的是视点平行移动的认知模式，虽三者各有差异，图 3 和图 4 都是图 2 的变体；而图 5 显示的是视点平行移动模式在泛时空条件下的一种投射。因此，我们把“V 着”结构的认知模式总括为视点平行移动。这样，我们就能够很好地利用成人汉语二语学习者的认知能力，让他们充分理解和把握汉语“V 着”结构的认知特点。这就是我们提倡建立以认知语法为基础的对外汉语教学语法体系的道理。受篇幅所限，更多的例子就不再举了。不过，道理都是相通的。我们相信，认知语法能够很好地解释汉语语法中的许多问题，它比其他的语法理论可能更适宜用来构建面向对外汉语教学的教学语法体系。

汉语认知语法研究成果能否有效地应用于构建对外汉语教学语法体系，关键一点是要看我们的研究成果能否较为顺利和科学地向教学实践转化。从以往的一些研究和教学经验来看，这种转化应当是可以实现的。

首先，从我们早些年在香港进行汉语教师培训的教学经历看，从认知语法的角度来构建汉语补语的教学系统，是很容易得到学员的理解和接受的；其次，我们关于汉语“把”字句位移图式的研究，已经有多方面的信息表明，这一认知语法的研究成果能够很好地实现教学转化，冯胜利（2011）、韩玉国（2014）都从教学转化的角度进行过实践；再次，我们对副词“可”交互主观性的研究（张旺熹、李慧敏，2009），也有实践证明其教学转化的可行性和有效性，潘海峰（2015）便提出了摆脱“强调说”而采用“交互说”进行教学实践经验。以上这些例子，均在一定程度上说明，将汉语认知语法的研究成果，运用于课堂教学实践，并进而用于构建对外汉语教学语法体系，这一想法是具有可行性的。笔者相信，随着认知语法研究的拓展和教学实践的深化，这样的案例会更多、更有说服力。

三、汉语认知语法研究对对外汉语教学语法体系建构的基础作用

3.1 对外汉语教学语法体系一定要以某种语法理论为基础

我们讨论对外汉语教学语法体系的建构，必须明确的一个前提，即对外汉语教学语法体系不能建立在“沙滩”上。也就是说，要构建对外汉语教学语法体系，就必须以某种或某几种现代语法学理论为基础，那种认为对外汉语教学语法体系可以不依赖语法学理论而能建成的想法，是我们所不认可、不接受的。

那么，对外汉语教学语法体系应以怎样的理论为基础呢？这是一个见仁见智的问题。当然，每一种语法理论都有其作为教学语法体系基础的可取的一面：传统语法比较系统；描写语法比较细致；结构主义语法更加关注形式，易于学习者把握；功能语法更偏向于语用功能，更具交际实用性，等等。而我们需要思考的是，适用于对外汉语教学语法体系的语法理论，应该具有哪些基本特征？

3.2 认知语法作为对外汉语教学语法体系建构基础的四点优长

经过这些年的研究，我们认识和体会到，认知语法是一种较为符合我们理想中的用于建构对外汉语教学语法体系的一种语法学理论。它至少有以下四方面的优长值得我们特别重视。

首先，认知语法重在语义解释。它着重研究某一语法点的核心语义是什么，该核心语义又是如何形成的。也就是说，它不但告诉我们语义是什么，而且也告诉我们语义之所以形成的认知心理基础。就像“V 着”结构，不仅告诉我们四种基本语义是什么，彼此有何不同，还告诉我们，“V 着”语义形成的认知心理机制在于，它来源于人们观察事件的视点平行移动模式。这样的语义解释，就有可能让汉语第二语言学习者“知其然，然后知其所以然”。这对教学是有利的。

其次，认知语法对语义的心理现实性的追求，是符合人类认知的民族性和普适性的实际的。我们认为，各民族虽然对外部世界都有自己独特的认知感受模式，但人类作为万物之灵，毕竟对世界有着基本相同的认知感受，而这也正是人类不同民族之间可以相互沟通、相互了解的基础。我们对汉语“把”字句位移图式的概括，之所以能够较为容易地为外国留学生所理解，恐怕与此不无关系。我们有理由相信，基于认知语法的心理现实性所构建起来的对外汉语教学语法体系，应当是有强大生命力的。

再次，认知语法所阐释的语义，具有较高的系统性、概括性和层次性，这一点正是构建对外汉语教学语法系统最为需要的基础。认知语法追求语义解释的高度概括性，这充分体现了以简驭繁的要求；认知语法追求语义解释的高度系统性，往往在典型与非典型中找到语义解释和语义关系的平衡点，这是教学语法系统性的必然要求；认知语法追求语义解释的高度层次性，语义理解是一个层层深入、不断细化的过程，而这高度契合对外汉语教学语法系统层级性的要求。我们对汉语补语系统的构建，就充分展示了认知语法的这一优长。

当然，任何一个语法理论，要想成为对外汉语教学语法系统建构的基础或主要基石，其面向教学解释的实用性，也就是向教学实践的转化，也是一个需要考量的维度。关于认知语法研究成果教学转化的可行性，前面已有阐述。我们相信，认知语法的研究成果，可以很好地进行教学实践转化，并且能对教学效率的提高产生积极的作用。

3.3 以认知语法为基础，建构对外汉语教学语法新体系

综合前文所述，我们认为，以认知语法理论为基础，建构对外汉语教学语法新体系，是一个我们可以期待的理想和目标。当然，现实地看，尽管在过去20年间，汉语认知语法研究已经取得了长足的进步，积累了不少研究成果，但是从整体上来说，汉语认知语法的研究任务还远没有完成，还需要我们进一步扩大和加强汉语认知语法研究，使其成果进一步系统化、科学化，进而为新的对外汉语教学语法体系的建构贡献力量。

我们对汉语认知语法已经做出的研究，只可以看作是为构建以认知语法为基础的对外汉语教学语法体系的一些前期尝试而已。我们认为，把汉语认知语法研究作为基础来构建对外汉语教学语法体系，也只是提出的一种方案，而并非唯"认知"独尊。那种从语用功能的角度去构建对外汉语教学语法体系的设想，也是一个很不错的选择。希望各位同行携手，为新的科学的对外汉语教学语法体系的早日诞生而努力。

参考文献

邓　懿主编(1958)《汉语教科书》，北京大学出版社。
冯胜利(2011)论汉语教学中的"三一"语法，《语言科学》第10卷第5期。
韩玉国(2014)汉语语法教学的语义引导，《国际汉语教学研究》第4期。
柯彼德(1991)汉语作为外语的语法体系急需修改的要点，载《第三届国际汉语教学讨论会论文集》，北京语言学院出版社。
李培元等主编(1980)《基础汉语课本》，外文出版社。
刘月华等(1983)《实用现代汉语语法》，外语教学与研究出版社。
吕文华(1999)《对外汉语教学语法体系研究》，北京语言文化大学出版社。
潘海峰(2015)论主观化理论在汉语教学中的运用——以现代汉语副词教学为例，《国际汉语教学研

究》第 2 期。

王　还主编(1995)《对外汉语教学语法大纲》,北京语言学院出版社。

张旺熹(1999)动补结构的语义系统,载《汉语特殊句法的语义研究》,北京语言文化大学出版社。

张旺熹(2000a)"动+得+形"结构的变体形式,载胡明扬主编《第六届国际汉语教学讨论会论文选》,北京大学出版社。

张旺熹(2000b)表现功效范畴的"动+得+形"结构,载陆俭明主编《面临新世纪挑战的现代汉语语法研究》,山东教育出版社。

张旺熹(2001a)"把"字句的位移图式,《语言教学与研究》第 3 期。

张旺熹(2001b)"动+形"结构的原型范畴,《中国语言学报》第 10 期,商务印书馆。

张旺熹(2002)重动结构的远距离因果关系动因,载徐烈炯、邵敬敏主编《汉语语法研究的新拓展(一)——21 世纪首届现代汉语语法国际研讨会论文集》,浙江教育出版社。

张旺熹(2005)连字句的序位框架及其对条件成分的映现,《汉语学习》第 2 期。

张旺熹(2006)汉语句法重叠的无界性,载《语法研究和探索》(十三),商务印书馆。

张旺熹、韩　超(2011)人称代词"人家"的劝解场景与移情功能——基于三部电视剧台词的话语分析,《语言教学与研究》第 6 期。

张旺熹、李慧敏(2009)对话框架与副词"可"的交互主观性,《语言教学与研究》第 2 期。

张旺熹、朱文文(2006)从视点平行移动看持续体"着"的语义形成机制,载《汉语句法的认知结构研究》,北京大学出版社。

赵淑华等(1997)单句句型统计与分析,《语言教学与研究》第 2 期。

(100083　北京,北京语言大学)

对外汉语教学语法大纲数据平台建设*

张亚军

摘　要:对外汉语教学语法大纲数据平台是基于新研制的对外汉语教学语法大纲而建设的服务于汉语作为第二语言学习者、对外汉语教师及对外汉语教学语法研究者的专门化、多功能数据平台。该平台以对外汉语教学语法大纲为核心,将语法项目与教学语法大纲数据库、中介语语料库、对外汉语教材数据库以及对外汉语教学研究文献数据库相关联。该平台的建设本着功能完备、精确性高、实用性强的理念,力求满足不同用户对对外汉语教学语法信息的需求。

关键词:数据平台;对外汉语教学语法大纲数据库;中介语语料库;教材数据库;文献数据库

○、引言

语法教学一直是对外汉语教学的重点和难点,学界为如何提高对外汉语语法教学的效果不断探索。

教学语法大纲是教材编写和教学实施的指导性纲领和主要依据。1958 年邓懿的《汉语教科书》的出版基本确立了对外汉语教学的第一个较为系统的教学语法体系,对后来的汉语教材编写及汉语语法教学产生了重大的影响。为了使对外汉语教学语法体系科学化、系统化,学界也不断尝试制订符合对外汉语教学特点的语法大纲。影响较大也较权威的主要有国家汉办组织编写的《高等学校外国留学生汉语言专业教学大纲》(2002)(以下简称《专业大纲》)、《高等学校外国留学生汉语教学大纲(长期进修)》(2002)(以下简称《进修大纲》)以及为开展汉语水平考试而制订的《汉语水平等级标准

---

* 本研究得到国家社科基金重大项目“对外汉语教学语法大纲研制和教学参考语法书系(多卷本)”(项目编号:17ZDA307)的资助。衷心感谢《对外汉语研究》编辑部和匿名审稿专家提出的宝贵修改意见。

与语法等级大纲》(1996)[1],前两种大纲针对的是对外汉语教学,后一种针对的是母语非汉语学习者的汉语水平考试。三部大纲的制订标志着对外汉语教学与测试有了相对统一的指导性文件。随着对外汉语教学以及汉语本体研究的发展,近年来对外汉语教学模式、学习者的情况等都发生了很大的变化,修订对外汉语教学语法大纲的呼声越来越强烈。学界对此也进行了深入的思考,但一直未能付诸实施。2017 年以齐沪扬教授作为首席专家的"对外汉语教学语法大纲研制和教学参考语法书系(多卷本)"项目获得国家社科基金重大招标项目立项,真正开启了修订对外汉语教学语法大纲的大幕。该项目力求通过国内多所高校以及研究机构学者们的共同努力,研制出符合当今对外汉语教学实际、满足对外汉语教师和汉语学习者需要的对外汉语教学语法大纲。可以说,这是一项浩大的工程,是一项需要对外汉语教学界通力合作才能完成的工程,也将是对外汉语教学发展史上里程碑式的工程。

该项目主要包括对外汉语教学语法大纲的总体设计、对外汉语教学语法项目及分级研究、对外汉语教学语法参考书系编写、对外汉语教学语法研究成果及语法项目习得研究成果汇编、对外汉语教学语法大纲数据平台建设等子课题,其中对外汉语教学语法大纲数据平台建设是该项目研究成果的集大成体现。

一、数据平台的结构及功能

1.1 数据平台的结构

数据平台已经成为当今大数据背景下为不同用户提供多种用途数据的重要渠道。数据平台的建设要求具有实用性、模块化、兼容性、高效性、可扩充性等特点。本数据平台的建设力求遵循数据平台建设的一般要求,从不同用户的需求出发,最大限度地满足其需求。

基于此,本数据平台主要由以下四个部分构成:对外汉语教学语法大纲数据库、中介语语料库、对外汉语教材数据库以及对外汉语教学和习得研究文献数据库。在这四个部分中,对外汉语教学语法大纲数据库是中心、核心,通过该数据库中的语法项目关联其他数据库。通过语法项目的查询,可以了解所有与该项目有关的中介语情况、教材编排情况以及学界对该项目的研究情况。目标是建成一个功能完备、精确性高、实用性强的对外汉语教学语法大纲数据平台。

---

① 除这三部有代表性的对外汉语教学语法大纲外,还有王还(1995)、孙瑞珍(1995)等。

随着对外汉语教学事业的发展，服务于学习者、教师及对外汉语教学研究人员的语料库、数据库的建设也越来越受到重视。自20世纪90年代北京语言大学的"汉语中介语语料库检索系统"开始，数十年间仅国内就建立了多个类型、规模、服务对象、检索功能各异的服务于对外汉语教学与研究的语料库、数据库。如北京语言大学的HSK动态作文语料库、暨南大学外国留学生中介语语料库、中山大学全球汉语教材库及国际汉语教材语料库、厦门大学国家语言资源监测与研究教育教材中心的国内外对外汉语教材语料库等，另还有设计建设中的"全球汉语学习者语料库"（参见崔希亮、张宝林，2011），以及为数不少专供机构、单位内部使用或服务于个人研究需要的中介语语料库。这些语料库或数据库建设目标不完全相同，考虑到对外汉语教学的实际需要，在建设规模、信息标注方面各有特点。其中建设规模较大且开放使用的HSK动态作文语料库的信息标注包括汉字、词汇、语法等方面的偏误信息，为对外汉语教学领域的相关研究提供了大量的中介语语料资源，为推动对外汉语教学研究的深化做出了重要贡献。

区别于现有的语料库或数据库，本数据平台的功能专一，所有四个子库均围绕对外汉语教学语法项目，所有的标注信息也只限于与语法项目相关的内容。但是作为一个专门服务于对外汉语语法教学的数据平台，本平台在兼顾数据广度的基础上，将着力于语法信息标注的精度、深度，力求构建一个能满足学习者、教师、研究人员等不同需求的、专业的对外汉语教学语法数据平台。

基于这一建设目标，本数据平台的对外汉语教学语法大纲数据库包括语法项目及分级排序和语法项目的说明。

中介语语料库在充分考虑语料的代表性、时代性、平衡性的基础上，采取基础标注和偏误标注相结合的方法，借鉴学界有关对外汉语语法教学及习得研究的成果，对学习者在某一学习阶段习得难度较大的语法项目进行深度标注。

对外汉语教材数据库在充分考虑教材使用的广泛性、代表性、时代性等特点的基础上，录入教材的课文及语法项目说明，建成对外汉语教材数据库，并对教材课文语料进行标注，与教材语法项目说明一起，与大纲语法项目进行关联。

对外汉语教学研究成果文献数据库广泛收集21世纪以来的对外汉语语法教学及习得研究成果，对这些成果进行分类梳理，通过关键词与语法项目及其他相关标注信息进行关联。

总体上看，本数据平台以对外汉语教学语法大纲为核心，通过建立语法项目与语法项目相关说明、中介语语料、教材语料及语法项目编排、相关研究文献之间的关联，以满足不同用户的需求。

1.2 数据平台的功能

对外汉语教学语法大纲数据平台的建设充分考虑不同用户对语法知识及语法信息的需求，服务对象主要为汉语第二语言学习者、对外汉语教师、对外汉语教学语法研究者。

从学习者角度，学习者的母语背景不同、理解接受能力不同，学习语法项目时会呈现不同的特点，本平台的大纲语法项目及分级排序、语法项目的说明以及同义近义项目的辨析等可以满足不同学习者的不同需要。

从教师角度，教师可以通过该平台获得学习者习得某一语法项目的总体偏误情况、不同母语背景学习者的偏误情况、教材对语法项目的编排情况以及学界的研究成果等，根据这些数据及信息，教师可以有效地提高教学的针对性。

从对外汉语教学语法研究者的角度，他们可以方便地从该平台获取语法项目及分级排序、中介语语料所反映的学习者的习得情况以及学界的研究状况等信息。

总体上看，对外汉语教学语法大纲数据平台立足于对外汉语语法教学实际，通过大量的基础研究，力求建设成为一个功能完备、精确性高、实用性强、能够满足不同用户需求的数据平台，该平台具备语法项目信息查询、语料及文献检索等功能。

二、对外汉语教学语法大纲数据库

对外汉语教学语法大纲数据库是本数据平台的核心，包括语法项目及其分级排序、语法项目的说明等。

2.1 语法项目的选择

语法项目的选择是对外汉语教学语法大纲研制的基础环节，也是关键环节。20世纪50年代的《汉语教科书》奠定了对外汉语教学语法体系的基本框架，这一框架历经半个多世纪的教学实践，其间虽进行过修订、调整，力求适应对外汉语教学不断发展的实际，但总体上仍显示出强烈的结构主义语法的影响。对外汉语教学语法体系不可避免地要依赖于一定阶段的理论语法学体系，但是理论语法学体系的构建、目标与研究方法和对外汉语教学语法体系并不完全一致。对外汉语教学语法体系除了要吸收、借鉴理论语法研究的成果外，还必须高度关注对外汉语语法项目教学研究的成果以及习得研究的成果。对于对外汉语教学语法体系而言，理论语法的主要功能在于明汉语语法之“理”；教学研究及习得研究成果有助于确定需要教学的语法项目，主要功能在于致语法之“用”。张志公(1987)在论及中学语文教学中的语法教学时曾提出的“精要、好懂、管用”的六字原则，对于对外汉语语法教学同样具有指导意义。“精要”说的是教学语法体系相对于理论语法体系而言，要有一定的选择性，应选择那些对于学习者而言，对于掌握汉语这种语言而言，必须了解、掌握的项目；“好懂”说的是语法项目的说明或实际的语法知识教学要好懂；“管用”则说的是语法教学的目的，即“致用”。赵金铭(2018)在论及汉语作为第二语言教学语法这一问题时，提出了对外汉语教材语法知识编排的“格局＋碎片化”的理念，其中的“语法格局”指的是“在汉语和印欧系语言对比基础上尽显汉语语法特点的、符合外国人学习汉语语法认知过程的、服务于汉语作为外语教学的简明的汉语语法框架”，这个“格局”也首先要求做到“精要”。所谓“碎片化语法”指的是“一部包容各种汉语语法现象的介绍词和句子用法、并带有解释的大型语法参考资源库，虽碎片化而不凌乱”。教学语法项目的选择必须结合现有汉语语法本体研究、对外汉语语法教学研究及习得研究的成果，既能体现现代汉语语法的整体特点，或曰“格局”，又能满足学习者学习过程中的“碎片化”需求。基于此，对外汉语教学语法大纲的研制将采取定量分析和定性分析相结合、以定量分析为主的研究方法，充分发挥语料库的功能，以实证数据作为大纲研制的依据，力求在现有对外汉语教学语法大纲的基础上，研制出一套更具科学性、实用性的对外汉语教学语法大纲。

2.2 语法项目的分级

对于对外汉语教学语法大纲而言，语法项目的分级排序是其中一项重要的工作，语法项目的合理分级排序是大纲科学性和实用性的重要表现。以往的对外汉语教学语法大纲在语法项目分级排序的处理上，更多依靠专家的干预或教师的经验，难免出现项目的遗漏、重复甚至非语法项目误列为语法项目等现象。

比如离合词，一直是对外汉语教学中的难点。《进修大纲》在“初等(一)”中列出了该项目，并且举了“我跟他见过面”“别生他的气”两个例子，在其后的各级语法项目中并未再设立与离合词有关的项目。离合词多数是动词性的，但其语法功能与非离合式动词有很大差别，比如重叠形式、所涉及的受事、对象等语义成分的安排、带补语的能力及补语的出现位置等，这些内容不可能在学习者初级阶段全部教授给学习者，加之印欧系语言等不存在与汉语离合词对应的语言现象，一直是汉语学习者习得的难点。周小兵(2017)以“见面”为例，对 HSK 动态作文语料库中学习者关于离合词的使用情况进行了统计，调查显示，即使是高等阶段的汉语学习者使用“见面”这一离合词时，“离”状态的比率(12.7％)仅约为母语者(34.2％)的 1/3，通过对对外汉语教材“见面”一词“离”与“合”两种格式分布情况的统计发现，教材中“见面”一词“合”的用例高达 81.11％，而“离”的用例仅为 18.89％，有些格式如“见他的面”“见妈妈一面”在教材库中没有体现。

这种现象当然首先与教材编写有关。从对外汉语教学语法大纲的角度看，未能充分重视相关语法项目教学的阶段性、连续性无疑也是一个很重要的因素。再比如情态/状态补语，在《进修大纲》中被列为初等和中等阶段的语法项目，高等阶段未列；《专业大纲》中被列为一年级和二年级的语法项目，三、四年级虽然有“情态补语”一项，但只涉及“情态补语的语义指向”。从学习者实际习得的情况看，贾钰(2011)通过对 HSK 动态作文语料库中情态补语偏误情况的考察发现：即使在高等阶段，情态补语偏误中与情态补语标记(结构助词“得”)有关的误代偏误、词汇偏误、与情态补语有关的句法语义偏误以及情态补语句语用偏误分别占总偏误用例的 50.07%、26.08%、16.64%、5.77%①，总偏误用例约占偏误用例与正确用例之和的 29.87%，偏误率仍然很高。这种情况说明，现有的大纲对有关语法项目分级的合理性仍然有待经受学习者习得情况的检验。

从现有对外汉语教学语法大纲语法项目的分级情况看，主要语法项目基本安排在初、中级阶段，高级阶段虽然也列出了某些语法项目，但是与初、中级阶段的安排相比，极不平衡。如《进修大纲》高级阶段列出语法项目共 108 项，虽然绝对数目略多于中级阶段的 82 项，但是从语法项目的内容看，包括语素 2 项、词类 6 项、短语 1 项、句式 3 项、口语格式 32 项、复句 40 项、语段 11 项及语气的表达 13 项。其中基础语法项目如词类的 6 个项目，包括数词活用、量词、副词、介词、连词和助词，唯一的短语项目是固定格式，即成语。从现有的汉语习得研究文献看，即使在高级阶段，有些汉语基本语法项目的偏误仍极为常见。再如句式，“把”字句在《进修大纲》初、中、高三个阶段都有，但是每个阶段只举了少量例句。如初等阶段语法项目(一)②：

(1)他把书放在桌子上。

(2)我把书送给他了。

(3)请把书翻到第三页。

初等阶段语法项目(二)：

(4)他把我的相机给弄坏了。

中等阶段语法项目：

(5)今天这事简直把我累坏了。

就以上不同阶段“把”字句项目所列例句的结构看，初等(一)“把”字句的结构为“把 + NP + V + 介词短语”，初等(二)、中等阶段“把”字句的结构为“把 + NP + V + 结果补语”，高等阶段与“把”字有关的语法项目为“把”字结构与其他结构的共现使用，称为“两

① 另有 1.44%属于包含情态补语结构但句子语义混乱无法归类的情况或属于学习者笔误的情况。

② 例(1)—(3)、例(4)、例(5)分别出自《进修大纲》第 154 页、161 页和 168 页。

种句式的套用”。而综合考察初、中、高级阶段汉语学习者“把”字句的习得情况，肖奚强等(2009)根据“把”字句中动词性词语的结构，将“把”字句分为12种下位句式，通过对不同等级阶段学习者中介语语料库中“把”字句的正确用例、偏误用例情况的分析，并结合母语者使用“把”字句的情况，最终将该句式的下位句式分为初、中、高三级，其下位句式的结构形式远远超过了《进修大纲》所列出的类型，《进修大纲》所列的“把”字句项目在肖奚强等(2009)中都属于学习者习得较早的初级阶段语法项目。

学习者习得情况的实证研究有助于对外汉语教学大纲语法项目的分级排序。肖奚强等(2009)基于汉语母语者语料库、不同等级阶段的汉语学习者中介语语料库对学习者21种句式的习得情况进行了详细分析，并给出了每种句式不同下位句式的难度等级及分级排序情况。这项研究虽然所依据的语料库规模有限，但是为通过实证性研究给语法项目分级排序原则的确定提供了有益的启示。肖奚强(2011)指出，“教学语法的分级排序应该在分析借鉴汉语本体研究成果、分析语法项目在本族人自然语料中的使用频率、分析外国学生的中介语的正误频率(习得状况)、比较现有教学、考试大纲的基础之上进行。其中最主要的依据应该是学生的习得状况”。自从中介语语料库被作为对外汉语教学研究的主要语料来源，学界有关汉语作为第二语言相关语法项目的习得状况研究的成果日渐丰富，利用“基于HSK动态作文语料库”为关键词进行网络检索，显示有近7万条结果。虽然这些研究涉及汉字、词汇、语法、修辞、文化等不同方面，但是这些基于中介语的研究成果无疑能为语法项目的分级排序提供重要参考。

2.3 语法项目的说明

现有对外汉语教学大纲对语法项目的处理不尽相同。有的有简要说明；有的只列项目，以例句代替说明；有的甚至以例句代替项目。虽然大纲主要服务于教材的编写、具体的教学活动以及测试等，但是对于学习者而言，了解不同阶段应掌握哪些语法项目对于他们的学习同样具有重要的指导作用。本项目除了有选择性地针对相关语法项目聘请教学经验丰富的专家撰写供学习者使用的教学语法参考书系之外，在数据平台中融入有关各语法项目的简要说明以及典型例句，方便学习者学习、领会。

除语法项目说明外，本数据平台还将对同义、近义及相关语法项目及具体的语法现象进行辨析。相对于实词而言，意义相近、相关的虚词其语法意义或用法的辨析对于学习者而言至关重要。“在国际汉语教学中，近义虚词的辨析是难点，也是重点”，“虚词的意义与用法本来就比较难掌握，特别是区分意义与用法都相似的虚词，更是一个老大难问题”(邵敬敏，2018)。语法知识教学的目的在于提高学习者辨正误、别异同的能力。现有教学大纲注意到了这方面的问题，如《进修大纲》列出了需要注意比较的相关语法项目,如疑问代词"几/多少"、数词"二/两"、助动词"能/会/可以"、副词"又/再/还"、"就/才"、"没/不",介词"从/离"、连词"还是/或者"等。《专业大纲》列出了时间词语"以后/后来"、介词"为/为了"、连词"由于/因为"以及表示存在的"在"字句、"有"字句、"是"字句等。但是考察已有分析学习者偏误情况的文献可见,学习者经常发生的误代现象远不止这些,如副词"常常""往往",方位词"里""内""中",概数助词"把""来""多",以及趋向动词的引申意义,如"起来""上来""下去""出来"等这些容易混用的语法现象《大纲》中都未涉及。此外,关于同型或相关句式、格式的辨析问题,如不同结构比较句的功能异同、"被"字句与被动句、不同功能的"有"字句等《大纲》中也没有。这些同义、近义、相关的词、短语、格式等的意义说明、使用条件及用法和功能的异同,都需要在相关的语法项目中通过典型例句做出通俗易懂的说明。

本数据平台将结合现有大纲、对外汉语教材及学界相关本体研究和习得研究的成果,系统梳理与语法教学有关的易混词语、格式等,做出简要、通俗的说明,以满足学习者的需要。

三、中介语语料库、教材数据库及文献库

3.1 中介语语料库

中介语作为第二语言学习过程中学习者呈现出的语言面貌,日益受到学界的广泛关注,中介语语料库作为观察、衡量学习者习得情况的重要窗口更是受到教师、研究者的高度重视。自20世纪90年代以来,国内外有关汉语中介语语料库建设的项目及报道甚多,有关中介语语料库建设的专题研究文献也很多,对语料来源、标注范围、标注规范等进行了多角度的探讨,大大促进了语料库建设的规范性、科学性、实用性,同时也大大提高了中介语语料库对对外汉语教学的辅助作用。目前除规划建设中的"全球汉语学习者语料库"外,规模最大的当属北京语言大学设计建设的"HSK动态作文语料库"。该语料库的建成并开放应用,对对外汉语教学研究特别是偏误研究产生了巨大的促进作用。从语料来源方面看,该语料库的语料来自于HSK考试高等阶段的考生作文;从中介语的阶段性角度看,虽然语料数量达到四百余万字,但是没有初、中级学习者的语料,不能反映初、中级阶段学习者使用汉语的状况。其他中介语语料库或者规模偏小,或者没有严格区分学习阶段,不能充分反映学习者不同阶段语法知识习得的状况。

鉴于此,本数据平台在语料采集方面兼顾汉语学习者的不同阶段,初、中、高级阶段学习者的语料按照20%、40%、40%的比例,力求较为全面地反映学习者语法项目习得

的阶段性特点。

除了阶段性，平衡性也是中介语语料库建设过程中必须考虑的问题。当然，理论意义上的充分平衡或绝对平衡至少在短期内难以实现，本数据平台在中介语语料采集过程中，考虑不同母语背景汉语学习者样本的数量，尽量做到相对平衡。虽然母语背景不同，但样本数量极少的学习者语料不予采用。

3.2 对外汉语教材数据库和研究文献库

服务于对外汉语教学的教材数据库规模最大的当属中山大学全球汉语教材库，据周小兵(2017)，该库收录国际汉语教材近1.8万册，并选定其中3千余册的语料建设国际汉语教材语料库。除此之外，厦门大学国家语言资源监测与研究教育教材中心对外汉语教材语料库收录《博雅汉语》《汉语教程》《新实用汉语》等11种教材近80万字。

本数据平台教材语料库首批100万字语料主要采集2000年以后出版、使用范围广、影响大、有代表性的国内出版的对外汉语综合类教材，录入数据包括课文语料及教材语法项目说明。教材课文语料属于汉语母语者语料的范畴，大体反映母语者汉语相关语法项目的使用情况。教材语法项目的选取及编排、语法项目说明反映编写者对与课文内容相关的各语法项目的确定、分级和解释情况。

从《汉语教科书》开始，国内编写出版的对外汉语教材种类繁多，有综合型、专用型，进修型、学历型，口语、阅读、听力型等，种类多、数量大。本数据平台专一围绕对外汉语教学语法项目，在教材的类型选择上侧重于综合型教材，此类教材也是汉语作为第二语言学习者在学习过程中要求掌握汉语基础知识包括语法知识最为全面的教材类型。本数据平台对外汉语教材数据库的设计规模为300万字，其中约200万字语料将选自此类教材。在首批100万字语料采集、加工标注的基础上，后续将采集口语教材、海外汉语教材的语料，并进行标注。

已有研究文献是进一步深入研究的基础，为满足汉语学习者、教师及对外汉语教学研究者的需求，本数据平台广泛收集学界2000年以来有关语法项目教学研究及习得研究的文献，根据语法项目分类并对研究现状做出评述，拟分教学篇和习得篇两大系列，为使用该数据平台的用户提供参考。这些文献既是研制对外汉语教学语法大纲的重要依据，也是汉语学习者、教师及对外汉语研究者需要了解和掌握的重要文献。

四、数据平台建设面临的问题

多年来，学界修订与研制对外汉语教学语法大纲的呼声很高，但迟迟未能付诸实施。齐沪扬作为首席专家申报的"对外汉语教学语法大纲研制和教学参考语法书系(多卷本)"项目的成功立项,标志着对外汉语教学界的这一夙愿终于将要变成现实。但这是一项浩大的工程,须举学界之力,须国内多所高校、机构专家的共同协作方能完成。作为该项目研究成果集大成的对外汉语教学语法数据平台,同样也开启了对外汉语教学语法数据化、信息化的建设模式,面临着诸多挑战与考验。

4.1 中介语语料的采集

中介语语料的来源及质量直接关乎对二语学习者汉语学习规律和特点的认识,学界对于二语学习者汉语中介语语料库的语料采集已有诸多论述,并提出了相关的建库要求。如何实现这些要求,是本项目组必须着重考虑的问题。如何实现与现有中介语语料库的互补,充分发挥中介语语料库在对外汉语语法教学及研究中的作用,也是本项目组需要考虑、权衡的问题。

4.2 语料标注

就本数据平台而言,语料标注主要涉及中介语语料和对外汉语教材语料。本数据平台建设的核心是教学语法大纲的语法项目,因此在考虑标注技术问题的基础上,还要考虑标注的项目范围、标注的深度等问题。既要充分体现本数据平台的语法信息查询功能,同时又要能满足不同用户的需求。从标注技术角度讲,需要区分外部信息和内部信息、基础信息和偏误信息。比如就中介语语料而言,外部信息包括汉语水平、母语背景、语料的体裁、采集时间等;教材语料涉及教材名称、出版时间、教材类型、教学阶段、课型课序等。内部信息采用机器标注人工干预以及人工标注等方式,词性标注以机器处理为主辅以人工校对;而对句法信息的标注则主要采用人工标注的方式,比如近年来学界研究较多的语块及话语标记信息主要采用人工标注的方式,句法成分、句式以及语篇等语法信息也只能依靠人工标注,所有需要人工进行标注的工作需要先进行培训并建立信息标注审核体系。

五、结语

本文简单介绍了对外汉语教学语法大纲数据平台的结构及功能,数据平台建设过程中可能存在的问题及可行的解决方案。

本平台以对外汉语教学语法大纲为核心,关联大纲数据库、中介语语料库、对外汉语教材数据库以及对外汉语教学研究文献数据库。大纲数据库的研制基于学界已有的相关研究成果，重视实证化研究手段的运用；中介语语料库和对外汉语教材数据库力求体现代表性、平衡性，注重语法信息的深度标注；文献数据库广泛收集对外汉语教学研究与习得研究的重要文献，分类梳理评述。本数据平台将最大限度地满足汉语学习者、对外汉语教师和研究者的不同需求。

参考文献

崔希亮、张宝林(2011)全球汉语学习者语料库建设方案，《语言文字应用》第2期。

邓　懿(1958)《汉语教科书》，时代出版社。

国家对外汉语教学领导小组办公室(2002)《高等学校外国留学生汉语教学大纲(长期进修)》，北京语言大学出版社。

国家对外汉语教学领导小组办公室(2002)《高等学校外国留学生汉语言专业教学大纲》，北京语言大学出版社。

国家对外汉语教学领导小组办公室汉语水平考试部(1996)《汉语水平等级标准与语法等级大纲》，高等教育出版社。

贾　钰(2011)外国人汉语情态补语句偏误分析，载《首届汉语中介语语料库建设与应用国际学术讨论会论文选集》，世界图书出版公司。

邵敬敏(2018)国际汉语教学中近义虚词辨析的方法与理据，《语言文字应用》第1期。

孙瑞珍(1995)《中高级对外汉语教学等级大纲(词汇·语法)》，北京大学出版社。

王　还主编(1995)《对外汉语教学语法大纲》，北京语言学院出版社。

肖奚强等(2009)《外国学生汉语句式学习难度及分级排序研究》，高等教育出版社。

肖奚强(2011)基于中介语语料库的外国学生汉语句式习得研究，载《首届汉语中介语语料库建设与应用国际学术讨论会论文选集》，世界图书出版公司。

张志公(1987)汉语语法研究与汉语教学语法，载《教学语法系列讲座》，中国和平出版社。

赵金铭(2018)汉语作为第二语言教学语法：格局+碎片化，《语言教学与研究》第2期。

周小兵(2017)国际汉语教材语料库建设与应用，《语言文字应用》第1期。

(225002　江苏扬州，扬州大学文学院)

现代汉语文本语料库建设及应用现状研究*

谭晓平

摘　要：本文以七个现代汉语文本语料库为研究对象，考察了现代汉语文本语料库的建设现状，分析了各语料库在语言研究中的使用率、应用方向、用户需求。研究发现：使用率最高的语料库为CCL语料库；使用率较高的检索功能包括自定义语料库、根据词性检索语料、根据词和词性的组合检索语料；语料库主要应用于语法化、词汇化、主观性、话语标记、构式等问题的研究；用户对语音语料、多模态语料、经济与法律等特定领域语料及可比性语料有一定需求，且希望通过语料产生的时间、语体、领域来限定检索范围，并提供数据统计功能。在今后语料库的应用及建设中，应加大宣传，提高现有资源的知晓度；拓展检索功能，推动资源整合，提升现有资源的使用价值；加大专用型语料库的建设，丰富我国语料库资源的类型。

关键词：现代汉语语料库；语料标注；语料检索；语料库应用

一、研究背景

语料库是一种重要的语言资源，它能如实反映语言现象，避免语言学家观察语言时的主观性与片面性。随着语料库语言学及计算机技术的发展，我国已建成一批现代汉语语料库。其中既有通用平衡语料库，也有口语语料库、媒体语言语料库、教材语料库等专用型语料库。此类资源为现代汉语研究提供了较为丰富的语料基础，使基于语料库的研究方法成为语言研究的重要方法之一。我们统计发现，自20世纪90年代以来，在《中国语文》《语言文字应用》《世界汉语教学》《语言教学与研究》《中文信息学报》这五

* 本研究得到了国家社科基金重大项目“对外汉语教学语法大纲研制和教学参考语法书系（多卷本）”（项目编号：17ZDA307）、上海市哲学社会科学规划青年课题“面向汉语二语教学的可比语料库构建及应用研究”（项目编号：2017EYY001）以及2017年上海师范大学校级人文社科研究项目“面向汉语作为第二语言教学的语法点知识库构建研究”的资助。

种期刊上发表的与现代汉语语料库相关的论文就有1758篇，内容主要集中在两方面：一是探讨语料库的建设及应用问题（俞士汶等，2002a、2002b；靳光瑾等，2005；荀恩东等，2016；周小兵等，2017）；二是基于语料库的现代汉语研究（张文贤等，2007；杨德峰，2012）。然而，现有研究中，对我国语料库资源整体建设状况、使用效率、用户需求等问题的探讨仍然不足。我国到底有哪些开放的现代汉语语料库资源？各类语料库资源及其功能的使用率如何？基于语料库的研究多集中于哪些方面？用户对语料类型、语料库功能还有哪些需求？对这些问题的分析与探讨，一方面可为语料库的选用提供参考，从而提高现有资源的使用率；另一方面，可为现有语料库的升级和新语料库的建设提供参照，进而推动我国语言资源的建设与发展。

本文以国家语委现代汉语通用平衡语料、北京大学CCL语料库、北京语言大学BCC语料库、北京语言大学北京口语语料库、中国传媒大学媒体语言语料库（MLC）、中山大学国际汉语教材语料库、北京师范大学汉语国际教育动态语料库为研究对象（下文依次简称为：语委语料库、CCL语料库、BCC语料库、北京口语语料库、MLC语料库、中大教材语料库、北师大教材语料库），从语料属性、标注加工、检索功能等方面考察语料库的建设现状，并通过文献调研及问卷调查法，分析现有资源的使用状况及用户需求，以期为今后语料库资源的利用与建设提供参考。之所以选择这七个语料库作为研究对象，是因为它们均为现代汉语文本语料库，且提供过或正在提供在线检索功能，为研发单位之外的研究者、教师、学生提供过语料资源，拥有一定的用户基础。

二、语料库的建设现状

语料的规模、类型、标注加工及语料库的检索功能决定了用户在教学及研究时是否使用语料库及选用哪类语料库。本文以语料库网站的数据说明、使用说明及相关论文为基础，从语料的属性、标注加工及语料库的检索功能等方面，对七个现代汉语文本语料库的整体建设情况进行考察。

2.1 语料的属性

语料属性的考察，从语料类型、规模、时间分布三个方面进行，结果如表1所示。

表1 语料属性

语料库名称	语料类型	语料规模	时间分布
语委语料库	教材、人文与社会科学、自然科学、报刊、应用文	1亿	1919—2002
CCL语料库	当代（口语、史传、应用文、报刊、文学、电视电影、相声小品、网络语料、翻译作品）；现代（戏剧、文学）	5.8亿	1919—2011

续表

语料库名称	语料类型	语料规模	时间分布
BCC 语料库	报刊、文学、微博、科技、综合	130 亿	1945—2015
北京口语语料库	374 位北京人录音材料转写的文本语料	184 万	1981
MLC 语料库	34039 个广播、电视节目文本语料	2.4 亿	2008—2013
中大教材语料库	对外汉语教材语料	500 万	/
北师大教材语料库	对外汉语教材语料、HSK 样题文本语料	350 万	1989—2012

从表 1 可以看出：

第一，语委语料库、CCL 语料库、BCC 语料库包含不同类型的语料，属于通用型语料库。而北京口语语料库、MLC 语料库、中大教材语料库、北师大教材语料库语料类型相对单一，以口语语料、广播电视节目文本语料或对外汉语教材语料为主，主要应用于口语研究、媒体语言研究、对外汉语教材或教学研究，属于专用型语料库。

第二，通用型语料库规模都在 1 亿字符以上，BCC 语料库有 130 亿字符，是目前规模最大的现代汉语语料库。语料库的规模与互联网及计算机技术的发展密切相关。语委语料库、CCL 语料库均建于 20 世纪 90 年代，受当时技术水平的限制，语料获取较难，因此，相较于 2000 年后所建的语料库资源，语料规模较小。而 BCC 语料库于 2014 年开始提供在线检索功能，互联网及计算机技术的发展为语料的采集、存储、加工提供了重要的资源基础与技术支持。

第三，与通用型语料库相比，专用型语料库规模较小，除 MLC 语料库外，其他专用型语料库均为百万字级。专用型语料库规模较小的原因主要有以下几个方面：一是因为与通用型语料库相比，专用型语料库语料来源范围较窄，如对外汉语教材语料库的语料主要来源于对外汉语教材，教材的建设规模也影响了语料库的规模；二是因为专用型语料库语料录入难度较大。虽然近年来语音及文本自动识别技术已获得较大发展，在一定程度上提高了语料录入效率，但为保证语料质量，仍需要组织较大规模的人工校对，因此，相对于可直接从互联网上抓取语料的通用型语料库而言，专用型语料库语料采集难度大、速度慢。

第四，从语料的时间分布来看，语委语料库收录了 1919—2002 年的语料。CCL 语料库收录了 1919—2011 年的语料。根据对 CCL 语料库提供的“语料库文件目录”[①]的统计发现，CCL 语料库 1919—1949 年的语料有 762.6 万字符，1949 年以后的语料为 5.77 亿字符。BCC 语料库收录了 1945—2015 年的语料。北京口语语料库的采集工作是 1981 年进行的。MLC 语料库收录的是 2008—2013 年的语料。中大教材语料库中，2006 年以后出版的教材占到了 54.5%。北师大教材语料库主要收录了 1989—2012 年出版的对外汉语教材。

① “语料库文件目录”(CCL 语料库)：http://ccl.pku.edu.cn:8080/ccl_corpus/corpus_info.pdf。

2.2 标注加工及检索功能

语料标注加工是语料库建设的重要环节,决定了语料库的检索功能及使用价值。我们通过语料库网站的数据说明及对各语料库在线检索系统的考察与试用,分析了七个语料库的标注内容及检索功能,结果如表 2、表 3 所示。

表 2 标注信息

语料库的名称	元信息	分词及词性	句法信息	语义
语委语料库	√	√	√	×
CCL 语料库	√	×	×	×
BCC 语料库	√	√	√	×
北京口语语料库	√	×	×	×
MLC 语料库	√	√	×	×
中大教材语料库	√	×	×	×
北师大教材语料库	√	√	√	√

表 3 检索功能

语料库的名称	自定义语料库	词性检索	组合检索	句法检索	语义检索	统计	对比分析
语委语料库	×	√	×	×	×	×	×
CCL 语料库	√	×	×	×	×	×	×
BCC 语料库	√	√	√	√	×	√	√
北京口语语料库	√	×	×	×	×	×	×
MLC 语料库	√	√	√	×	×	×	×
中大教材语料库	×	×	×	×	×	×	×
北师大教材语料库	×	√	×	√	√	√	×

元信息主要用于提供文本的来源、语言产出者的身份、语言产出的年代、语言类型、语体等信息。元信息可为自定义语料库功能的实现提供数据基础。自定义语料库指用户根据研究需求,自主选定语料检索范围。目前,CCL 语料库、BCC 语料库可通过语料类型、来源、作者等信息来限定检索范围。北京口语语料库可通过说话人的年纪、性别、文化程度来限定检索的范围。MLC 语料库可通过说话人、广播电视节目的栏目名称来限定检索的范围。

另外,语委语料库、BCC 语料库、MLC 语料库、北师大教材语料库都进行了分词及词性标注。但不同语料库在词性标注上存在差异。我们以动词为例进行说明。语委语料库及北师大教材语料库依据《信息处理用现代汉语词类标记规范》将动词分为动词(v)、趋向动词(vd)、联系动词(vl)、能愿动词(vu),并依此进行标注。MLC 语料库从形式出发,标注了动词的不同重叠形式。BCC 语料库则将动词分为动词(v)、名动词(vn)、副动词(vd)。在词性标注的基础上,用户可通过"词/词性"方式来检索语料,BCC 语料库、MLC 语料库还提供了词与词性组合检索功能,例如,在 BCC 语料库中,可以通过检索表达式"吃 n"的形式,获得"吃"后接名词的语料。

语委语料库、BCC语料库、北师大教材语料库都进行了句法信息标注。在BBC语料库中可查看句法树信息，在北师大教材语料库中，可按语法项目的结构形式查询相关语料。此外，该语料库还对多义词、语法项目语义信息、交际功能、话题进行了标注，用户可通过词义、语法项目的语义类别、结构形式、交际功能、话题来检索语料。

在大数据背景下，语料库也推出了统计及对比分析功能。在BCC语料库及北师大教材语料库中均可获得与搭配相关的统计数据。在BCC语料库中，还可对词语进行历时对比分析，从而获得词语在不同时期语料中的使用频率信息。

三、语料库应用及需求分析

为进一步了解语料库在语言研究中的应用情况及用户需求，本文通过文献调研及问卷调查的方法，从语料库的使用率、应用方向、检索功能、用户需求等方面进行了统计分析。

3.1　基于文献调研的分析

3.1.1　语料库在语言研究中的使用率

为了解语料库的使用率，本文以2008年至2017年十年间发表在《中国语文》《汉语学报》《世界汉语教学》《语言研究》《语文研究》《语言教学与研究》《语言科学》《当代语言学》《当代修辞学》《语言文字应用》《中文信息学报》等期刊的论文为基础，对论文全文中包含有"现代汉语通用平衡语料库"或"语委语料库""CCL语料库""北京大学现代汉语语料库""BCC语料库""北京口语语料库""MLC语料库""有声媒体语料库""国际汉语教材语料库""汉语国际教育动态语料库"这些关键词的论文数量进行了统计，结果如图1所示。

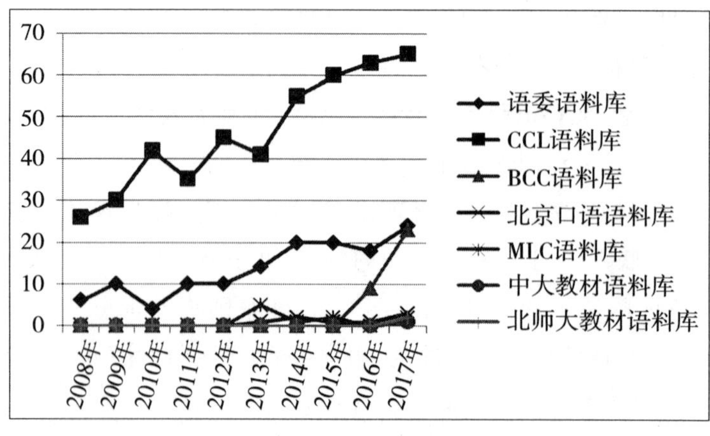

图1　语料库使用率

从图1可以看出：第一，CCL语料库的使用频率远高于其他语料库，且2013年后呈稳步增长的趋势；第二，语委语料库使用频率仅次于CCL语料库，除2010年、2016年略有下降外，其余年份均稳步增长；第三，BCC语料库2014年才提供在线检索功能，2015年至2017年，其使用频率增长迅速。这主要是因为BCC语料库规模高达130亿字符，另外语料类型多样，除报纸、杂志等正式出版物外，还包括微博语料。再加上丰富新颖的语料检索功能及统计功能，使BCC语料库成为使用率增长速度最快的语料库；第四，北京口语语料、MLC语料库、中大教材语料库、北师大教材语料库使用频率较低。这主要受两方面影响：一是除北京口语语料库外，其他三个语料库提供在线检索功能的时间均在2014年以后，因而知晓度及影响力较低；二是它们属于专用型语料库，主要用于口语、教学或教材研究，应用领域有限，其用户规模远不及通用型语料库。

3.1.2 语料库在语言研究中的应用方向

为进一步了解语料库主要应用于语言研究的哪些方面，我们对2008年至2017年间发表在《中国语文》《汉语学报》《世界汉语教学》《语言研究》《语文研究》《语言教学与研究》《语言科学》《当代语言学》《当代修辞学》《语言文字应用》等期刊上的论文进行了统计。论文中同时包含有“语料库”及“现代汉语”的论文共计658篇，我们对这些论文的关键词进行了统计，图2是排名前十位的关键词。

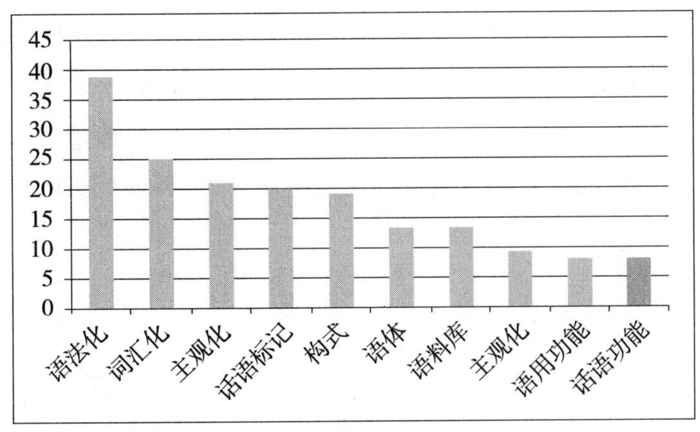

图2 关键词分布

关键词出现的频次在一定程度上反映了语料库在语言研究中的应用方向。从图2可以看出：语料库多用于语法化研究，论文数在35篇以上。其次是关于词汇化、主观性、话语标记、构式研究，论文篇数在15至25篇之间。此外，语料库还应用在了语体、主观化、语用功能、话语功能等问题的研究上。

3.1.3 用户对语料的需求

在658篇论文中，有34篇论文使用了自建语料库。可见，现有语料库资源还不能完全满足研究者需求。我们对这34篇论文进行分析后发现，用户对语料的需求集中体现在以下三方面：

第一，对语音语料、多模态语料的需求。研究发现，提供在线检索功能的语料库资源多为文本语料库，而语音语料库、多模态语料库相对较少。因此，研究者自建的语料库以语音语料库、多模态语料库为主。例如，秦岭（2010）构建的青年对话音频语料库，收录了上海、香港、台北三地52名青年男女的对话语料。曾小荣（2015）构建的小型多模态语料库，包括时长为93分27秒的成人语料和145分21秒的儿童语料。

第二，对特定领域文本语料的需求。虽然现有语料库资源提供有自定义语料库的功能，但仍存在语料库提供的检索范围与用户实际需求不符的问题，或者语料库中没有研究者所需的语料类型。例如，虽然CCL语料库及BCC语料库均采集了经济类语料，但在在线检索系统中尚不能将语料检索范围限定在经济类语料中。因此，谭业升等（2010）为研究经济类语料中的隐喻问题，构建了“经济报刊隐喻语料库”。此外，廖美珍等（2015）为研究法庭话语框架问题，构建了“中国法庭话语语料库”。

第三，对可比性语料的需求。从文献调研来看，基于语料库的研究有同时使用多个语料库或使用多种类型语料的趋势。对比的维度涉及年龄（曾小荣，2015）、地域（秦岭，2010）、语体（刘艳春等，2016）、历时比较（刘丙丽等，2011）、本族语与中介语（谭晓平，2017）等。由于我国尚缺少对外开放的可比语料库资源，目前此类研究以自建语料库为主。

3.2 基于问卷调查的分析

为进一步了解语料库检索功能的使用情况及用户对语料库功能的需求，本文通过问卷调查的方式，对海内外高校语言研究者展开了调查，共收到有效问卷92份。

3.2.1 检索功能的使用情况

本文将2.2中的七大检索功能细分为十二类，分类及统计结果如表4所示。

表 4 检索功能的使用情况

功 能	数量	比例
功能 1:自定义语料库(按作家限定语料检索范围,如在老舍的作品中检索) 见:CCL 和 BCC 语料库	63	68.5%
功能 2:自定义语料库(按作品名称限定语料检索范围,如在《四世同堂》中检索) 见:CCL 和 BCC 语料库	44	47.8%
功能 3:自定义语料库(按说话人的身份、职业、年龄等信息限定语料检索范围) 见:北京口语语料库	15	16.3%
功能 4:自定义语料库(按来源限定语料检索的范围,如在报刊、微博、广播中检索) 见:BCC 和 MLC 语料库	29	31.5%
功能 5:按"词/词性"检索语料,如检索"把"作为量词的语料 见:国家语委语料库、BCC 语料库、MLC 语料库、北师大教材语料库	50	54.3%
功能 6:按"词+词性"组合的方式检索语料,如检索"吃 n"的语料 见:BCC 和 MLC 语料库	46	50%
功能 7:句法检索,如检索包含"存现句""是……的"句或"比较句"的语料 见:北师大教材语料库	12	13%
功能 8:语义检索,如检索包含"功夫"一词的语料,且该词表示"所耗费的时间和精力" 见:北师大教材语料库	14	15.2%
功能 9:统计功能 1(搭配统计,如统计"漂亮"作为主谓、定中、状中、述补等短语使用的频率信息) 见:北师大教材语料库	10	11%
功能 10:统计功能 2(共时分布,如获得某一字符串在语料中的使用频率,如"美丽的 n"在 BCC 语料库中出现频次最多的是"美丽的女人",共 1210 条) 见:BCC 语料库	26	28.3%
功能 11:统计功能 3(历时分布,如获得某词语在不同年份语料中的使用频率,如"改革"一词,在 1992 年使用了 22539 次) 见:BCC 语料库	19	20.7%
功能 12:对比功能,如对比某个词语在报刊语料、微博语料中的分布 见:BCC 语料库	10	10.9%

从表 4 可以看出:第一,功能 1、功能 5、功能 6、功能 2 的使用人数较多,45%以上的被调查者均使用过这 4 项功能。原因在于 CCL 语料库、语委语料库均建于 20 世纪 90 年代,分别提供有自定义语料库、按"词/词性"检索语料的功能,用户对这两项功能较为熟悉。另外,"词+词性"的组合检索功能是 2014 年 BCC 语料库推出的一项新功能,因其实用性而受到用户欢迎。第二,功能 4、功能 10、功能 11 这三项功能的使用人数在 20%至 35%之间。功能 4 为按来源检索语料,使用者较少,可能是因为语料库所提供的来源与用户实际需求不符,故使用率不高。功能 10、功能 11 都是 BCC 语料库所提供的检索功能,但这两项功能属于新开发的功能,尚未被用户所熟知,因而其使用率相对较低。第三,功能 3、功能 7、功能 8、功能 9、功能 12 的用户在 10%至 20%之间,使用者较少。一是因为北京口语语料库、教材语料库属于专用型语料库,用户的数量不及通用

型语料库；二是因为新型检索功能，尚未被用户所熟悉，因而影响了其使用率。

3.2.2 对检索功能的需求

在问卷调查中，本文拟定了 11 项语料库暂未提供的功能，并对用户需求进行了调查，结果如表 5 所示。

表 5 检索功能的需求统计

功能	数量	比例
功能 1：自定义语料库（按时间段限定语料检索范围，如在 2000 年至 2017 年间的语料中检索）	76	82.6%
功能 2：自定义语料库（按语体限定语料检索范围，如在口语语料中检索）	78	84.8%
功能 3：自定义语料库（按领域限定语料检索范围，如在经济类语料中检索）	61	66.3%
功能 4：自定义语料库（按体裁限定语料检索范围，如在小说、戏剧类语料中检索）	62	67.4%
功能 5：对比功能（不同语体之间的对比，如口语语料与书面语语料之间的对比）	61	66.3%
功能 6：对比功能（不同领域之间的对比，如经济类语料与法律类语料之间的对比）	45	48.9%
功能 7：对比功能（不同体裁之间的对比，如小说语料与戏剧语料之间的对比）	41	44.6%
功能 8：对比功能（不同年龄之间的对比，如儿童语言与成人语言之间的对比）	37	40.2%
功能 9：对比功能（不同地域之间的对比，如山东话与普通话之间的对比）	43	46.7%
功能 10：对比功能（母语者语料与中介语语料之间的对比）	57	62.0%
功能 11：对比功能（教材语料与母语者语料之间的对比）	51	55.4%
其他	4	4.3%

从表 5 可以看出：第一，就自定义语料库功能而言，被调查者的需求从高到低依次为：按时间限定＞按语体限定＞按体裁限定＞按领域限定。80%以上的被调查者都希望能通过语料产生的时间、语体来限定检索范围，60%至 80%的被调查者希望通过体裁、领域来限定检索范围。第二，从对比功能来看，50%以上的被调查者希望语料库能提供不同语体语料之间、母语者语料与中介语语料之间、教材语料与母语者语料之间的对比功能。另外，40%至 50%的被调查者希望语料库能实现不同领域语料之间、不同地域语料之间、不同体裁语料之间的对比分析。第三，4.3%的被调查者希望语料库能通过语料难易度、语用来检索语料，如检索使用了“反语”的语料。

四、发展对策

通过以上研究，我们认为今后语料库资源的利用与建设可从以下三个方面展开：

第一，加大语料库宣传，提高现有资源的知晓度。例如，通过构建语料库资源平台，整合现有资源，并从语料属性、标注内容、检索功能、应用领域、获取方式等方面对现有语料库进行描述，为用户选用合适的资源提供详细数据。而用户可以在资源平台上发表使用体验，表达使用需求，评价相关资源，进而为今后语料库的建设与升级提供参考。

第二，拓展检索功能，推动资源整合，提升现有资源的使用价值。例如，根据研究需求，拓展语料库新的检索功能及统计功能，提升语料库的使用价值。另外，目前我国各语料库，语料标注内容及方式不同，检索功能及方法各异。而在国外，包括英国国家语料库（BNC）、美国当代英语语料库（COCA）等在内的9大英语语料库开发了统一的检索工具。因此，今后我们或许可以在现有语料库基础上，依托自动标注技术，进行统一的标注，开发统一的检索工具，从而加大对现有语料库资源的整合。

第三，加大专用型语料库的建设，丰富语料库资源的类型。从以上研究可以看出，目前我国通用型语料库的建设较为成熟，但专用型语料库还不能满足用户需求。因此，今后可加大专用型语料库的建设。例如，为对外汉语教学语法大纲的研制构建可比语料库，采集对外汉语教材语料、汉语中介语语料、汉语母语者语料，并进行统一的标注加工，开发统一的检索工具，为语法大纲的研制提供新资源与新工具。在此基础上，探讨对外汉语教材语料与汉语母语者语料的差异，探寻汉语二语学习者与母语者的差距，探究语言输入与输出的关系，进而为大纲的研制提供语料基础与数据参考。

参考文献

靳光瑾、肖　航、富　丽、章云帆（2005）现代汉语语料库建设及深加工，《语言文字应用》第2期。
廖美珍、龚进军（2015）法庭话语打断现象与性别研究，《当代修辞学》第1期。
刘丙丽、刘海涛（2011）基于语料库的汉语动词句法配价历时研究，《语言教学与研究》第6期。
刘艳春、胡凤国、赵　艺（2016）辩论与演讲语体多维度、多特征对比研究，《语言教学与研究》第6期。
秦　岭（2010）说“的说”，《语言文字应用》第2期。
谭晓平（2017）对外汉语教学领域可比语料库的构建及应用研究——以“把”字句的句法语义标注及应用研究为例，《中文信息学报》第6期。
谭业升、陈　敏（2010）汉语经济隐喻的一项历时研究，《语言教学与研究》第5期。
荀恩东、饶高琦、肖晓悦、臧娇娇（2016）大数据背景下BCC语料库的研制，《语料库语言学》第1期。
杨德峰（2012）再议“V来V去”及与之相关的格式——基于语料库的研究，《世界汉语教学》第2期。
俞士汶、段慧明、朱学锋、孙　斌（2002a）北京大学现代汉语语料库基本加工规范，《中文信息学报》第5期。
俞士汶、段慧明、朱学锋、孙　斌（2002b）北京大学现代汉语语料库基本加工规范（续），《中文信息学报》第6期。
曾小荣、马博森（2015）物体指称行为中的涉手模式分析，《当代语言学》第3期。
周小兵、薄　巍、王　乐、李亚楠（2017）国际汉语教材语料库的建设与应用，《语言文字应用》第1期。
张文贤、邱立坤（2007）基于语料库的关联词搭配研究，《世界汉语教学》第4期。

（200234　上海，上海师范大学对外汉语学院）

美国汉语教材的文本因素考察*

——基于三套教材的定量分析

孟艳华

摘　要:本文选择了分别代表本土化教材、区域型教材、国内通用型教材的三套基础汉语教材《中文听说读写》《新实用汉语课本》和《成功之路》,对其中的课文文本从文本难度、话题的广度与深度、对话场景的发生地点、语法项目切分与分布、文体庄雅度等方面进行了统计与对比分析。数据表明,本土化教材最受欢迎,其文本具有语体庄雅度高、大量语言点细化切分且密集分布、话题与场景突显本土性与思辨性的特点。在某些情况下,优质的区域型教材或国内通用型教材也可替代本土化教材,满足海外不同的教学需求。

关键词:汉语教材;课文文本;美国汉语教学

〇、引言

0.1　问题的提出及本文研究目标

汉语教材是否需要本土化?如何本土化?不少研究者从理论上进行了探讨:有人认为,优质"本土化"教材是解决当前汉语国际传播教材问题的现实出路(吴应辉,2013;周小兵等,2014);也有人提出反对意见,认为"国别化的理据并不充分,教材编写要贴近外国人的思维、生活和习惯的观点值得质疑"(李泉,2015)。有些研究者通过对具体教材的分析,深化了对教材本土化的认识,如周小兵等(2014),通过对英、日、韩三国汉语二语教材的分析,对本土化方式进行了分级。

我们认为,考察海外汉语教材的使用现状并分析其原因有助于回答这些问题。影响

* 本研究得到国家社科基金重大项目"对外汉语教学语法大纲研制和教学参考语法书系(多卷本)"(项目编号:17ZDA307)的资助。承蒙冯胜利教授允许使用"汉语书面语工具 2.2 版",梁霞老师提供美国教材使用情况的详细资料,谨致谢忱。感谢鲁健骥教授和匿名审稿专家提出修改意见,文中疏漏,作者自负。

教材选用的因素可谓多样：教材的可及性、出版社的推广力度、教学机构的教学理念、教材本身的实用性与适用性等等，甚至还有许多教学管理者和教师的主观因素。虽然外在因素会影响教材选用，但毋庸置疑，教材本身的特点是影响教材选用的重要因素之一。因此，本文拟以美国大学当前使用较多的基础汉语教材为例，对不同教材的文本特点进行分析，以期提出一个体现不同教材特点的文本因素考察框架，为教材选用与教材编写提供参考。

0.2 美国使用的基础汉语教材情况简介

我们选择美国基础汉语教材作为研究本土化教材的对象。据资料显示，20 世纪 60 至 70 年代美国汉语教学由耶鲁系列教材和狄弗朗西斯教材一统天下；80 年代，北京语言学院编的《实用汉语课本》(1981)和《基础汉语课本》(1980)是使用最广泛的教材；90 年代以后，美国编写出版了不少本土新教材，如普林斯顿大学和明德暑校的《中文入门》(*Chinese Primer*)(Ta-tuan Ch'en 等，1994)、夏威夷大学的《中文交际》(*Communicating in Chinese*)(Cynthia Y. Ning，1994)、哈佛大学的《大学汉语》(*College Chinese*)(Shou-ying Lin，1993)等(刘珣，1993)。当前美国大学基础汉语教材相对集中：1997 年由波士顿 Cheng & Tsui 公司出版的《中文听说读写》占据了 60%左右的市场份额；北京语言大学出版社 2002 年出版的《新实用汉语课本》是第二普遍使用的教材，占市场份额的 13%；另 25%市场份额由其他各种本土汉语教材占据(Li 等，2014：24—26)。

从教材出版的国别和类型上看，教材可分为通用型、区域型、本土型(李泉、宫雪，2015)。纵观上述汉语教材选择的情况，自 20 世纪 60 年代以来，美国大学普遍使用的基础汉语教材呈现出“本土化教材——通用型教材——本土化教材/区域型教材”的总体发展趋向。

0.3 研究对象的选择

本文选取美国当前最流行的本土化教材《中文听说读写》(*Integrated Chinese*)(第 3 版)(刘月华等，2008、2009)、北京语言大学出版社出版的区域型教材《新实用汉语课本》(第 2 版)(刘珣，2010、2012)与国内通用型教材《成功之路》(杨楠，2008；张莉，2008)进行统计分析。选取这三套教材的原因如下：

首先，三者在美国的市场占有份额明显不同，我们可以从不同角度进行对比，进而考察影响教材的选择因素。其次，这三套教材各具特点，是三种不同类型教材的典型代表：《中文听说读写》是美国当前最流行的本土化教材；《新实用汉语课本》虽被翻译成多种语言，但其编写初衷是面向母语为英语的汉语学习者，因此本文把它列为区域型教材；《成功之路》是中国“十二五”普通高等教育本科国家级规划教材，属于通用型教材，其影响日益增大，且笔者使用多年，便于对学习者进行访谈。最后，三套教材皆成书于

20 世纪 90 年代末至 21 世纪初，都是面向新世纪的系列汉语教材，既注重语言本身的系统性，又兼容了“结构—功能—文化”等因素，教材具有共时可比性。

需要说明的一点是，中美两国汉语学习的课时不同，美国普通大学的汉语授课时间最多每周 4 节，每节 50 分钟（印京华，2006），而国内的普通初级汉语进修生的学习时间每周近 20 节，每节 50 分钟，学习时间相差达 4 倍之多，因此国内与美国对初、中、高级水平的划分也不相同。根据《新实用汉语课本》编著者的介绍（刘珣，2003）以及《成功之路》编著者的认定，我们按照国内惯例，把《中文听说读写》一、二年级全 4 册列为基础汉语教材。

为了便于定量分析，我们选取《中文听说读写》一年级上、下两册和二年级上册共 3 册，《新实用汉语课本》的 1 至 3 册以及《成功之路》“起步篇”和“顺利篇”的 4 册进行重点考察。选取的这些教材都完成了汉语基本句型和特殊句式的语法教学，词汇量也大体相当，约为 1200 个左右，基本达到《国际汉语教学通用课程大纲》的四级标准，具体如表 1 所示：

表 1 三套教材的词汇量统计

<table>
<tr><th>教材</th><th>1</th><th>2</th><th colspan="2">3</th><th>总计</th></tr>
<tr><td>《中文听说读写》</td><td>374
第一册（上）</td><td>325
第一册（下）</td><td colspan="2">367
第二册（上）</td><td>1066</td></tr>
<tr><td>《新实用汉语课本》</td><td>362
第一册</td><td>422
第二册</td><td colspan="2">453
第三册</td><td>1237</td></tr>
<tr><td>《成功之路》</td><td>202
起步篇 1</td><td>301
起步篇 2</td><td>336
顺利篇 1</td><td>346
顺利篇 2</td><td>1185</td></tr>
</table>

0.4 研究理据与方法

本文拟对三套教材的文本，即课文，进行全面定量对比。我们认为，教材文本是教材的主体，也是最能体现教材特色的部分，它涵盖了汉字、词汇、语法、话题场景与功能项目、文体与语体等方面的内容。本文拟参照《国际汉语教学通用课程大纲》对相关项目的分级与分类，对这些方面逐一考察并进行定量统计分析，在此基础上归纳三类教材文本的代表性特点，寻找影响教材选择的可能因素。

一、教材文本难度对比分析

文本难度研究是选定一些影响文本难度的因素对文本的难度进行分析。在对外汉语教学界，为了考察阅读材料的难度，张宁志（2000）提出“平均句长”和“每百字中包含的非常用词数（甲、乙级词汇之外的词）”两因素分析法；王蕾（2008）总结了阅读材料文本难度的变量包括：字（均笔画数）、词（词频和词数）和句（句均字数和句子数）；郭望皓

(2009)提出平均句长、汉字难度、词汇难度的三因素分析法。为了考察听说教材的难度,张璐等(2013)提出平均每百字句数、平均每百字非常用词数、平均每百字生词量、平均每百字语言点数和平均每百字语速的五因素分析法。

为了解影响初级汉语学习者的难度因素,我们于 2016 年 11 月对北京语言大学 5 个班来自五大洲 47 个国家的汉语学习者进行了问卷调查,收回有效问卷 42 份,调查在学生学习汉语 3 个月之后进行。调查内容是:在刚学完的《成功之路·顺利篇》(上)的 24 篇课文中,最难的两篇课文是什么?为什么?调查结果表明,学习者认为最难的是第八课课文(1)和课文(2),原因是这两篇课文中有很多结果补语,而这正是汉语的特色、学习的难点。这说明:以前研究中未受重视的"语言点"因素是文本难度的重要影响因素,汉语语言点与学习者母语的差异距离不同、复杂程度不同,造成的文本难度也不同。

在影响文本难度的因素调查中,各因素及所占比例如图 1 所示:

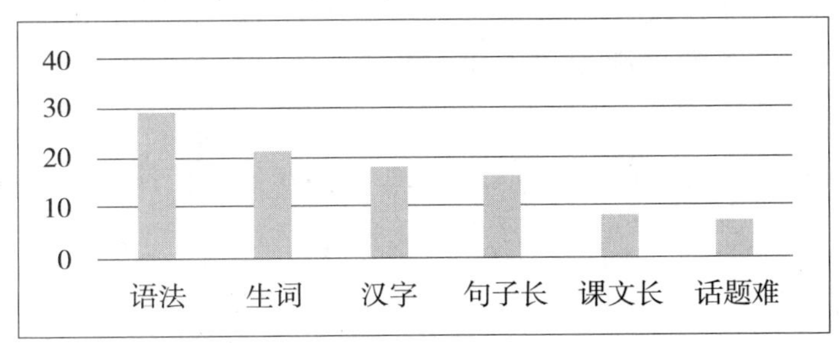

图 1　影响文本难度的因素及其比重

因此,我们选择四个因素进行难度对比分析:语言点数(包括语法及词汇注释数)、生词数、句子长度(小句数及句子数)以及课文长度(话轮数及字数)。由于每套教材的课文数量和长短不同,为了便于统一对比,我们计算了三套教材的每百字话轮数、每百字句子数、每百字小句数、每百字生词数、每百字语言点数的平均值、标准方差及变异系数,结果如表 2 所示:

表 2　三套教材相关参数的百字均统计

教材	每百字话轮数	每百字句子数	每百字小句数	每百字生词数	每百字语言点数
《中文听说读写》	2.7	9.0	16.2	10.5	2.2
《新实用汉语课本》	3.0	9.4	15.6	7.7	0.7
《成功之路》	3.1	10.5	16.6	9.6	1.0
标准方差	0.2	0.8	0.5	1.4	0.8
变异系数	0.06	0.08	0.03	0.15	0.60

表 2 表明:第一,从前四项参数上来看,三套教材的文本难易度相当,它们对教材选择的影响不大;第二,变异系数最大的是每百字语言点数,《中文听说读写》是《新实用

汉语课本》的 3.1 倍，是《成功之路》的 2.2 倍。语言点数多是《中文听说读写》的重要特点之一。

为了验证上述观点，我们对比了三套教材第一册的各项参数，结果同上，如表 3 所示：

表 3 三套教材第一册相关参数的百字均统计

教材	每百字话轮数	每百字句子数	每百字小句数	每百字生词数	每百字语言点数
《中文听说读写》	3.5	11.5	18.8	15.5	3
《新实用汉语课本》	4.3	11.7	18.5	11.8	1.1
《成功之路》	4.4	15.2	20.4	12.4	1.5
标准方差	0.49	2.08	1.02	1.99	1.00
变异系数	0.12	0.16	0.05	0.15	0.54

就语言点数来说，《中文听说读写》与当前美国汉语教学界流行的操练法（汲传波，2006；娄开阳等，2011）相符合，也许这便是这套教材最流行的原因之一。对语言点的设立与编排方面的进一步分析，将在本文第三部分进行。

二、文本话题、场景、文体及功能项目对比分析

2.1 话题

通过对话题的考察比较，可以观察到不同教材的性质、内容、功能与特点（苏新春等，2011）。本部分试图通过对文本话题和场景的对比分析寻找体现教材不同特点的相关因素。参照国家汉办（2014）的《汉语教学话题及内容建议表》以及苏新春等（2011）建构的话题分析模板，我们构拟了一个包括六大类别的话题体系，如表 4 所示：

表 4 话题体系分布表

大话题	子话题
个人信息	姓名、国籍、年龄、生日、身高、体重、朋友、家人、爱好、所属
日常生活	起居作息、天气、就医、问路、饮食就餐、购物、交通、订票、邮局、银行、意外与事故、租房住宿、回忆与计划、运动健身
人际交往	打招呼、介绍、感谢、请教、告别送行、邀请、拜访接待、约会聚餐、家庭称谓
学习与工作	学校、课程、考试、成绩、语言水平、中文学习、请假、上课、选课、找工作、打工
文化娱乐与节日活动	卡拉 OK、体育运动、比赛、电视节目、节日介绍、节日比较、艺术作品（琴棋书画）、艺术欣赏、旅游及路线
社会与世界	价值观念、社会变化、农村与城市、贷款、环境与文化保护、自然景观、季节与气候、地理、电脑网络、教育问题、习俗与忌讳

据此，我们对三套教材文本的话题进行分析，参照教材编写者对话题的分类，每篇课文确定一个主话题，统计出三套教材的话题分布情况，如表 5 所示：

表 5 三套教材的话题分布简表

教材	个人信息	日常生活	人际交往	学习与工作	文化娱乐与节日活动	社会与世界
《中文听说读写》(50 篇)	5	13	18	6	5	3
《新实用汉语课本》(73 篇)	4	18	16	4	14	17
《成功之路》(109 篇)	12	42	18	13	19	5

结合每套教材的文本数量，我们对话题分布情况进行了分布比例与变异系数统计，如表 6 所示：

表 6 三套教材的话题分布比例

教材	个人信息	日常生活	人际交往	学习与工作	文化娱乐与节日活动	社会与世界
《中文听说读写》	10%	26%	36%	12%	10%	6%
《新实用汉语课本》	5%	25%	22%	5%	19%	23%
《成功之路》	11%	40%	17%	12%	17%	3%
标准方差	0.03	0.08	0.10	0.04	0.05	0.11
变异系数	0.37	0.28	0.39	0.42	0.31	1.01

由表 6 可见：第一，三套教材话题分布的变异系数明显高于文本的小句数、生词数、语言点数等参数；第二，差别最大的是“社会与世界”话题，《新实用汉语课本》中这一部分的比例是《中文听说读写》的 4 倍，是《成功之路》的 6 倍。我们认为社会话题所占比例非常之高是《新实用汉语课本》最重要的与众不同之处，也许这便是这套教材广泛流行的重要原因。

通过对社会话题进一步分析，我们发现它们在三部教材中的分布位置与讨论内容也不同。《成功之路》的三个子话题“季节与气候”“北京与上海城市对比”以及“胡同文化保护”出现于基本句式教学阶段，讨论内容比较客观、简单。《中文听说读写》的子话题“网络与电脑”“子女教育”“中国地理”均出现在语段语篇教学阶段，讨论问题较为深入，可引发思考与辩论，突显思辨性。而《新实用汉语课本》广泛涉及“社会习俗”“礼仪与忌讳”“自然景观”“婚礼习俗”“保护环境”等子话题，这些话题广泛用于基本语法结构、特殊句式、各类虚词及语篇的教学。

在上文统计的基础上，我们对三套教材的特有话题进行了考察。所谓特有话题是指与另外两套教材相比，某套教材所特有的话题，它能反映出教材所设定的教学对象群体特点与教材编写理念。三套教材各自的特有话题具体如下：

《中文听说读写》：过敏吃药、中国城、男女朋友闹别扭、拒绝约会、选课、美式足球。

《新实用汉语课本》：图书馆办借书证、海关取包裹、越剧、吃饭大声说话、当面打开礼物、不询问年龄与工资等习俗。

《成功之路》:语言伙伴、京剧、胡同、北京上海城市对比。

特有话题体现了三套教材的特点。《中文听说读写》的话题突显了美国本土大学生的人际交往与日常生活:“人际交往”话题占比 36%,远远高于另外两套教材,也比同一教材中占比第二位的“日常生活”话题高 10%。此外,它还包括了一些美国社会的特有词汇和社会现象,如“中国城”“过敏”“选课”“美式足球”等。这两个方面都突显了本土特色;《新实用汉语课本》突显了中国传统、习俗与文化方面的话题;《成功之路》则突显在中国母语环境下学习汉语和中国城市间差异这类话题。

2.2 场景地点

场景地点指所叙述的情景或对话所发生的地点。从宏观上看,三套教材的场景地点可分为两大类:中国和美国。《中文听说读写》第一册和第二册(上)的场景地点为美国,第二册(下)的场景地点随着文中人物去中国留学而变换为中国,《新实用汉语课本》和《成功之路》课文的场景地点均为中国。

从微观层面上看,场景地点包括:校园、教室、宿舍、聚会、饭馆、茶馆、美术馆、旅游景点,等等。除去场景地点不明确的课文,如叙述体《我的爱好》,我们统计出三套教材的场景地点分布,如表 7 所示:

表 7 三套教材的话题场景地点分布表

场景地点 教材名称	教室	宿舍、家	校园	餐厅	城市功能场合 (银行、机场等)	娱乐旅游景点
《中文听说读写》 (22 篇)	1	10	2	3	商店 3 医院 1	中国城 1 卡拉OK1
《新实用汉语课本》 (43 篇)	3	12	2	4(其中茶馆 1)	商店/商场 3 医院 2 出租车上 1 公交车 1 船上 1 火车站 1 银行 1 房屋中介 1 图书馆 2 邮局 1	山/长城 3 美术馆 2 街心花园 2
《成功之路》 (47 篇)	10	15	11	2	商店/商场 3 医院 2 公交车站 1 出租车上 1 飞机场 1	山 1 电影院 1

场景地点分布与话题内容密切相关。由表7可知：首先，教室、宿舍、家、校园、餐厅、餐馆、医院、商场、山上、山下等地点是各教材共有的场景地点，这些地点可展开各种话题；其次，与丰富的话题类型一致，《新实用汉语课本》的场景地点也最为广泛。

结合每套教材具有明确场景场地的文本数量，我们对话题分布情况进行了分布比例与变异系数统计，如表8所示：

表8 三套教材的场景地点分布比例

教材	教室	宿舍、家	校园	饭馆餐厅	城市功能场合	娱乐旅游景点
《中文听说读写》	5%	45%	9%	14%	18%	9%
《新实用汉语课本》	7%	28%	5%	9%	33%	16%
《成功之路》	21%	32%	23%	4%	17%	4%
标准方差	0.09	0.09	0.09	0.05	0.09	0.06
变异系数	0.79	0.25	0.77	0.56	0.40	0.62

由表8可知：《成功之路》的“教室”和“校园”场景地点所占比例远远超过平均值，《中文听说读写》的“饭馆餐厅”场景地点远高于平均值，《新实用汉语课本》的“娱乐旅游景点”场景地点远高于平均值。这与三套教学的话题特点一致：《成功之路》侧重留学生在中国国内的学习生活，场景集中在教室和校园；《中文听说读写》注重本土化，贴近美国学习者的日常交际，交际与交流场景多为朋友聚会聚餐；《新实用汉语课本》注重文化，文化教学多发生在娱乐旅游景点。因此，话题与场景地点分布能体现三类教材的文本特点，可能是影响教材选择的文本因素之一。

2.3 文体与功能项目

2.3.1 叙述体、对话体与应用文体

在汉语国际教育领域，有研究者提出（陈晨，2005；杨惠元，2010等）应该注意在初级阶段“培养学生的初步成段表达能力”，处理好“对话体”与“叙述体”的关系。教材文本的叙述体或对话体的呈现方式是否会影响教材的选择？统计发现：《中文听说读写》的叙述体课文共5篇（其中应用文3篇：一封信、一封电子邮件、一篇日记），占所有课文的8%；《新实用汉语课本》的全部课文均为对话体；《成功之路》的叙述体课文27篇（其中应用文4篇：2封信、1篇日记、1张便条），占所有课文的25%。从统计结果看，《成功之路》对叙述体课文重视度远远高于另外两套教材，但《成功之路》的使用率并非最高，因此，课文文本是叙述体还是对话体，不是影响教材文本的关键因素。

2.3.2 书面语体庄雅度

美国汉语教学界有在大学文科教育总目标下进行语文教学的传统，即“阅读中文原

著并进行研究的学术性目标”(刘珣,1993;孟艳华,2015)。近年来随着语体语法的提出,书面语体教学日益受到重视(冯胜利,2006)。书面语教学在多大程度上影响着美国当前的初级汉语教育?教材课文文本使用书面语体词汇或表达格式是否会影响教材选择?我们通过“汉语书面语工具 2.2 版”对三套教材文本的庄雅度(冯胜利等,2008)进行了对比分析。通过统计三套教材中反映书面语体庄雅度的“嵌偶词”(如“不宜前往”中的“宜”)“合偶词”(如“加以”)“书面语功能词”(如“于”)“书面语句式”(如“为……所”)的使用情况,发现书面语体词在课文文本中的出现频率如表 9 所示:

表 9 三套教材的书面语程度统计表

<table>
<tr><th>教材</th><th>1</th><th>2</th><th colspan="2">3</th></tr>
<tr><td>《中文听说读写》</td><td>0.21%
第一册(上)</td><td>0.25%
第一册(下)</td><td colspan="2">0.27%
第二册(上)</td></tr>
<tr><td>《新实用汉语课本》</td><td>0.09%
第一册</td><td>0.15%
第二册</td><td colspan="2">0.22%
第三册</td></tr>
<tr><td>《成功之路》</td><td>0.03%
起步篇(1)</td><td>0.17%
起步篇(2)</td><td>0.22%
顺利篇(1)</td><td>0.27%
顺利篇(2)</td></tr>
</table>

表 9 表明:三套教材的书面语体词的出现频率在第三册(包括《成功之路》“顺利篇”的第一册和第二册)基本一致,但整体对比来看,本土教材《中文听说读写》从一开始就出现了相当比率的书面语体词,而后两套教材的书面语体词在开始时的出现频率很低。我们认为美国重视语文教学的传统造成本土教材语体庄雅度高这一特点,语体庄雅度可列为教材选择与编写时的考虑因素。

三、文本的语言点选取与分布的对比分析

本文所谓语言点是指教材在注释中明确列出的语言点,包括语法功能项目(如“了”、“把”字句等)与词语用法(如“受到”“正好”“结果”)两部分。语言点来自于文本,体现教材和教学的重点。我们所关心的问题是:课文文本中包含了哪些语言点?这些语言点是如何分布的?

据统计,三套教材的语言点数量如下:《中文听说读写》265 个,《新实用汉语课本》118 个,《成功之路》117 个。《中文听说读写》的语言点是后两套教材的两倍,这是因为这套教材的语言点注释中也包括很多词语及表达格式,比如动词“姓、叫”,表达格式“……的时候”“每……都……”。我们认为,这与美国本土的语言操练法教学理念相符,即:把语法项目拆分为以具体词汇为代表的句式句型,把重要词汇放在句式中教学。

参照《国际汉语教学通用课程大纲》(2014)中的“常用汉语语法项目分级表(1—5

级)”,我们发现,汉语基本语法项目在三套教材中所占的篇幅不尽相同。基本语法项目逐级分布在《新实用汉语课本》(共三册)和《成功之路》(共四册)中,但《中文听说读写》只用了第一册上、下两本书就基本完成了五级基本语法项目教学,从第二册(上)开始,语法教学集中于虚词和复杂词语用法辨析,也就是说,《中文听说读写》语言点分布比较密集,用了《新实用汉语课本》和《成功之路》教材大约 2/3 的课时、60%的基本词汇完成了汉语基本语法项目的教学。

由此可知,语言点的选取与分布在本土教材中独具特色,可列为教材编写与选择时的参考因素。

四、结论及启示

通过上文的分析,对于影响教材选择的文本因素、教材是否需要本土化、如何进行本土化等问题,我们的结论如下:

第一,美国本土化教材在美国最受欢迎,其代表性特点是:语体庄雅度高、大量语言点细化切分且密集分布、话题与场景突显本土性和思辨性。这启发我们在进行美国汉语教材选择与编写时要考虑到文本的语体庄雅度、语言点选取与分布、话题与场景分布这三个文本因素。这与美国汉语界重视语文教学的传统,重视语言操练法的教学传统,话题贴近学习者的日常交际、能够引发思考与讨论的教学理念相一致。因此,当某一海外教学机构的汉语教学传统和教学理念独具特色,而区域型、通用型教材兼顾不到这一点时,本土化教材是最佳选择。教材本土化的方式是指在现代通用教学法与教材编写理念的基础上,教材能够体现该国的教学法传统、特有教学理念,包含特有话题与词汇特点。

第二,社会话题所占比例非常高是区域型汉语教材《新实用汉语课本》最鲜明的特色。它在美国及其他国家受到欢迎,表明:包含中国文化元素的社会话题能够成为世界各国或者某一区域学习者的共同兴趣点与共同话题。当海外教学机构把了解中国文化与社会作为汉语学习的重要目标时,满足这一要求的区域型教材可以替代本土化教材。

第三,据笔者调查了解,国内通用型教材《成功之路》也开始在美国一些培训机构中使用。这套教材的文本发生场景虽然相对集中于教室和校园,但它的话题覆盖面相对广泛,能满足学习者在中国学习和生活时进行交流与交际的基本需求,这也是通用型教材的代表性特点。当国内通用型教材能基本满足海外学习需求时,它也可能成为本土化教材的替代品。

概而言之,本文所分析的三类教材各自具有不同的代表性特点,如果某国或某教学机构的汉语教学具有独特的教学传统与教学理念，学习者有独特的需求，则需要选择独具特色的文本，使用本土化教材；当区域型教材或通用型教材也能满足学习者的需求时，则不需要本土化教材。

最后，需要指出的是，本文通过考察教材文本的生词数、语言点数、字数、话轮数、句子数、小句数、小句长度、对话体及叙述体的处理等文本因素，提出文本的语体庄雅度、语言点选取与分布、话题与场景分布等因素是影响美国汉语教材编写与选择的可能因素，建议将上述因素列为美国汉语教材选择与编写时的参考框架，但海外汉语教材选择事实上多大程度受到这些因素影响，还需要进一步分析研究。

参考文献

北京语言学院(1980)《基础汉语课本》，外文出版社。

北京语言学院(1981)《实用汉语课本》，商务印书馆。

陈　晨(2005)培养初步成段表达能力的新型初级口语教材的编写，《海外华文教育》第1期。

冯胜利(2006)论汉语书面正式语体的特征与教学，《世界汉语教学》第4期。

冯胜利、王　洁、黄　梅(2008)汉语书面语体庄雅度的自动测量，《语言科学》第2期。

郭望皓(2009)对外汉语文本易读性公式研究，上海交通大学硕士学位论文。

汲传波(2006)论对外汉语教学模式的构建——由美国明德大学汉语教学谈起，《汉语学习》第4期。

孔子学院总部/国家汉办(2014)《国际汉语教学通用课程大纲》，北京语言大学出版社。

李　泉(2015)汉语教材的"国别化"问题探讨，《世界汉语教学》第4期。

李　泉、宫　雪(2015)通用型、区域型、语别型、国别型——谈国际汉语教材的多元化，《汉语学习》第1期。

刘　珣(1993)美国基础汉语教学评介，《语言教学与研究》第1期。

刘　珣(2003)为新世纪编写的《新实用汉语课本》，《暨南大学华文学院学报》第2期。

刘　珣主编(2010)《新实用汉语课本》(第1册、第2册)(第2版)，北京语言大学出版社。

刘　珣主编(2012)《新实用汉语课本》(第3册)(第2版)，北京语言大学出版社。

娄开阳、吕妍醒(2011)美国明德汉语教学模式课堂操练方法的类型及其理据，《语言教学与研究》第5期。

孟艳华(2015)美国大学中文项目的课程设置现状与启示——基于30所大学的定量分析，《汉语应用语言学研究》第4辑，商务印书馆。

苏新春、唐师瑶、周　娟、王玉刚(2011)话题分析模块及七套海外汉语教材的话题分析，《江西科技师范学院学报》第6期。

王　蕾(2008)可读性公式的内涵及研究范式——兼议对外汉语可读性公式的研究任务，《语言教学与研究》第6期。

吴应辉(2013)关于国际汉语教学"本土化"与"普适性"教材的理论探讨，《语言文字应用》第3期。

杨　楠(2008)《成功之路·起步篇》，北京语言大学出版社。

杨惠元(2010)综合课教学要处理好的十个重要关系，《语言教学与研究》第6期。

印京华(2006)在美国大学普及汉语教学的策略，《云南师范大学学报》(对外汉语教学与研究版)第2期。

张　莉(2008)《成功之路·顺利篇》,北京语言大学出版社。

张　璐、彭艳丽(2013)基于影视作品改编的中高级汉语视听说教材语料难度分析,《世界汉语教学》第2期。

张宁志(2000)汉语教材语料难度的定量分析,《世界汉语教学》第3期。

周小兵、陈　楠、梁珊珊(2014)汉语教材本土化方式及分级研究,《华南师范大学学报》(社会科学版)第5期。

Ch'en, Ta-tuan, Perry Link, Yih-jian Tai & Hai-tao Tang(1994) *Chinese Primer*(《中文入门》). New Jersay: Princeton University Press.

Li, Y., X. Wen & T. Xie(2014) CLTA 2012 Survey of College-Level Chinese Language Programs in North American. *Journal of the Chinese Language Teachers Association*, 49: 24—26.

Lin, Shou-ying(1993) *College Chinese*(《大学汉语》). Boston: Cheng & Tsui Company.

Liu, Yuehua, Tao-chung Yao(2008) *Integrated Chinese*(《中文听说读写》): *Level 1*. 3rd edition. Boston: Cheng & Tsui Company.

Liu, Yuehua, Tao-chung Yao, Yaohua Shi, Nyan-Ping Bi & Liangyan Ge(2009) *Integrated Chinese*(《中文听说读写》): *Level 2*. 3rd edition. Boston: Cheng & Tsui Company.

Ning, Cynthia Y. (1994) *Communicating in Chinese*(《中文交际》). New Haven: Yale University Press.

(100083　北京,北京语言大学汉语进修学院)

情态构式的多义性及习得状况考察*

范　伟

摘　要：在对情态构式进行概念和范围界定的基础上，探讨情态构式的多义性特点，并对13种多义情态构式在对外汉语教学大纲及教材中的分布和呈现状况做了考察。另外，通过调查情态构式多个义项的习得状况，认为教学输入包括大纲和教材中对情态构式不同义项的收录和说明对学生的习得有直接影响，大纲和教材还有许多需要细化和改进之处。

关键词：情态构式；多义性；习得；大纲；教材

〇、引言

综观近年来的汉语二语习得研究，尽管新的研究领域和研究方法不断出现，研究趋势从基于中介语语料库的偏误描写逐渐转向更科学严谨的实证分析，但学习者的语言系统，即中介语系统的发展与变异始终是需要密切观察和细致研究的对象和基础。中介语研究除了依托语言习得理论，还必须以汉语本体研究的理论和成果作为分析框架和参考（肖奚强，2011）。比如近年来兴起的构式语法研究，该理论对于语言的基本单位是一种形式和规约意义的配对，即构式的认识，既符合汉语习得规律和认知心理要求，有利于学习者创造性地学习，也对汉语教学起到促进作用（张怡春，2009）。

汉语传统句式如"把"字句、"被"字句、存现句等的习得研究一直是汉语二语习得研究中成果比较多的领域，但其中明确与构式理论相结合的还不多①。一些短语及固定格式，如处所短语（周文华，2013）、动结式（朱旻文，2017）、"A归A"（董淑慧，2006）等的习得研究已有所见，但总的来说，常用口语格式及主观性构式的习得研究还不多，亟待

---

* 本研究得到国家社科基金重大项目"对外汉语教学语法大纲研制和教学参考语法书系（多卷本）（项目编号：17ZDA307）"的资助。感谢审稿专家细致中肯的修改建议，文中谬误概由作者本人负责。

① 相较而言，关于构式的教学研究略多一些。

大力开展。语言教学的最终目的是培养学习者的语言交际能力，而反映学习者语言水平的一个重要方面是交际中表达言者态度的主观性成分及口语格式的使用和掌握情况。情态构式是语言中主观性内容的重要组成部分，汉语情态构式的习得研究尚在起步阶段，本文尝试考察外国学生对13种汉语多义情态构式的习得状况，以期抛砖引玉，为汉语教学和习得研究提供一定的启示和参考。

一、情态构式的界定及多义性特征

汉语的情态研究和构式语法研究在学界一直都存在不同的观点，因此有必要对本文的研究对象——情态构式进行界定，以方便开展习得方面的调查和研究。

本文采用“构式”的经典定义（Langacker，1987；Fried & Boas，2005），将其范围限定在两个以上元素构成的结构体之内，与只包含一个元素的“成分”概念相对立，而情态构式即为表达说话人对命题为真或成真的观点或态度的情态语义的构式。我们从以下几个方面来鉴别情态构式的身份。

第一，标志性。刘丹青（2009）曾经指出，构式须包含由某些虚词或实词充当的常项以及多由实词充当的变项。情态构式即包含特定形式标记——某些实词或虚词的固定框架，有其自身独特的情态语义内涵，无论什么样的变项词语进入到这个框架当中，该情态构式的整体结构义都不变。

情态构式的形式标志可以是情态成分，如例（1）“能X就X”中的“能”；也可以是普通词语，如例（2）“X不到哪儿去”中的“不到哪儿去”：

（1）能……就……：我们能早去就早去。（道义情态）

（2）X不到哪儿去：他写的东西好不到哪儿去。（认识情态）

第二，整体性。构式有独立的意义，越是典型的构式，其语义的整体性越强，其中成分义对结构义的作用和影响越不明显。典型情态构式的结构义难以分解，不能由成分义简单相加而得出。如“爱……不……”（爱去不去/爱吃不吃），该构式表示说话人“听凭、任凭”某人做某事或不做某事，属于一种“充分、过度”的“许可”，包含道义情态语义。但这一构式义与其内部成分“爱”的意义并没有直接联系，“爱”表示积极的意愿、喜好，“不”表示否定，构式义是对这两种成分义重新进行分析和整合的结果。

第三，主观性。情态表达说话人的观点和态度，是语言主观性的一个方面。情态构式表达上具有强烈的主观色彩。如下例（3）：

（3）这里的人大家都熟悉，父亲……去了省城，人生地不熟，不出事才怪呢。[①]

① 本文的语料多出自北京大学中国语言学研究中心CCL语料库，少量来自语法工具书或自省语料。

“不……才怪”传达出说话人针对某事非常确定的判定态度，说话人认为命题“父亲出事”发生的可能性非常大。说话人做出主观判断的依据也是主观的认识经验，或对客观条件的主观认定。

第四，非现实性。情态句中的命题存在着为真或成真的可能性，这意味着命题具有非现实性。

下面例(4)(5)中的构式“因……而……”“要X早X了”，前者表示由于某种原因引起的某种情况或结果，结果已然出现，属于现实性的非情态构式；后者则通过对X在过去发生的可能性的假设，判定其在现实情况下不可能发生，如例(5)中即表达说话人认为某人“不可能来”。此构式中命题“X”是非现实的、不能确定其是否发生的事件。因此，“要X早X了”属于认识情态构式。

(4)他们因旅游而结识。

(5)都这么晚了，要来早来了，别等了。

情态构式大多是“一形一义”的情况，也符合构式语法认为构式是“一个形式和意义的配对”(a pairing of form and meaning)的观点。不过有些情态构式在不同的语境中可以得到两种或两种以上不同的情态语义解读。情态构式的“多义”是指因情态构式中组成成分的多义性或成分间不同的作用关系，造成该构式具有两种或两种以上的情态语义。如“可……可……”构式，既可以表示“值得做某事”的动力情态，如下例(6)；还可以表示“被认定为……都可以”的道义情态，如下例(7)。这与情态词“可”的多义性有关。

(6)幺富江的献身精神，可敬可佩。

(7)对过去的错误，处理可宽可严的，可以从宽；对今后发生的问题，要严些。

因此，“可……可……”就是一个多义的情态构式。

情态成分的多义性是世界语言的普遍特征，如英语中的“can”“must”，汉语中的“会”“能”等都可以表达多种情态语义。汉语情态成分的二语习得研究比较集中在情态助动词、能愿动词的偏误分析和习得过程研究上(赖鹏，2006、2012；陈若凡，2002)，其中也都涉及情态词的多义性，一般的结论是习得顺序从根情态能力义、意愿义向认识情态猜测义发展，而认识情态义比根情态义的习得难度更大等。

汉语多义情态词不同义项的习得顺序与英语方面的研究结果基本一致，根情态义项的使用频率高于认识情态义项(参见赖鹏，2012)。除了普遍认知因素，外部因素如教学输入也会对此产生影响。比如情态词的不同义项在教材中的编排顺序、说明程度不同都可能影响学习者的理解和使用。本文预测汉语多义情态构式的习得也有类似的情况，学习者对某多义情态构式不同义项的学习和掌握并不全面，需要引起教学上的反思。下文将通过一系列调查进行验证并进一步讨论。

二、大纲对多义情态构式的收录情况

大纲规定了基本的教学内容和教学目标，是第二语言教学的依据。教材是教学大纲的具体体现，也是完成教学内容、达到教学目标的重要保证。对外汉语教学中三个代表性的教学大纲，即《汉语水平等级标准与语法等级大纲》(1996)(以下简称《语法大纲》)、《高等学校外国留学生汉语言专业教学大纲》(2002)(以下简称《专业大纲》)及《高等学校外国留学生汉语教学大纲(长期进修)》(2002)(以下简称《进修大纲》)。自创制以来，大纲对教材编写、教学实施及教学效果检验等起到了很好的规范和指导作用。但随着汉语本体研究和习得研究的深入以及教学的反馈，三个大纲暴露出来的问题也越来越多，比如语言点的选取不尽全面、分级排序不够合理等，这也说明老大纲亟须修订或由新大纲来代替①，而依据大纲编写的教材或多或少也会存在这样那样的问题。本文对多义情态构式的习得考察，在某种程度上能够反映大纲和教材的一些问题。在发现问题之后，希冀对新大纲的研制有所参考和帮助。

根据笔者的前期研究，汉语中的多义情态构式是一个相对封闭的类，共有 13 种②，其多个情态义项列表如下：

表 1　13 种多义情态构式及其不同义项类型

序号	情态构式	义项③一	义项二	义项三
1	非……不可	认识情态(断定)	道义情态(指令)	动力情态(意愿)
2	该……了	认识情态(揣测)	道义情态(劝谏)	
3	或者……或者……④	认识情态(揣测)	道义情态(劝谏)	动力情态(惯常)
4	即使……也……	认识情态(断定)	道义情态(指令)	
5	既然……就……	认识情态(断定)	道义情态(劝谏)	
6	可 X 可 Y	道义情态(许可)	动力情态(能力)	
7	如果……就……	认识情态(断定)	道义情态(劝谏)	
8	无论……都……	认识情态(断定)	道义情态(劝谏)	动力情态(惯常)
9	想 V 就 V	道义情态(劝谏)	动力情态(意愿)	
10	要么……要么……	认识情态(揣测)	道义情态(劝谏)	
11	一……就……	认识情态(断定)	动力情态(惯常)	

① 关于大纲修订的呼声由来已久，可参见赵金铭(2002)、孙德金(2006)、吕文华(2015)等相关研究。

② 参见范伟(2017)。评审专家指出 13 种情态构式形式上缺乏一致性，可能不能排除"只有……才……""只要……就……"等其他形式。关于复句格式表达的不同情态类型，范伟(2017)中有判定标准和过程，本文从是否表达多义情态的角度来收录情态格式，"只有……才……"和"只要……就……"都是断定型单义认识情态，因此没有收录。复句情态构式及多义情态构式的研究尚不深入，疏漏乃至谬误仍然存在。

③ 即情态语义类型。

④ "或……或……"也算作同类。

续表

序号	情态构式	义项一	义项二	义项三
12	V得/不来	动力情态(能力)	动力情态(惯常)	
13	X得/不了	认识情态(断定)	动力情态(能力)	

上述13种多义情态构式是汉语中的常用格式，也是对外汉语教学的重要语言点。为考察汉语二语学习者对这些情态构式及其各义项的了解和掌握情况，我们首先考察了大纲中对它们的收录和分级情况，考察结果如表2。

表2 13种多义情态构式及其不同义项在大纲中的分布

序号	情态构式		《语法大纲》		《专业大纲》		《进修大纲》	
			分级	释义	分级	释义	分级	释义
1	非……不可	义项一	—①		二年级	强调②	高等	强调
		义项二	乙级	强调	二年级	强调	中等	固定格式
		义项三	—		功能③	强调	—	
2	该……了	义项一	—		—		—	
		义项二	丙级	动作的态	—		中等	变化态
3	或者……或者……	义项一	乙级	选择	—		高等④	选择
		义项二	乙级	选择⑤	一年级	选择	—	
		义项三	乙级	选择	—		初等二	选择
4	即使……也……	义项一	丙级	让步	功能	承诺	—	
		义项二	—		一年级	让步	初等二	让步
5	既然……就……	义项一	—		功能	保证	—	
		义项二	乙级	条件	一年级	因果	初等二	因果
6	可X可Y	义项一	—		—		—	
		义项二	丁级	—	—		高等	固定格式
7	如果……就……	义项一	乙级	假设	—		—	
		义项二	—		一年级	假设	初等一	假设
8	无论……都……	义项一	—		功能	承诺	—	
		义项二	乙级	条件	—		初等二	条件
		义项三	—		一年级	条件	—	
9	想V就V	义项一	—		—		—	
		义项二	—		—		—	
10	要么……要么……	义项一	—		—		—	
		义项二	丁级	选择	二年级	选择	初等二	选择
11	一……就……	义项一	—		—		—	
		义项二	—		一年级	条件	—	

① 表中符号"—"表示某项目在大纲中没有提及。

② 虽然释义不是情态义，但给出的例句表达该义项的情态语义。表中其他非情态的"释义"都是这种情况。

③ 列在功能细目表中，没有分级。

④ 大纲中例句中用的是"或是……，或是……，或者……"。

⑤ 义项二用的形式是"或……或……"。

续表

<table>
<tr><th rowspan="2">序号</th><th colspan="2" rowspan="2">情态构式</th><th colspan="2">《语法大纲》</th><th colspan="2">《专业大纲》</th><th colspan="2">《进修大纲》</th></tr>
<tr><th>分级</th><th>释义</th><th>分级</th><th>释义</th><th>分级</th><th>释义</th></tr>
<tr><td rowspan="2">12</td><td rowspan="2">V得/不来</td><td>义项一</td><td>丙级</td><td>可能补语</td><td colspan="2">—</td><td colspan="2">—</td></tr>
<tr><td>义项二</td><td colspan="2">—</td><td colspan="2">—</td><td colspan="2">—</td></tr>
<tr><td rowspan="2">13</td><td rowspan="2">X得/不了</td><td>义项一</td><td colspan="2">—</td><td>一或二年级①</td><td>估计或可能</td><td rowspan="2">初等二</td><td rowspan="2">可能(无例句,无分类)</td></tr>
<tr><td>义项二</td><td>乙级</td><td>可能补语</td><td>一或二年级</td><td>能力</td></tr>
</table>

从表2可以看出,13种多义情态构式中除了“想V就V”三个大纲都没有收录,其他构式在大纲中都有所呈现。大纲根据用频和众多语法资料选取的语言点基本上是准确的,但随着社会生活的变化所带来的语言上的变化以及语法研究的深入,对语言点的增删还应及时跟进,一些常用口语格式应适当补录。

另外,大纲对语言点的描写和说明总的来说仍显粗略,主要是从传统语法的概念和角度来解释,如“变化态”“可能补语”,复句的“条件”“让步”关系等,并且大多是用同一种语义性质或语用功能来解释不同的义项。我们认为,语言点的不同用法不仅要条分类别,而且每个义项的说明应该彼此区别,而不是像大纲中只有一个统一的解释,但给出的例句却反映了不同语境下的不同语义特征。就多义情态构式而言,用不同情态类型表达的不同情态语义来说明不同的义项,并搭配例句,可能更容易说明问题。如“非……不可”大纲中用“强调”来说明该构式的功能,或直接列在“固定格式”中,没有释义。我们尝试从情态的角度来注解该构式,如下:

1. 表示说话人断定“非……不可”中间的某事件或状况会发生或出现,“非……不可”前面有断定的依据。如:

(8)你这么不听劝,非倒霉不可。

2. 表示说话人认为某事件的完成必须采取“非……不可”中间的某行动,表达说话人较为肯定的指令和建议。如:

(9)我们要解决这个难题非齐心合力不可。

3. 表示某人不顾其他,一定要按照自己的意愿做某事。如:

(10)妈妈不让他吃冰淇淋,他非吃不可。

“非……不可”的以上三种情态语义在大纲中的编排顺序还可以再探讨,但分类说明是首先要改进的。

大纲中也有情态语义的分类及释义比较清晰之处,如《专业大纲》中对“X得/不了”的说明,“动词后的表示有没有能力或可能实现;形容词后的表示对性质或情状的估计”。

① 大纲中列为二年级语法项目,但注释为“也可根据需要列入一年级语法项目”。(《专业大纲》(附件二)第52页)

三、多义情态构式在教材中的呈现

教材是依据大纲编写的，我们考察了 13 种多义情态构式在四套影响比较大的综合汉语教材《发展汉语》(综合)《博雅汉语》《汉语教程》《汉语初级强化教程》①中的收录、编排及解释说明情况，收录及分级情况如表 3②：

表 3　13 种多义情态构式在教材中的呈现

<table>
<tr><th rowspan="2">序号</th><th rowspan="2" colspan="2">情态构式</th><th colspan="2">《发展汉语》</th><th colspan="2">《博雅汉语》</th><th colspan="2">《汉语教程》</th><th colspan="2">《汉语初级强化教程》</th></tr>
<tr><th>阶段</th><th>释义</th><th>阶段</th><th>释义</th><th>阶段</th><th>释义</th><th>阶段</th><th>释义</th></tr>
<tr><td rowspan="3">1</td><td rowspan="3">非……不可</td><td>义项一</td><td>中级Ⅰ</td><td>一定会</td><td>准中级Ⅱ</td><td>肯定</td><td>三册下</td><td>必然性</td><td>三册</td><td>一定是</td></tr>
<tr><td>义项二</td><td>中级Ⅰ</td><td>一定要</td><td>初级Ⅱ</td><td>—</td><td>三册下</td><td>必要性</td><td>三册</td><td>一定要</td></tr>
<tr><td>义项三</td><td>中级Ⅰ</td><td>一定要</td><td>初级Ⅱ</td><td>—</td><td>三册下</td><td>决心愿望</td><td>三册</td><td>一定要</td></tr>
<tr><td rowspan="2">2</td><td rowspan="2">该……了</td><td>义项一</td><td colspan="2">—</td><td colspan="2">—</td><td>二册上</td><td>有释义
无例句</td><td colspan="2">—</td></tr>
<tr><td>义项二</td><td colspan="2">—</td><td>初级Ⅱ</td><td>应该</td><td>二册上</td><td>有例句
无释义③</td><td>二册</td><td>—</td></tr>
<tr><td rowspan="3">3</td><td rowspan="3">或者……或者……</td><td>义项一</td><td colspan="2">—</td><td>准中级Ⅱ</td><td>交替出现</td><td colspan="2">—</td><td colspan="2">—</td></tr>
<tr><td>义项二</td><td colspan="2">—</td><td colspan="2">—</td><td colspan="2">—</td><td colspan="2">—</td></tr>
<tr><td>义项三</td><td colspan="2">—</td><td colspan="2">—</td><td colspan="2">—</td><td colspan="2">—</td></tr>
<tr><td rowspan="2">4</td><td rowspan="2">即使……也……</td><td>义项一</td><td>初级Ⅱ</td><td>假设</td><td>准中级Ⅰ</td><td>可能</td><td>三册下</td><td>假设的
让步</td><td>四册</td><td>假设的
让步</td></tr>
<tr><td>义项二</td><td>初级Ⅱ</td><td>假设</td><td colspan="2">—</td><td>三册下</td><td>假设的
让步</td><td>四册</td><td>假设的
让步</td></tr>
<tr><td rowspan="2">5</td><td rowspan="2">既然……就……</td><td>义项一</td><td colspan="2">—</td><td>准中级Ⅱ</td><td>判断</td><td colspan="2">—</td><td colspan="2">—</td></tr>
<tr><td>义项二</td><td>初级Ⅱ</td><td>推论</td><td>准中级Ⅱ</td><td>推论</td><td>—</td><td>推论</td><td colspan="2">—</td></tr>
<tr><td rowspan="2">6</td><td rowspan="2">可 X 可 Y</td><td>义项一</td><td colspan="2">—</td><td>高级Ⅱ</td><td>可以</td><td colspan="2">—</td><td colspan="2">—</td></tr>
<tr><td>义项二</td><td colspan="2">—</td><td>高级Ⅱ</td><td>可以</td><td colspan="2">—</td><td colspan="2">—</td></tr>
<tr><td rowspan="2">7</td><td rowspan="2">如果……就……</td><td>义项一</td><td>初级Ⅰ</td><td>假设</td><td colspan="2">—</td><td colspan="2">—</td><td>二册</td><td>假设</td></tr>
<tr><td>义项二</td><td>初级Ⅰ</td><td>假设</td><td>初级Ⅰ</td><td>假设</td><td>三册上</td><td>假设</td><td>二册</td><td>假设</td></tr>
</table>

① 四种教材，前两种是从初级到高级的完整的系统教材，后两种是供初级一年使用的综合汉语教材。这样选取的目的也是考察一下语言点的分级情况，以及是否有语法点的编排过于集中在初级阶段的现象。

② 表中符号“—”表示某项目在教材中没有提及。

③ 这种情况说明教材中该构式的释义与例句不一致。

续表

序号	情态构式		《发展汉语》		《博雅汉语》		《汉语教程》		《汉语初级强化教程》	
			阶段	释义	阶段	释义	阶段	释义	阶段	释义
8	无论……都……	义项一	中级Ⅰ	条件	中级Ⅰ	条件	—		四册	条件
		义项二	中级Ⅰ	条件	准中级Ⅱ	条件	三册下	条件	—	
		义项三	中级Ⅰ	条件	准中级Ⅱ	条件	三册下	条件	四册	条件
9	想V就V	义项一	中级Ⅰ	意愿	—		—		—	
		义项二	中级Ⅰ	意愿	—		—		—	
10	要么……要么……	义项一	中级Ⅰ	可能	—		—		—	
		义项二	中级Ⅰ	选择	—		—		—	
11	一……就……	义项一	—		—		二册上	条件	—	
		义项二	—		—		二册上	因果	二册	因果
12	V得/不来	义项一	—		—		—		—	
		义项二	—		—		—		—	
13	X得/不了	义项一	初级Ⅱ	可能	准中级Ⅰ	可能	二册下	能否发生	三册	可能
		义项二	初级Ⅱ	能力	初级Ⅱ	能力	二册下	能否发生①	三册	估计

根据表3，有如下几个方面的问题值得思考：

第一，教材与大纲的联系。大纲对教材的内容和范围有着规范和指导作用，从上述考察来看，四种教材对大纲中要求的语言点基本上都有反映，仅“V得/不来”没有采用，而“V得/不来”构式也并不是所有大纲收录的内容。而三个大纲中都没有收录的“想V就V”构式，有的教材也进行了收录选用，这说明教材内容依据大纲，又比大纲有所扩展，有对相关本体研究新成果的吸收及对语言使用状况的新认识。

另外，从构式的不同义项来看，大纲有收录及说明的，教材中也有沿用。反之，教材中也考虑不多。如“该……了”的揣测型认识情态义项大纲中没有明确，教材中也没有

① 两个义项的释义虽然相同，但例句说明了两种情态语义。

列出，仅《汉语教程》有所提及，但也没有给出相应例句，没有得到相应的重视。

总的来看，教材的编写内容与大纲的规定是基本一致的，大纲没有从语义角度明确分类，也影响了教材对情态构式不同义项的分类说明。另外，教材的释义方式也多沿袭大纲，如对几个复句格式的说明仍使用“假设”“条件”等表示复句关系的概念。不过，教材在大纲的基础上还是各有细化和发展，一些笼统的解释如“强调”被摒弃，对语义的分析更清楚到位，如《汉语教程》对“非……不可”的三个义项的解释“必然性”“必要性”“决心愿望”非常清晰，区别性强。这也说明教材语言点释义改进的方向就在于挖掘不同的语义性质，从而做出准确的归类和说明。

第二，释义和例句。教材对同一个语言点的注释基本上相互袭用，如“无论……都……”，几种教材的表述几乎完全一样，都是“表示在任何条件下结果或结论都不会改变”，也是大纲中传统的语法释义。这样笼统的说明没有在构式的构成特点及使用条件上进一步分析，学习者只能自己去“意会”。“无论……都……”的释义中“任何条件”到底是哪些条件，有没有进一步的范围限制，“一致的结果”能不能具体化，都需要深入细致地描写和说明。

教材中释义和例句的呈现还有一个问题，就是二者不能一一对应，多数情况是给出的例句体现了几种不同的情态语义，但可惜的是只有一种笼统的释义。如果释义分类能够条理化一些，无疑可以帮助学生更全面地理解和掌握该语言点。还有的情况是例句与释义有出入，如《汉语教程》第二册（上，130 页）对“该……了”的解释是“根据情理或经验推测必然的或可能的结果”，但给出的例句“该睡觉了”“该出发了”都不是推测可能发生的事件，而是建议催促等表示劝谏的道义情态语义。另如“可……可……”，仅《博雅汉语》（高级Ⅱ）列出，例句很丰富，包含了两种情态义，如“可坐可卧”“可熟吃可生吃”；“可有可无”“可买可不买”，但释义只有一种“可以……，可以……”，两种用法的区别就体现不出来。如果一个用“可以这样，也可以那样，表示许可”，一个用“可作……，可作……，表示某物的用途或值得怎样”，该构式的不同语义所指便清晰立现。

第三，分级和编排。根据表 3，各教材对同一语言点的设置阶段并不完全一致，有的在中级出现，有的在初级出现。二语学习中语言点习得难度不同，一般认为难度低的宜先学习。这样看来，教材中语言点的编排顺序应该依据习得状况，但目前的汉语习得研究成果还远远不够，因此大纲及教材对语言点的选取和分级排序主要是专家干预或教师经验的结果，有一定的主观性。教材虽然有滞后性，但仍需要密切关注和吸收不断发展的习得研究成果，对教材内容进行更新。

多义情态构式及汉语中其他多义成分的不同义项应该在同一阶段出现还是分阶段编排，也需要进一步的研究和规范。至于重复编排的情况，如果是习得难度不同的义项先后编排、相互对照，也是合理的。但目前的教材似乎不是这样，如《博雅汉语》“X 不了”在初级Ⅱ和准中级Ⅰ两个阶段都出现了，两个阶段没有自然发展、前后续接照应的关系，而是各自分立，单独解释。初级Ⅱ只解释了一个“可能”义，但列出的是两个义项的例句；准中级Ⅰ提到了“能力”义，但与“可能义”混在一起，如果能分条目列出，效果应该更好。

整体上看，大纲和教材中的认识情态猜测义普遍收录不多，这与本体方面的相关研究还较欠缺有关。本文建议多义情态构式的教学应该关注情态义的不同类型，在释义时增加使用条件的说明，补充非现实情态语义的用法。

四、多义情态构式的习得状况调查

本小节调查外国学生对13种多义情态构式各自不同义项的使用和理解情况，目的在于考察情态构式不同义项的使用率及与教学输入的关系。调查对象分为三组：一组是南京师范大学一年级进修生(39人)，汉语学习时间一年左右，记为初级组；另一组是二年级学生(27人)，汉语学习时间近两年，记为中级组；最后一组是三、四年级学生[①](27人)，汉语学习时间三年左右，记为高级组。调查采用产出测试、理解选择两种方式，产出型试题是给出某构式义项适用的语境及提示词语，让学生完成句子，观察其是否能自动产出并使用该构式。如“你不回家应该告诉家里一声，否则妈妈______(担心)”，画线处可以填写多种形式的同义表达，如“会担心的”“肯定担心”“该担心了”等。根据学生的产出形式，来考察多义情态构式的使用率。理解选择型题目是设定某构式义项出现的情境，并给出两种或三种同义表达由学生选择，观察学生在被明确提示存在某构式的情况下选择何种表达，从而了解某构式某义项的用频。如“这种工作我没经验，(　)。”给出的选项分别是“不会做”“不能做”“做不来”[②]，根据学生选择“做不来”的比例，考察“V得/不来”表“能力”情态义的使用率。[③]

---

① 三年级较优秀的学生及四年级学生。

② 复句类构式调查题目形式略有不同，因复句类构式多统辖两个句法结构，表达复合语义，不易找到明确对应的常用于单句结构的同义表达。我们的调查目的是考查学生是否了解情态构式的多个不同语义项，因此复句类构式可以通过观察后一联结项的表现来达到此目的。如“既然……就……”构式，自动产出型题目如“既然你不喜欢，你____(扔)。”学生能产出“你就扔了吧”，就说明其掌握了该构式的劝谏型道义情态语义；理解选择型题目如“既然老板已经同意了，就不(　)有变化。A.会　B.可以”，选择“会”说明学生理解该构式的推断型认识情态义，选择“可以”则理解有误，可能理解成指令型道义情态义。

③ 语言中的同义表达是普遍现象，具体使用中选择哪一种受到多种因素的制约。既包括语言系统本身的制约，也包括使用者的个人习惯和特点。笔者用同一份问卷调查了汉语母语者的选用情况，结果也存在一定的差异性。其中的原因与解释，以及母语者与二语者的对比研究可能还需要进一步开展。本文使用的调查方法从这个角度上讲，仍存在较大的不足，学生选择某一项并不代表不理解另一项。但根据经验，就学生的学习顺序和掌握情况来看，比如说，学生不选择“做不来”而选择“不会做”，大概是因为不了解“做不来”，与母语者不选择“做不来”而选择“不会做”的个人原因可能有所不同。

我们的调查分试测和实测两次进行，试测分别向初、中、高级组分发各10份问卷，收回后根据学生的答题情况调整了题目难度，修改了题目内容。一周后用经过修改完善的问卷对39名初级班学生、27名中级班学生和27名高级班学生进行了正式测试。调查测试结果如表4①：

表4 13种多义情态构式的习得状况

情态构式	不同义项	初级组		中级组		高级组	
		产出型试题	选择型试题	产出型试题	选择型试题	产出型试题	选择型试题
非……不可	义项一	0/39②	10/39	0/27	4/27	0/27	5/27
	义项二	0/39	2/39	0/27	5/27	0/27	11/27
	义项三	0/39	29/39	0/27	16/27	2/27	20/27
该……了	义项一	0/39	10/39	0/27	5/27	0/27	5/27
	义项二	4/39	29/39	3/27	18/27	9/27	18/27
或者……或者……	义项一	4/39	14/39	4/27	15/27	5/27	16/27
	义项二	6/39	3/39	5/27	9/27	9/27	13/27
	义项三	2/39	22/39	7/27	20/27	12/27	27/27
即使……也……	义项一	2/39	16/39	9/27	9/27	15/27	17/27
	义项二	6/39	22/39	14/27	19/27	17/27	22/27
既然……就……	义项一	2/39	10/39	5/27	10/27	9/27	17/27
	义项二	0/39	36/39	14/27	26/27	17/27	27/27
可X可Y	义项一	4/39	22/39	9/27	18/27	9/27	20/27
	义项二	2/39	20/39	6/27	20/27	6/27	18/27
如果……就……	义项一	9/39	12/39	6/27	17/27	18/27	20/27
	义项二	16/39	36/39	20/27	27/27	20/27	27/27
无论……都……	义项一	6/39	22/39	7/27	18/27	15/27	21/27
	义项二	6/39	18/39	19/27	21/27	18/27	21/27
	义项三	20/39	6/39	20/27	9/27	22/27	12/27
想V就V	义项一	2/39	20/39	12/27	22/27	6/27	15/27
	义项二	4/39	32/39	18/27	18/27	15/27	20/27
要么……要么……	义项一	2/39	14/39	6/27	22/27	6/27	15/27
	义项二	4/39	22/39	13/27	22/27	9/27	18/27
一……就……	义项一	2/39	22/39	13/27	21/27	4/27	18/27
	义项二	2/39	16/39	13/27	24/27	3/27	16/27
V得/不来	义项一	0/39	0/39	1/27	12/27	3/27	9/27
	义项二	0/39	2/39	1/27	7/27	2/27	13/27
X得/不了	义项一	2/39	18/39	12/27	13/27	15/27	18/27
	义项二	2/39	12/39	6/27	13/27	15/27	21/27

① 二语习得的问卷调查结果受到各种因素的影响，我们只能尽量保证问卷内容的科学性和测试过程的严密性，但学生的使用习惯、基础汉语水平，甚至个性特征对题目内容的感受等都会对调查结果的准确性造成影响。不过，总的来看，调查数据大致的倾向性仍能说明一定的问题。

② 符号"/"右边的数字为调查组人数，左边的数字为正确答出此题的人数。表中其余数字同。

从表 4 可以看出，选择型试题整体上比产出型试题的正确率高，这说明学生对多义情态构式有所了解，在给出提示的情况下会积极考虑对某构式某义项的选用。但产出型试题普遍正确率较低，说明多义情态构式的用频较低，学生在交际中往往选用其他同义的情态成分或表达方式。

表 4 中还有一个明显的问题：各情态构式的认识情态义项的习得状况普遍不如其他义项，如“非……不可”的“义项一”认识情态断定义的产出和选用都极少，学生多用其他同义情态成分“一定会”“肯定会”等来代替。而该构式的“义项三”强意愿型动力情态选用率较高。其他构式如“该……了”“既然……就”等也是类似情况。

从学习者角度看，多义情态构式的理解和掌握情况并不是从初级到中级再到高级逐级发展提高的，有的构式初、中、高水平差别不大，有的构式甚至高级水平学生的选用率还不如初级学生。如“该……了”的认识情态推测义与“想 V 就 V”构式的道义情态许可义，初中级水平学生的使用正确率比高级水平学生还要高一些。一个可能的解释是：学习者在初学一个语言点时，形式上的标记可感易记，因此认知上就得到强化；而到了一定阶段后，学习者对此语言点已非常熟悉，形式标记的“拐杖”作用就愈加弱化，在语言交际中会选择无标记的同义表达，这更符合经济原则。Tarone(1983)也曾提及学习者对语言形式的注意程度，他认为在习得过程中，新的目标语形式通常最初出现在学习者的细心语体一端，之后逐渐向随意语体转移。这也说明二语学习者由项目学习(item learning)到系统学习(system learning)的转变中，语法形式规则的约束力渐低，而愈加追求言语交际中表达的准确性和得体性。

五、多义情态构式的习得与教学输入的关系

语言的输入与输出紧密相关，适度足量的“可理解的语言输入”是语言习得的必要条件(Krashen，1982)，输入的内容和方法及输入量的多少对输出有直接影响。根据上文第三节和第四节的调查，外国学生对多义情态构式多个义项的了解和掌握情况在很大程度上受到教材的说明等教学输入的影响。最明显的是很多情态构式的各个义项习得程度不同，甚至差别极大，如“非……不可”的动力情态意愿义掌握最好，该义项的选用率比其他两个义项认识情态断定及道义情态劝谏义要高三四倍；再如“该……了”的道义情态劝谏义的理解情况也比另一义项认识情态揣测义要好。反观教材，这两个构式的用法说明都没有明确地对各义项进行分条解释，虽然在释义时也提及不同的条件，如“非……不可”语义上的“一定会”和“一定要”“必然性”和“必要性”，但显然这些专业

性较强的学术性词语并不利于学生理解。[①]

另外，教材中对情态构式的某义项是否记录与说明以及解释的侧重程度也对学生的习得造成影响。比如几个复句类构式“如果……就……”“无论……都……”“即使……也……”“既然……就……”，在教材中的解释大都只有一类，分别是假设、条件、假设的让步及推论，教师在据此教授时也只是给出尽量多的例句来说明。例句的使用条件及语境可能反映了不同的情态义项，但对学生来说仍然是不明确的，这样也就不利于记忆巩固，不能内化成自己的语言能力，在有其他因素的干扰时就不能正确地输出。实际上，复句类构式的前后项之间可以有不同类型的逻辑语义关系，从而表达不同的情态语义。如“如果……就……”，在前项假设的前提下，后项可以据此继续推测相应的结果，也可以据此观照某现实行为，并对未来行动提出建议。前者表达的是认识情态语义，后者属于道义情态语义。在初级阶段教与学中，因为教材的说明不充分，加上副词“就”现实性顺接义的已有语言知识，学生对“如果……就……”的理解就偏于道义情态，这在调查中也有所反映。到了高级阶段，该构式的道义情态与认识情态两种理解才被注意到，两者的习得状况也更为接近。

再如“无论……都……”的惯常情态义的辨识度和使用正确率也比较高，虽然教材中并没有明确说明这一语义，但实际教学中恐怕一线教师都举过“无论刮风还是下雨，他都坚持锻炼身体”之类的例句，这种输入强化了学生对无条件惯常义的接受，所以学生在其他语境中也容易产出此义项的句子，如“无论走到哪儿，我都忘记带钥匙”，而不是预测性的认识情态句——“无论走到哪儿，我都不会忘记你”。

我们知道，输入并不完全等于输出，而教学输入也只是语言输入的一部分，学习者还可以从课堂学习之外的其他场合、通过其他途径接触语言素材，获得语言输入。因此，我们第三节所做的调查实际上并不能准确说明教学输入与学生习得之间的一一对应关系，学生对某构式、某义项的习得情况也有很多个体因素的作用，但教材的改进对学生习得的积极影响还是不会错的。因此，我们仍然需要对教材、课堂教学乃至教学大纲进行反思、改进，尽量保证更有效的输入，这样才能帮助学生更好地吸收和输出。

六、结语

语言中的情态语义及表达多是二语学习者比较难把握和习得的部分。现代汉语中

---

① 在我们对教师的访谈中了解到，有的教师会根据教材中概括性的释义，在实际教学中采用分类讲授及例释的方法，从而使学生对某语言点的学习更全面。这种做法与我们对教材释义进行改进的想法是一致的。

的多义情态构式“一形多义”，也应是对外汉语教学的重点和难点。本文通过对代表性教学大纲及教材的调查统计，发现大纲及教材对多义情态构式的收录及说明不尽完全，特别是没有对情态构式的不同义项进行有意识的分类，释义也较为笼统，例句稍显随意。大纲及教材是教学的依据，而教学输入对学习者的习得状况有直接影响。外国学生对多义情态构式不同义项的掌握有较大的差别，得到输入强化的义项输出时正确率高，反之则较低。鉴于此，大纲及教材应根据汉语本体研究及习得研究的成果不断更新和细化收录内容，对释义方式进行改进，以帮助教学者提供足量的、有效的输入，从而使学习者达到正确的、得体的输出。

参考文献

陈若凡(2002)留学生使用“能”“会”的偏误及教学对策,《语言教学与研究》第1期。

董淑慧(2006)“A归A”的语义、语篇功能及偏误分析,《汉语学习》第4期。

范　伟(2017)《现代汉语情态系统与表达研究》,中国社会科学出版社。

国家对外汉语教学领导小组办公室(2002)《高等学校外国留学生汉语教学大纲(长期进修)》,北京语言大学出版社。

国家对外汉语教学领导小组办公室(2002)《高等学校外国留学生汉语言专业教学大纲》,北京语言大学出版社。

国家对外汉语教学领导小组办公室汉语水平考试部(1996)《汉语水平等级标准与语法等级大纲》,高等教育出版社。

黄　立、钱旭菁编著(2012)《博雅汉语(准中级加速篇Ⅰ)》第2版,北京大学出版社。

金舒年、陈莉编著(2016)《博雅汉语(高级飞翔篇Ⅱ)》第2版,北京大学出版社。

赖　鹏(2006)汉语能愿动词语际迁移偏误生成原因初探,《语言教学与研究》第5期。

赖　鹏(2012)根情态与认识情态历时习得过程探析——基于英语母语者汉语情态习得个案考察,《云南师范大学学报》(对外汉语教学与研究版)第3期。

刘丹青(2009)构式的透明度和句法学地位:流行构式个案二则,南京师范大学国际文化教育学院4月7日学术讲座。

吕文华(2015)修改对外汉语教学语法体系二题,《汉语国际教学研究》第1期。

钱旭菁、黄　立编著(2013)《博雅汉语(准中级加速篇Ⅱ)》第2版,北京大学出版社。

荣继华(2011)编著《发展汉语(初级综合Ⅰ)》第2版,北京语言大学出版社。

孙德金(2006)语法不教什么——对外汉语语法教学的两个原则问题,《语言教学与研究》第6期。

武惠华编著(2012)《发展汉语(中级综合Ⅱ)》第2版,北京语言大学出版社。

肖奚强(2011)汉语中介语研究论略,《语言文字应用》第2期。

肖奚强、朱　敏主编(2008)《汉语初级强化教程(综合课本Ⅱ)》第1版,北京大学出版社。

肖奚强、朱　敏主编(2009)《汉语初级强化教程(综合课本Ⅲ)》第1版,北京大学出版社。

肖奚强、朱　敏主编(2010)《汉语初级强化教程(综合课本Ⅳ)》第1版,北京大学出版社。

徐桂梅编著(2011)《发展汉语(初级综合Ⅱ)》第2版,北京语言大学出版社。

徐桂梅、崔　娜、牟云峰编著(2011)《发展汉语(中级综合Ⅰ)》第2版,北京语言大学出版社。

徐晶凝、任雪梅编著(2013)《博雅汉语(初级起步篇Ⅰ、初级起步篇Ⅱ)》第2版,北京大学出版社。

杨寄洲编著(2016)《汉语教程(第二册上、第二册下、第三册上、第三册下)》第3版,北京语言大学出版社。
张怡春(2009)构式理论与对外汉语教学,《盐城师范学院学报》(人文社会科学版)第6期。
赵金铭(2002)对外汉语教学语法与语法教学,《语言文字应用》第1期。
赵延风编著(2013)《博雅汉语(中级冲刺篇Ⅰ)》第2版,北京大学出版社。
周文华(2013)韩国学生不同句法位"在+处所"短语习得考察,《华文教学与研究》第4期。
朱旻文(2017)基于构式的第二语言学习者汉语动结式习得研究,《语言教学与研究》第4期。
Fried, M. & H. C. Boas (2005) *Grammatical Constructions: Back to the Roots*, Amsterdam/Philadelphia: John Benjamins Publishing Company.
Krashen, S. D. (1982) *Principles and Practice in Second Language Acquisition*. Oxford: Pergamon Press.
Langacker, R. W. (1987) *Foundations of Cognitive Grammar*, Stanford University Press.
Tarone, E. (1983) On the Variability of Interlanguage System. *Applied Linguistics*, 4(2): 142—163.

(210097 江苏南京,南京师范大学国际文化教育学院)

韩语母语者逗号习得及分级教学研究*

曾丽娟

摘　要:通过考察30万字左右的韩语母语者分级中介语语料及11万字的汉语母语者语料,分析逗号的10类用法的正确使用情况及偏误情况,结果表明:句号与逗号的区分对韩语母语者来说是难点,D1(复句内各分句之间的停顿)、D3(句首状语后)、D6(较长的主语、谓语、宾语、定语、状语中间)三类逗号用法在中介语和母语语料中使用最多,在中介语中偏误数量最大,应作为逗号教学的重点和难点。采用正确使用相对频率法、正确率法和蕴含量表法探讨韩语母语者逗号用法的习得难度等级,提出了相应的分级教学建议。

关键词:韩语母语者;逗号;偏误;习得难度等级;分级教学

〇、引言

"标点符号是文字里面有机的部分……一个标点符号有一个独特的作用,说它是另一形式的虚字,也不为过。"(吕叔湘、朱德熙,1980)标点符号对文意的表达起着不可替代的作用。文本相同,标点不同,其文意就大相径庭。汉语教学大纲对留学生标点符号的运用提出了相应的要求①。调查发现,83%以上的教师和留学生认为标点符号的教学很重要(胡建刚、周健,2003)。由此可见,标点符号应作为汉语国际教育的重要内容。

然而,受"听说领先、读写跟上"教学模式的影响,标点符号研究一直处于汉语国际教育的边缘地带。我们对2002至2017年中国知网上面向汉语国际教育的标点符号研

* 本研究得到国家社科基金重大项目"对外汉语教学语法大纲研制和教学参考语法书系(多卷本)"(项目编号:17ZDA307)、湖南省教育厅2014年项目"韩国留学生汉语语篇回指习得研究"(项目编号:14C0731)的资助。感谢《对外汉语研究》匿名审稿专家的宝贵意见。

① 《高等学校外国留学生汉语言专业教学大纲》对"写"这一单项言语能力的教学要求是:一年级、二年级上、二年级下、三年级的标点符号使用正确率分别为80%以上、85%以上、90%以上、95%以上。《高等学校外国留学生汉语教学大纲(长期进修)》在教学目标上对高等阶段"写"的要求是:"标点符号运用正确。"《汉语水平等级标准与语法等级大纲》(修订版)从三级开始,规定学生写作中"掌握标点符号的基本用法"。

究进行统计后发现，研究成果仅 45 篇，数量较少，且 41 篇集中于偏误分析。胡建刚(2002)等对 12 类标点符号的书写形体、书写位置、功能偏误进行了描述，并从母语、教材、教学、学生等方面解释偏误成因。胡建刚(2005)、马明艳(2009)、金燕燕(2010)、杨万兵、文雁(2015)等从教师、学生、教材、大纲等方面对标点符号教学提出了相应建议。

相关研究表明，留学生中介语中使用的标点符号，逗号用法最为复杂，使用频次及偏误频次最高，所占比重最大(胡建刚，2002；马明艳，2009)。基于我们的阅读视野，已有的逗号习得研究集中于偏误分析，基于大规模中介语语料库的逗号习得难度等级研究尚未见到，从而使汉语教学大纲和相关教材对逗号的分级教学无据可依。我们拟在考察 30 万字左右(初、中、高三个等级各 10 万字左右)韩语母语者汉语中介语语料及 10 万字左右的汉语母语者语料的基础上①，分析韩语母语者逗号的正确使用情况及偏误情况，与汉语母语者逗号使用情况进行对比；综合正确使用率、正确使用相对频率、蕴含量表三种统计方法，探讨逗号习得难度等级，并结合初现率、逗号所属句子的长度及句法复杂度，对逗号的分级教学提出建议。

一、逗号用法分类

《标点符号用法》(GB/T15834—2011)介绍了逗号的十类用法。我们对这十类用法进行编码，并举例进行说明②。

D1：复句内各分句之间的停顿。例如：

(1)我快要期中考试了[，D1]所以最近学习比较忙。

D2：较长的主语之后。例如：

(2)我突然跟女朋友分手[，D2]对你们来说肯定是很大冲击。

D3：句首的状语之后。例如：

(3)刚刚来北京的时候[，D3]人生地不熟，可我慢慢就习惯了，请你别担心。

D4：较长的宾语之前。例如：

(4)我认为[，D4]我的父亲是世界上最好的爸爸。

D5：带句内语气词的主语(或其他成分)之后，或带句内语气词的并列成分之间。

① 该语料是笔者自建"外国留学生汉语中介语语料库"的一部分，语料来源于汉语言本科专业韩国学生期末考试作文，其中一年级下为初级，116 074 字；二年级下为中级，96 145 字；三年级下为高级，97 389 字。汉语母语者语料选自当代小说家的 6 篇小说和自传，共计 110 021 字。

② 除了特殊说明的情况，所有的例句均选自笔者自建的"外国留学生汉语中介语语料库"。

例如：

(5)我呢[,D5]期中考试还没有结束,整天都在图书馆里看书。(带句内语气词的主语之后)

(6)我在北京有很多朋友,中国朋友呀[,D5]韩国朋友呀[,D5]日本朋友呀[,D5]等等。(带句内语气词的并列成分之间)

D6:较长的主语、谓语、宾语中间。例如:

(7)家里的经济情况也好[,D6]妹妹的事也好[,D6]姐姐的事也好,你们都告诉我,跟我商量吧。(较长的主语中间)

(8)但他到现在一直坚持早上五点左右起床,起床以后打扫院子[,D6]跑跑步[,D6]吃早饭以后看书等。(较长的谓语中间)

(9)我才知道爱是什么[,D6]我是什么人。(较长的宾语中间)

D7:前置的谓语之后或后置的状语、定语之前。

(10)林震说着他早已准备好的话,说得很不自然[,D7]正像小学生第一次见老师一样。[①](后置的状语之前)

D8:复指成分或插说成分前后。

(11)2007年冬天圣诞节[,D8]那天是我的一生中第一次国外过节日。(复指成分前后)

(12)我们第一次碰到是我刚上大学的时候,换句话说[,D8]我刚上大学的时候有一个我们系的聚会。那时候,我一看就她很喜欢了。(插说成分前后)

D9:语气缓和的感叹语、称谓语和呼唤语之后。

(13)啊[,D9]对呀!这就是在世界上最漂亮的脸,这就代表着为我们的操劳!

(14)爸爸、妈妈[,D9]你们记住,我什么事情都很好,不要担心。

D10:某些序次语("第"字头、"其"字头及"首先"类序次语)之后。

(15)首先[,D10]我真的没想到趁这考试的机会写给父母信,我自从来到中国以后,很想给父母用中文来写信。其次[,D10]我要跟父母说这两句话:"谢谢"和"对不起"。

(16)其实原因是很多。第一[,D10]他的公司根本不愿意跟着我一起学习,……第二[,D10]我也在韩国生活当中在公司工作,而且我进公司只有一年,所以停职的事不太容易。

① 该例出自王蒙《组织部来了个年轻人》,D7类型的逗号用法不见于本文使用的语料库,故另选了其他来源的例句。

二、韩语母语者逗号使用情况考察

2.1　正确使用情况分析

我们对30万字左右的中介语语料中的逗号用法进行了穷尽式考察。由于三个水平阶段的语料字数稍有差异，为了便于对比，所有用例以平均每万字为单位进行换算，结果如下：

表1　各水平等级上十类逗号用法正确使用频次分布表（次数/平均每万字）

汉语水平＼类别	D1	D2	D3	D4	D5	D6	D7	D8	D9	D10	总计
初级	89.52	8.28	52.59	3.17	2.68	56.41	0.00	6.98	7.3	0.00	226.93
中级	125.93	10.28	74.6	4.06	3.11	77.15	0.24	8.29	8.13	0.49	312.28
高级	112.06	13.34	84.82	8.58	3.34	78.23	0.24	10.56	15.96	0.96	328.09
总计	327.51	31.90	212.01	15.81	9.13	211.79	0.48	25.83	31.39	1.45	867.30
汉语语料	262.13	17.91	36.81	4.09	3.54	150.24	1.00	7.18	14.00	4.00	500.90
百分比（%）	37.76	3.68	24.44	1.82	1.05	24.42	0.06	2.98	3.62	0.17	100.00

统计结果表明①：

第一，对三个水平段十类逗号用法正确使用频次的方差分析表明，$P<0.05$，正确使用频次的主效应显著，说明十类用法的正确使用频次之间存在显著差异。

第二，对十类逗号用法正确使用频次进行多重比较发现，D1显著高于其他九类逗号用法（P值均小于0.05）。D3、D6之间差异不显著（P值均大于0.05），D3、D6与D2、D4、D5、D7、D8、D9、D10这七类用法差异显著（P值均小于0.05），后七类用法之间差异不显著（P值均大于0.05）。说明D1的正确使用频次显著高于其他九类，其次为D3、D6的正确使用频次显著高于其他七类。逗号正确使用频次呈现的梯度等级为：D1＞D3、D6＞D2、D4、D5、D7、D8、D9、D10。

随着汉语水平的提高，韩语母语者逗号的正确用例总量及种类有所增加，其中D2、D3、D4、D5、D9、D10六类用法的正确用例逐步增加。说明韩语母语者的逗号用法逐渐丰富，断句意识逐步增强。正确使用频次居前三位的为D1、D3、D6，占逗号正确使用总频次的比重分别为36.64%、24.44%、23.30%，共计84.38%。例如：

---

①　数据统计均采用SPSS22.0统计软件，下同。

(17)虽然儿子是淘气鬼[,D1]但是爸爸一直爱自己的儿子。

(18)几个小时以后[,D3]爸爸才回家去。

(19)在中国的留学生一般一到周末就去旅行[,D6]跟新交的朋友出去玩儿[,D6]去酒吧等等。

例(17)为转折关系复句,两个小句之间用逗号。例(18)中,逗号用在句首的时间状语“几个小时以后”之后。例(19)中,逗号用在较长的谓语之间。这三类用法在母语语料中的使用频次居前三位,说明其使用量大,留学生接触较多,较容易习得。

在初级阶段,韩语母语者中介语中出现的逗号用法比较有限,D7、D10 均未出现,在中高级阶段的使用频次及正确频次均较少,仅占 0.23%。例如:

(20)我终于明白了[,D7]很久以后。

(21)首先[,D10]他从小到现在,特别严格地教育我,让我树立了良好的人格和人生价值观。

例(20)是逗号用在后置的时间状语“很久以后”之前。该类用法韩语母语者使用较少,原因是接触较少。这是一种较为特殊的语言现象,出现在文学作品中的频率较高。我们通过对 11 万字的汉语母语语料标点符号使用情况的统计发现,D7 仅出现 11 例。

例(21)是逗号用在次序语“首先”之后。这类表示方式,多出现在说明文、议论文中。30 万字的中介语语料中,初级、中级均为记叙文,高级阶段为议论文,比重小,因此韩语母语者使用较少。汉语母语者语料多为小说和自传,D10 仅出现 44 例。

2.2 偏误情况分析

2.2.1 逗号偏误整体情况

表 2 各水平等级十类逗号用法偏误频次分布表(次数/平均每万字)

使用情况 / 类别	错用				缺失				多余				总计	百分比(%)
	初级	中级	高级	小计	初级	中级	高级	小计	初级	中级	高级	小计		
D1	32.64	28.58	31.95	93.17	24.85	16.02	9.42	50.29	2.68	0.00	0.00	2.68	146.14	41.65%
D2	3.17	1.91	2.38	7.46	1.95	1.67	0.71	4.33	0.00	0.49	0.24	0.73	12.52	3.57%
D3	2.19	3.00	5.95	11.14	17.53	14.82	9.88	42.23	0.00	1.43	0.95	2.38	55.75	15.89%
D4	1.46	0.24	0.24	1.94	2.92	0.72	1.19	4.83	0.00	1.43	2.62	4.05	10.82	3.08%
D5	2.19	2.39	0.71	5.29	0.97	1.20	0.00	2.17	0.00	0.00	0.00	0.00	7.46	2.13%
D6	20.94	17.20	12.39	50.53	10.22	10.04	0.00	20.26	0.24	0.24	0.00	0.48	71.27	20.31%
D7	0.24	0.00	0.00	0.24	0.00	0.00	0.00	0.00	0.00	0.00	0.00	0.00	0.24	0.07%
D8	0.97	0.24	0.95	2.16	1.70	0.00	0.00	1.70	0.00	0.00	0.00	0.00	3.86	1.10%

续表

使用情况 类别	错用				缺失				多余				总计	百分比(%)
	初级	中级	高级	小计	初级	中级	高级	小计	初级	中级	高级	小计		
D9	6.57	5.50	5.72	17.79	9.98	7.89	5.96	23.83	0.00	0.00	0.00	0.00	41.62	11.86%
D10	0.00	0.00	0.71	0.71	0.49	0.00	0.00	0.49	0.00	0.00	0.00	0.00	1.20	0.34%
总计	70.37	59.06	61.00	190.43	70.61	52.36	27.16	150.13	2.92	3.59	3.81	10.32	350.88	100
百分比(%)	20.06	16.83	17.38	54.27	20.12	14.92	7.74	42.79	0.83	1.02	1.09	2.94	100.00	——

对十类逗号用法的错用、缺失频次进行方差分析的结果显示，P 值均小于 0.05，说明逗号错用、缺失的主效应显著，10 类逗号用法的错用、缺失频次存在显著性差异。十类逗号用法错用频次呈现“D1＞D6＞D9＞D2、D3、D5、D4、D7、D8、D10”的趋势，缺失频次呈现“D1＞D3＞D2、D4、D5、D6、D7、D8、D9、D10”的趋势。逗号多余的主效应不显著，说明十类逗号用法多余频次不存在显著差异。

对逗号错用、缺失、多余三类偏误频次进行多重比较发现，错用与缺失之间的差异不显著(P 值均大于 0.05)，与多余的差异显著(P 值均小于 0.05)。缺失与多余之间差异不显著(P 值均大于 0.05)，说明错用和缺失的偏误频次不存在显著差异，二者与多余存在显著差异。逗号的三类偏误呈现“错用＞缺失＞多余”趋势，占总偏误的比重依次为 54.27%、42.79%、2.94%。说明韩语母语者使用逗号最大的问题是逗号与其他标点符号混用，其次为逗号缺失，多余的偏误最少。

2.2.2 逗号偏误分析

逗号偏误分为错用、缺失、多余三类，分别以[C,]、[Q,]、[D,]三类代码标示，具体说明如下：

[C,]：标示该用逗号却错用为其他标点的情况。把逗号移至[C]的前面，并在[C]中 C 的前面填写错用的逗号用法编码，后面填写错用的其他标点。如该用逗号时用了句号，标注如下：

(22)听说最近爸爸的身体不太好，[D1C。]所以我非常担心。

[Q,]：标示该用逗号而未用的情况。把[Q]插入缺失逗号之处，并在[Q]中 Q 的前面填写缺失的逗号用法编码，后面填写所缺的逗号。例如：

(23)在我的一生中[D3Q,]对我影响最大的人是我的爷爷。

[D,]：标示不该用逗号而用了的情况。把多余的逗号移至[D]中 D 的后面，并在 D 的前面填写使用错误的逗号用法编码。例如：

(24)我刚刚学习日语，所以不知道[D4D,]怎么写、怎么说。

2.2.2.1 逗号错用

逗号错用包括错用为句号、叹号、问号、顿号和实心圆点。前四类错用为功能使用偏误，最后一类为书写形式偏误。据统计，逗号错用偏误数量占逗号总偏误数量比重由高到低依次为句号(52.82%)＞实心圆点(31.26%)＞顿号(9.41%)＞问号(3.91%)＞叹号(2.60%)。

逗号错用为句号，分为复句内错用和单句内错用，分别占56.71%、43.29%。复句内逗号错用为句号的偏误中，因果复句、转折复句分别占62.02%、22.15%，共计84.17%。例如：

(25)过了四个小时，儿子还没回来，[D1C。]所以他为了找儿子出去了。

(26)他对子女教育的方法是自由放任式的，[D1C。]可是绝对不允许骗人。

单句逗号错用为句号的偏误中，D6、D2所占比重分别为78.75%、8.21%，共计86.96%。例如：

(27)我今天睡懒觉，[D6C。]十一点半才起床。

(28)但我长大了以后，才发现普通人中我所尊敬的、影响我的，[D2C。]就是我的妈妈！

逗号错用为实心圆点属于书写形式偏误，说明韩语母语者逗号的书写意识薄弱，容易将逗号标为圆点进行断句。例如：

(29)在韩国的时候我没吃过中国菜，[D1C.]所以想吃中国菜。

(30)我觉得，[D4C.]学习方法比学习能力更重要。

逗号错用为顿号，原因之一是韩语只在竖写时用顿号，横写时顿号用逗号代替，即在汉语中应该用顿号时，韩语用逗号。因此，母语负迁移导致韩语母语者在汉语表达中该用逗号时用了顿号。另外，逗号书写的不规范使得其形似顿号。例如：

(31)但是我最尊重他，[D1C、]因为他为了我们家族，一辈子辛辛苦苦工作。

(32)他们告诉我在哪儿买东西好，[D6C、]告诉我语言大学的周围有什么等等。

逗号错用为问号的用例较少。例如：

(33)只是我不能判断哪一部分就是向谁学的，[D1C?]反正我以为现在我自己的思想受到了很多人的影响。

(34)那时我也不知道为什么那样做，[D6C?]到现在才后悔。

出现这一情况的主要原因是韩语母语者对问号的使用规则掌握不到位。《标点符号用法》(附录A)指出："使用问号应以句子表示疑问语气为依据，而并不根据句子中包含有疑问词。当含有疑问词的语段充当某种句子成分，而句子并不表示疑问语气时，句末不用问号。"上述两例中虽然包含疑问词，但整个句子并不表示疑问语气。韩语母语者以为出现疑问词就应使用问号，从而造成偏误。

逗号错用为叹号的偏误用例也较少。例如：

(35)啊,[D5C!]爸爸,[D5C!]弟弟呢?B3 听说他今年打算去当兵,已经决定了吗?

例(35)第一个叹号用于语气缓和的感叹语之后,第二个叹号用于称谓语之后,这句话出自一封信,结合上下文,两处并不表达强烈语气,应使用逗号。

2.2.2.2 逗号缺失

逗号缺失中,D1、D3、D9、D6 四类用法的缺失频次占逗号总缺失频次的 29.58%、24.24%、15.87%、11.58%,总计 81.27%。例如:

(36)因为我们还是学生[D1Q,]所以每个月妈妈给我三百块。

(37)以前在韩国的报纸上[D3Q,]我看到一段介绍文章。

(38)我每天在 SKYPE 陪她聊天[D6Q,]安慰她,分担她的痛苦的时间。

(39)爸爸、妈妈[D9Q,]我是老大,会给弟弟做榜样,而且想成为在社会上有用的人。

逗号缺失的主要原因为母语负迁移。与汉语一样,韩语的复句一般由两个或两个以上分句组成。汉语分句之间一般用逗号隔开,韩语的连接词尾比较发达,加上某些词尾就可对分句之间的文意进行表达,同时还可以借助接续副词、辅助词、接续助词等,无须再使用逗号。另外在书写句子时,韩语常用空格对分句进行隔断,因此复句内各分句之间的逗号使用量比汉语要少,母语负迁移导致韩语母语者复句内逗号缺失。

汉语单句的各种语法位置,如长主语后、句首状语后、长宾语前、长谓语中间一般用逗号。而韩语是黏着语,主语、谓语、宾语、状语等句子成分后面都会带相应的助词,体现句子结构一般靠助词和连接词尾,而不用逗号,从而造成韩语母语者语料中单句各类语法位置的逗号缺失。

2.2.2.3 逗号多余

逗号多余分为单句内多余和单句内逗号与其他标点符号并用,分别占 95.12%、4.88%。例如:

(40)我想念我的午饭的时候,大概[D3D,]下午 20:00。(单句内多余)

(41)但是他说:“你一定跟我一起去,很重要的事情。”[D1D,]所以我只好跟他一起去不知道的地方。(单句内并用)

例(40)是单句内不该断句时用了逗号。例(41)中,引号内已使用句号,引号外无须再使用逗号,韩语母语者未掌握该使用条件,造成逗号多余。

从偏误频次看,逗号多余随水平提高而增多。原因可能是随着句读意识的增强,韩语母语者矫枉过正、过度泛化。

总体来看,随着水平的提高,韩语母语者逗号的偏误数量逐步减少,由高到低依次为初级(143.9 例)>中级(115.01 例)>高级(91.97 例)。十类逗号用法中,偏误最多的为 D1、D3、D6 和 D9,所占比重分别为 38.63%、12.89%、18.13%、11.86%,共计 81.51%。D1、D3、D6 的正确用例频次居十类逗号用法总正确使用频次的前三位,偏误频次居十类逗号用法总偏误频次的前三位,说明韩语母语者这三类用法使用量大,偏误多,应作为逗号教学的重点和难点。

2.3 与汉语母语者使用情况对比

我们统计了 11 万字的汉语母语者语料,考察了汉语母语者与韩语母语者在十类逗号用法使用频次上的异同,情况如表 3:

表 3 韩语母语者与汉语母语者十类逗号用法使用情况对比表(次数/平均每万字)

	D1	D2	D3	D4	D5	D6	D7	D8	D9	D10	总计
韩语母语者	157.54	14.80	92.18	8.88	5.53	95.00	0.24	6.65	24.34	0.88	406.04
汉语母语者	262.13	17.91	36.81	4.09	3.54	150.24	1.00	7.18	14.00	4.00	500.90
倍数关系	1.66	1.21	0.40	0.46	0.64	1.58	4.17	1.08	0.58	4.55	1.23

由表 3 可知,汉语母语者十类逗号用法的总使用频次高于韩语母语者,D1、D2、D6、D7、D8、D10 的使用频次高于韩语母语者,特别是 D7、D10,汉语母语者的使用频次是韩语母语者的四倍多,说明韩语母语者对这两类用法存在较多回避现象。

韩语母语者逗号各类用法使用频次由高到低为:D1>D3>D6>D9>D2>D4>D8>D5>D10>D7。汉语母语者逗号各类用法使用频次由高到低为:D1>D6>D3>D2>D9>D8>D4>D10>D5>D7。两者在逗号用法的选择上表现出一定的一致性,D1、D3、D6 均使用较多,而 D5、D10、D7 均使用较少。

三、韩语母语者逗号习得难度等级及分级教学建议

3.1 韩语母语者逗号习得难度等级考察

3.1.1 正确使用相对频率法及正确率推导法

正确使用相对频率法的假设如下:在中介语语料中,某类语言项目的正确使用频次或正确使用相对频率越高,就越容易,越早习得。正确使用相对频率①得出的习得难度

① 各类用法在各水平等级上的正确使用相对频率=各类用法在各水平等级上的正确使用频次/某水平等级上所有用法的应出现频次之和。

等级在很大程度上是基于使用频次的。某些逗号用法的使用频次很高，正确使用频次会超过使用量较小的用法，但其偏误频次也较高，正确率不高，说明留学生并未较好地习得。因此，我们还参考了正确率，以之作为推导习得难度等级的依据。

我们采纳的是 Pica(1984)的“正确率＝正确使用次数/(所有应使用的语境＋不须使用的语境次数)”的计算方法。之所以采用应该使用的频次而非使用频次，是因为中介语语料中存在较多逗号缺失，即回避现象，用该公式[①]囊括了逗号缺失及多余的情况。

表 4　十类逗号用法正确使用相对频率及正确率情况表(次数/平均每万字)

使用情况 类别	正确使用频次	偏误使用频次	总使用频次	正确使用相对频率	正确率	正确使用相对频率排序	正确率排序
D1	327.51	145.11	472.62	0.2689	69.30%	1	5
D2	31.90	12.51	44.41	0.0262	71.83%	4	4
D3	221.74	54.81	276.55	0.1820	80.18%	2	2
D4	15.81	10.82	26.63	0.0130	59.37%	7	7
D5	9.13	7.46	16.59	0.0075	55.03%	8	8
D6	211.79	73.20	284.99	0.1739	74.31%	3	3
D7	0.48	0.24	0.72	0.0004	66.67%	10	6
D8	16.10	3.86	19.96	0.0132	80.66%	6	1
D9	31.39	41.62	73.01	0.0258	42.99%	5	10
D10	1.45	1.20	2.65	0.0012	54.72%	9	9
总计	867.30	350.83	1218.13	0.7120	71.20%	——	——

两类统计方法排序有差异，我们将在讨论部分详细分析。

3.1.2　蕴含量表法

用蕴含量表来考察习得难度等级的具体步骤如下：

第一步，转换数据，计算十类逗号用法在三个水平等级上的正确率。具体情况如表 5。

表 5　十类逗号用法正确率统计表

	D1	D2	D3	D4	D5	D6	D7	D8	D9	D10
初级	0.56	0.62	0.72	0.42	0.46	0.63	0.00	0.68	0.31	0.00
中级	0.73	0.70	0.81	0.63	0.46	0.74	1.00	0.96	0.38	1.00
高级	0.74	0.80	0.86	0.68	0.82	0.82	1.00	0.85	0.58	0.57

第二步，以 0.70 为习得标准，将正确率进行转化[②]，正确率＜0.7 的转化为 0，认为该类标点用法在该水平段未习得；正确率≥0.7 的转化为 1，标示为已习得。将正确率

① 某类逗号用法在某水平段的正确使用率＝该类逗号用法在该水平段的正确使用频次/该类逗号用法在该水平段应使用频次＋该类逗号用法在该水平段的多余使用频次。

② 由于总正确率为 71.20%，我们采用 0.7 为习得标准。

转化为(0,1)二分变量,并对蕴含矩阵进行排序①。转化结果如表6:

表6　十类逗号用法蕴含量表(以0.70为标准的二位量表)

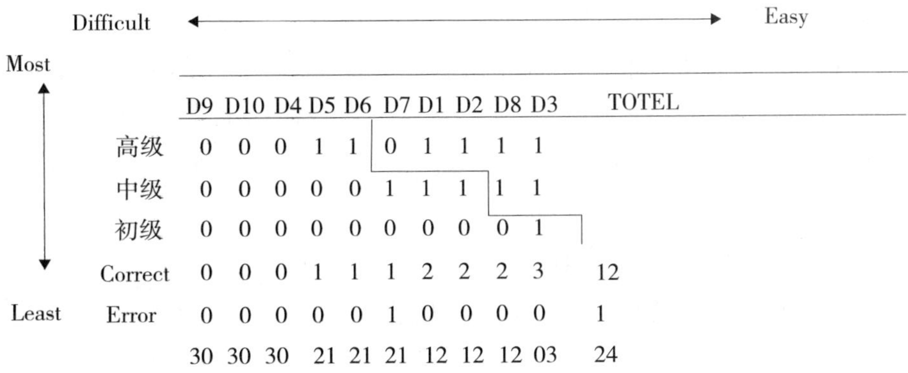

Difficult ⟷ Easy

Most ↕ Least

	D9	D10	D4	D5	D6	D7	D1	D2	D8	D3	TOTEL
高级	0	0	0	1	1	0	1	1	1	1	
中级	0	0	0	0	0	1	1	1	1	1	
初级	0	0	0	0	0	0	0	0	0	1	
Correct	0	0	0	1	1	1	2	2	2	3	12
Error	0	0	0	0	0	1	0	0	0	0	1
	30	30	30	21	21	21	12	12	12	03	24

第三步,计算蕴含量表的相应系数指标。

A. 伽特曼再生系数:Crep = 1 - 偏误数值/(类型数目×学时等级数目) = 1 - 1/(3×10) = 0.97

B. 最小边缘再生系数:MMrep = 最大边缘值/(类型数目×学时等级数目) = 24/(10×3) = 0.80

C. 再生修正百分比指标:%Improvement = Crep - MMrep = 0.97 - 0.80 = 0.17

D. 可分级系数:Cscal = %Improvement /(1 - MMrep) = 0.17/(1 - 0.80) = 0.85

蕴含量表的伽特曼再生系数(Crep)为0.97,可分级系数(Cscal)为0.85,大于统计学意义上规定的有效临界值0.9、0.6,因此该蕴含量表有效,蕴含真正的难度等级。依据蕴含量表,十类逗号用法的习得情况大致为:最容易习得的是D3;较容易习得的是D8、D2、D1;较难习得的是D7、D6、D5;未习得的是D4、D10、D9。

3.1.3　**讨论**

三类统计方法得出的逗号习得难度等级如下:

正确使用相对频率法:D1>D3>D6>D2>D9>D8>D4>D5>D10>D7

正确率法:D8>D3>D6>D2>D1>D7>D4>D5>D10>D9

蕴含量表法:D3>D8>D2>D1>D7>D6>D5>D4>D10>D9

正确率法与蕴含量表法得出的逗号习得难度等级基本一致,正确使用相对频率法得出的结果与二者稍有差异。主要原因是某些逗号用法使用量大,正确使用相对频率高,但正确率并不高,如D1、D9;某些逗号用法正确率较高,但使用量较小,正确使用相对频率

① 有些逗号用法的正确率高达100%,但每万字的使用数值不足1个,使用严重不足。我们将平均每万字使用频次在一次以下的统一标注为0,即未习得,而不以正确率为判断标准。

低，如 D7、D8。习得难度等级需要综合考虑正确率和正确使用相对频率：正确率和正确使用相对频率都较高的项目较容易习得，正确率高、正确使用相对频率低，或是正确率低、正确使用相对频率高的项目较难习得，正确率和正确使用相对频率都较低的项目最难习得。

除了正确率和正确使用相对频率，我们还参考了"初现率标准"来界定习得难度等级。张燕吟(2003)指出，"初现率标准"是以某一个语言项目在中介语中第一次"有系统"的和非"公式化"的出现和使用作为标准来确定这个语言项目习得过程的开始。关于如何界定"有系统"和"非公式化"，学界一致认为，在语料量足够大的前提下，某一语法结构所出现的语法环境必须是多种多样的，张燕吟(2003)将三个语法环境作为初现率标准。因此，我们将平均每万字总使用量在 3 个以下的逗号用法界定为未习得，如 D7、D10。

3.2　韩语母语者逗号分级教学建议

除了参考习得难度等级，十类逗号用法的教学顺序还应考虑其所在句子的长度、句法复杂度及交际需求。D9(语气缓和的感叹语、呼唤语、称谓语之后)用法较为简单，对《汉语教程》《成功之路》的考察发现，该用法在初级阶段已出现。D9 正确使用相对频率较低、偏误率较高的原因是韩语母语者的语料有 1/3 为写给父母的一封信，信中出现大量称呼语后逗号误用为叹号的偏误。而这些所属句子句法较为简单，交际需求较大，偏误率却较高的逗号用法恰恰应作为教学的重点。我们建议逗号的教学顺序宜跟相应的句法教学顺序相匹配，而不仅仅拘泥于正确率。

综合三种统计方法的结果及初现率、所属句子长度及句法复杂度，可以得出结论：D3、D6、D2 的正确使用相对频率和正确率较高；D1、D5、D4 的正确使用相对频率和正确率居中，由于 D1 是复句内各分句之间的逗号用法，复句在初级阶段已出现，宜列入第一个教学阶段；D9 的正确使用相对频率居中，正确率不高，但由于该类用法交际需求大，宜列入第二个教学阶段；D8 的正确使用相对频率和正确率不高；D7、D10 每万字的使用数值不足 1 个，基本未习得。因此我们建议韩语母语者十类逗号用法的教学顺序可参考以下阶段进行：D3、D6、D2、D1＞D9、D5、D4＞D8＞D7、D10。

四、余论

由于逗号使用频次高、用法复杂，我们穷尽式考察 30 万字左右的韩语母语者中介语语料库中的十类逗号用法，并与 11 万字的汉语母语者语料进行了对比，对逗号的使用情况及习得难度等级进行了探讨。其他母语背景的学习者逗号习得难度等级如何？不同母语背景的学习者逗号习得难度等级是否一致？今后的研究可拓展到其他母语背景的学习者逗号习得难度等级的考察，并对不同母语背景的习得难度等级进行对比，得出一个具有普适性的习得难度等级。进一步可对常用的12类标点符号的习得难度等级进行排序，从而为教学大纲和教材编写提供参考。

参考文献

国家对外汉语教学领导小组办公室(2002)《高等学校外国留学生汉语言教学大纲(长期进修)》，北京语言文化大学出版社。

国家对外汉语教学领导小组办公室(2002)《高等学校外国留学生汉语言专业教学大纲》，北京语言文化大学出版社。

国家对外汉语教学领导小组办公室汉语水平考试部(2008)《汉语水平等级标准与语法等级大纲》(修订版)，高等教育出版社。

国家汉语国际推广领导小组办公室(2009)《新汉语水平考试大纲》，商务印书馆。

胡建刚(2002)初级留学生标点符号的使用特征和偏误分析，暨南大学硕士学位论文。

胡建刚(2005)留学生使用句号逗号偏误分析，《西南民族大学学报》(人文社科版)第10期。

胡建刚、周　健(2003)留学生标点符号书写偏误分析，《语言文字应用》第3期。

金燕燕(2010)留学生使用标点符号的偏误分析，《牡丹江大学学报》第2期。

吕叔湘、朱德熙(1980)《语法修辞讲话》，中国青年出版社。

马明艳(2009)韩语母语者标点符号使用偏误分析，《云南师范大学学报》(对外汉语教学与研究版)第4期。

邱　军主编(2008)《成功之路》，北京语言大学出版社。

王弘宇(2016)对外汉语教材的标点符号问题，《云南师范大学学报》(对外汉语教学与研究版)第2期。

杨寄洲主编(2009)《汉语教程》(修订版)，北京语言大学出版社。

杨万兵、文　雁(2015)中级水平东南亚留学生汉语句读意识与标点符号使用的实验研究，《语言教学与研究》第4期。

张燕吟(2003)准确率标注和初现率标准略谈，《语言教学与研究》第3期。

中华人民共和国国家质量监督检验检疫总局、中国国家标准化管理委员会(2012)标点符号用法(GB/T15834—2011)。

Pica, T. (1984) Methods of Morpheme Quantification: Their Effect on the Interpretation of Second Language Data, *Studies in Second Language Acquisition*, 6: 69—78.

(410081　湖南长沙，湖南师范大学国际汉语文化学院；
湖南师范大学汉语国际推广研究院)

面向第二语言教学的汉语拒绝行为研究*

王 帅

摘 要:本文面向汉语教学,对汉语拒绝行为进行研究。通过话语填充问卷的方法,文章分别对汉语母语者及汉语二语学习者实施汉语拒绝的话语进行了调查及分析。在此基础上,文章提炼出了针对汉语拒绝行为的教学内容,同时也总结出了学习者在实施汉语拒绝时可能存在的问题。这些内容对进行汉语拒绝行为的教学提供了借鉴,对其他言语行为的研究提供了启示。

关键词:拒绝;言语行为;语用教学

〇、引言

对于二语或外语学习者来说,不但要掌握目标语的语音、词汇、语法等要素,还要学会如何在交际中得体地实施言语行为,如"请求""拒绝""建议",等等。其中,"拒绝"是在日常生活中使用频率很高的一种言语行为,不当的拒绝极易影响交际双方的关系。而对于汉语二语学习者来说,能否得体拒绝也是其语用能力的具体体现。为了让学习者更好地习得汉语的拒绝行为,我们有必要对他们用汉语进行拒绝行为时所表现出的特征进行总结,同时与汉语母语者的拒绝行为模式进行对比,进而归纳出学习者在汉语拒绝方面存在的问题。这些问题即可以作为我们进行汉语"拒绝"教学时的重点。

已有对汉语拒绝行为的研究大致包括三个方面内容:第一,汉语拒绝行为特征研究;第二,汉语与外语(下文简称"汉外")中拒绝行为的对比研究;第三,汉语拒绝行为的习得研究。在汉语拒绝特征方面,代表性研究如 Chen(1995)将汉语拒绝分为"实质性拒绝"和"礼节性拒绝"两种。实质性拒绝的策略包括解释原因、直接拒绝、表示遗憾、批

* 本文得到教育部青年基金项目"面向汉语国际教育的语用教学有效性研究"(项目编号:18YJC740101)和中央高校双一流经费专项资金资助项目"当前汉语国际推广面临的问题和对策研究"(项目编号:91822191)的资助。

评、回避、部分接受、转换话题等七类，其中解释原因的出现频率最高。礼节性拒绝常出现于邀请类场景中。Yang(2008)对五部电视剧中的拒绝情境进行了分析，认为汉语拒绝常发生于四类常见行为，包括请求、邀请、建议、提供（帮助），不同类型的拒绝有不同的特征。在汉外拒绝行为对比方面，代表性研究如Liao&Bresnahan(1996)对美国和中国台湾的拒绝行为进行了比较，发现美国人较难拒绝朋友而中国台湾人较难拒绝家人，并归纳总结了回避、建议、批评、开玩笑等24类拒绝策略。马月兰(1998)对中美拒绝行为进行了比较，发现中国人倾向于用客观辅助行为语以及假同意策略，而美国人则倾向于使用主观辅助行为语以及直观方式进行拒绝。王爱华(2001)同样对英汉拒绝行为的表达模式进行了对比，发现“中美两国人都偏爱间接拒绝言语行为，但中国人要间接得多”。在汉语拒绝行为的习得方面，代表性研究如唐玲(2004)从习得角度分析了东南亚华裔留学生在实施汉语拒绝时存在的问题，包括了语言方面过于简单、过于复杂及不会表达的问题；同时，留学生在实施拒绝时也常出现语用失误，即表达不得体的情况。王芙蓉、刘振平(2006)对欧美留学生汉语拒绝行为的习得情况进行了研究，发现欧美留学生在实施汉语拒绝行为时存在说话太直接及套用母语进行拒绝的情况。吴孟苒(2015)分别通过显性教学和隐性教学的方式对留学生进行汉语拒绝行为教学，发现显性教学在短期内要优于隐性教学。

通过总结我们发现，对汉语拒绝行为的相关研究主要集中于“策略”上，如是“直接拒绝”还是“间接拒绝”，间接拒绝一般采用哪些具体方式等等。我们认为，策略固然是习得言语行为的重要内容，但学习者在语言形式方面存在的问题也值得深入探讨。而过于注重策略分析也造成了言语行为教学缺乏可操作性，因为语言教学的核心还是语言形式，语言形式的分析对汉语教学的影响更为直接。

本研究以汉语拒绝行为教学为目标指向，着重分析汉语二语学习者的拒绝言语行为模式，不仅包括策略，更深入拒绝表达的内部，总结学习者在语言形式上出现的问题，从而确定汉语拒绝行为的教学内容及教学重点。

一、研究设计

我们首先设计了汉语拒绝行为调查问卷，分别对汉语母语者及学习者进行调查，而后对问卷结果进行分析。通过对母语者的调查，总结出母语者在实施拒绝行为时所体现的规律性特征，这些内容可以作为汉语拒绝行为的教学内容；通过对学习者的调查及与母语者情况的对比，总结出学习者在拒绝表达方面不得体的现象和规律，这些内容可以作为汉语拒绝行为的教学重点。

1.1 场景筛选及问卷设计

参考 Hudson,Detmer&Brown(1992)的跨文化语用测试框架,我们也选取了“权势地位(power)”“熟悉程度(distance)”“事件强加度(imposition)”这三个社会变量来设计问卷。根据这三个变量,可能的“拒绝”场景有 12 种,但这 12 种场景出现的可能性是不同的,因此我们需要进行场景筛选,从而总结出交际中出现可能性较高的场景,这样的调查可以更贴近实际。

表 1 不同的场景划分

情境		1	2	3	4	5	6	7	8	9	10	11	12
变量	权势地位(P)	+	+	+	+	−	−	−	−	=	=	=	=
	熟悉程度(D)	+	−	+	−	+	−	+	−	+	+	−	−
	事件强加度(I)	−	−	+	+	−	−	+	+	+	−	+	−

首先,我们通过调查这些场景发生的可能性来筛选场景,可能性调查问卷采用 5 度 Likert 量表的形式,5 表示很可能发生,1 表示不可能发生,要求被调查者在 1 至 5 中选一个点来表示每个场景发生的可能性的大小。为防止发生歧义,我们在调查问卷中特别指出,被调查者要判断的是“该场景在现实生活中发生的可能性,而不是在该场景下是否提出请求或拒绝”。我们对 102 人(汉语母语者 73 人,汉语学习者 29 人)进行了调查,最终得到了 8 种出现可能性较高的拒绝场景,这些场景分别为:第一,权势高对低,熟悉程度高,事件强加度低(P+D+I−);第二,权势高对低,熟悉程度高,事件强加度高(P+D+I+);第三,权势低对高,熟悉程度高,事件强加度低(P−D+I−);第四,权势高对低,熟悉程度低,事件强加度低(P+D−I−);(5)权势高对低,熟悉程度低,事件强加度高(P+D−I+);(6)权势平等,熟悉程度高,事件强加度低(P=D+I−);(7)权势平等,熟悉程度低,事件强加度低(P=D−I−);(8)权势平等,熟悉程度高,事件强加度高(P=D+I+)。

其次,根据筛选结果,我们共设计了 8 种具体拒绝场景,这些场景力求典型,尽量涉及人际交往的各个方面,如师生之间、朋友之间、领导和下属之间等等。问卷采用书面话语填充任务(Written Discourse Completion Test,WDCT),这一形式在收集言语行为数据时被广泛使用。问卷要求被试根据场景问题做出回答,如问卷提供一个场景:“你的同学(名字叫刘明)邀请你参加他的婚礼,但是你因为有事不能参加。你会怎么说?你和这位同学比较熟悉。”

1.2 问卷分析框架

要对问卷进行分析,首先要制订一个可操作的问卷分析框架。Blum-Kulka 等

(1989)将言语行为划分为三部分:招呼语,即言语行为的起始部分,吸引听话人注意;核心行为语,即表达交际功能的核心句;辅助行为语,指降低核心行为语面子威胁的各种策略,使言语行为更易令人接受,如解释原因、试探、感谢、道歉,等等。

我们认为,言语行为是功能、形式和策略的结合,其中语言形式和策略是为了功能的实现,而功能和策略又影响着语言形式的变化。因此,在充分考虑功能、形式和策略三者关系的基础上,同时借鉴 Kasper、Blum-Kulka&House 的划分,我们总结出一个问卷分析框架。此框架包括语言形式和策略两个层面,其中语言形式包括功能句和语言调节手段,策略包括宏观策略和微观策略。

功能句又包括“核心句”“礼貌标记语”“称谓语”和“问候语”四部分。核心句指的是表达某类言语行为时最核心的句子形式,如“我不能去”。礼貌标记语指的是在某种场景下使用“请”“您”等表达礼貌的词语。称谓语指在交际中对听话人的称呼。问候语指的是在言语行为中表示问好的语言,如“你好”“您好”等形式,但是具体到“拒绝”这种言语行为,表达拒绝的人一般是回应的一方,所以通常没有“问候语”这一部分。因此在下文的框架中没有加入“问候语”。

语言调节手段指的是说话人有意识地选择不同的语言形式,用来降低言语行为的面子威胁程度,使整个表达更加得体。比较典型的语言调节手段包括语气助词使用、副词使用等等。语气助词的使用指的是说话人通过使用语气助词来使自己的言语行为更加得体。语气助词可以提高言语行为的委婉程度和礼貌程度,如“不去了”比“不去”让人感觉更容易接受。汉语中常见的语气助词有“了”“吧”“嘛”“啦”“啊”“呗”“哈”等,这些语气助词在某些情境下具有特定的语用功能。副词的使用指的是说话人用副词来调控言语行为的强度,这些词通常用在解释原因、感谢、道歉等策略中。这些副词包括表达程度的,如“非常”“实在”“特别”;表达语气的,如“偏偏”“幸亏”“正好”;表达肯定意义的,如“一定”“真的”;表达时间的,如“立刻”“马上”“终于”;表达估量的,如“可能”“恐怕”,等等。

策略可以分为宏观策略和微观策略。宏观策略指的是策略的总体面貌和特征,在拒绝行为中,又可分为直接策略(即直接拒绝)和间接策略(即间接拒绝)。微观策略指的是说话人为了使言语行为更容易被接受而采取的各种措施,常见的有解释原因、道歉、感谢、补偿措施、祝愿等等。综上所述,我们将问卷分析框架总结如表 2。

表 2　问卷分析框架

语言形式层面	功能句	核心句、礼貌标记语、称谓语
	语言调节手段	副词使用、语气助词使用
策略层面	宏观策略	直接策略、间接策略
	微观策略	解释原因、感谢、道歉、补偿措施、祝愿……

1.3 参与被试

汉语母语者被试:根据被试的年龄、性别、职业,我们最终选择了 80 名被试,包括大学生、教师、公司经理、职员、公务员等。但由于一些被试最后没有提交答卷,或者回答不认真,最后认定的有效问卷为 50 份,其中男性 23 份,女性 27 份。这已经达到了统计学意义上的有效样本数(n≥30)。最终我们收集到 400 个句段。

汉语二语学习者被试:针对汉语二语学习者的问卷调查,我们选择的是以英语为母语的高级汉语学习者。共有 37 名被试参加了问卷调查,最后认定的有效问卷为 30 份,其中美国 18 人、英国 8 人、澳大利亚 4 人,男性 12 人、女性 18 人,年龄跨度从 20 岁至 34 岁。这已经达到了统计学意义上的有效样本数(n≥30)。最终我们收集到 240 个句段。

1.4 数据收集过程

我们主要通过纸质问卷和电子邮件来收集问卷。在母语者调查部分,纸质问卷主要针对自己身边的同学、同事;电子邮件主要针对不在自己身边的朋友以及朋友的朋友。在学习者调查部分,我们主要通过面对面的纸质问卷收集的方式,调查对象主要来自北京大学对外汉语教育学院及北京开放大学国际文化学院。我们为参与的留学生准备了礼物,以提高他们回答问卷的积极性。问卷收集的时间主要在 2016 年 10 月至 12 月。

二、问卷分析

下文从语言形式和策略两个层面对母语者问卷及学习者问卷进行分析。首先分析母语者在实施拒绝行为时所体现的规律性特征,而后分析学习者在实施拒绝行为时所出现的问题。

2.1 语言形式层面

2.1.1 功能句

2.1.1.1 核心句

在母语者问卷中,最常用的核心句形式包括“不能……”“去/参加不了……”“没法去/参加……”等等。否定句式的不同程度也代表了不同的礼貌程度。否定句式中也常常搭配语气助词使用,如“不能……啊”,这些语气助词的使用可以缓和句子的威胁程度。另外一个值得指出的现象是,母语者问卷中有不少核心句缺失的情况,尤其在熟悉度高的情况下。母语者倾向于通过陈述自己的困境来表示拒绝。以场景8(拒绝参加朋友婚礼)为例,有42%的母语者都没有直言自己不能去,而是采取了陈述困境的方式委婉拒绝。这些规律和特征对留学生的交际非常关键,可以作为汉语拒绝行为的教学内容。

与母语者问卷相比,学习者所有的场景中都使用了核心句,而没有采用省略核心句的形式。此外我们发现,学习者在语言形式选择方面有"太直接"的问题,有不少学习者使用了"我不去""我不会去",这些形式的面子威胁性大大超过了"我不能去""我去不了"等形式,可以看作是一种语用失误。

2.1.1.2 礼貌标记语

母语者问卷中出现的礼貌标记语主要是"您"和"请"。礼貌标记语主要用于权势低对高(如场景3拒绝老师的邀请中使用率达38%)和熟悉程度低(如场景7拒绝给陌生人拍照中使用率达26%)的情况。这些规律可以作为汉语拒绝行为的教学内容。

在学习者问卷中,出现的礼貌标记语也是"您"和"请",也主要用于权势低对高(如场景3拒绝老师的邀请中使用率达16.7%)和熟悉程度低(如场景7拒绝给陌生人拍照中使用率达20%)的情况。通过与母语者问卷的对比,可以看出学习者和母语者在礼貌标记语的使用上情况类似。

2.1.1.3 称谓语

称谓语可分为标准称谓、非标准称谓和无称谓三种。在母语者问卷中,大部分场景都使用了标准称谓,非标准称谓则主要用于权势平等和熟悉程度高的情况,场景6拒绝同事的邀请和场景8拒绝朋友的邀请中非正式称谓的使用率明显高于其他场景,使用率分别为20%和24%。此外,当场景中是师生关系的情况,被试多使用标准称谓而很少使用非标准称谓,如场景1老师拒绝学生邀请、场景3学生拒绝老师邀请和场景4老师拒绝学生邀请。场景7拒绝给陌生人拍照中没有使用称谓语,我们认为,这是因为该场景中的拒绝是被动回应性的,且需要即时回应,因此该场景中没有使用称谓语。因此我们可以总结出以下规律:在拒绝行为中,非标准称谓主要用于权势平等和熟悉程度高的情况;在师生关系中,一般都会使用标准称谓;陌生人之间的拒绝一般不需要称谓。这些规律和特征可以作为汉语拒绝行为的教学内容。

而在学习者问卷中,称谓语的使用情况和母语者类似。但在场景3师生之间中显示出差异较大,在该场景中绝大多数母语者都用了标准称谓"老师"或"王老师",而学习者的标准称谓使用率显著低于母语者,且无称谓的情况显著高于母语者。我们认为这和中国文化中"尊师重道"等传统观念有关,母语者在这样的场景中倾向于使用标准称谓,而学习者没有这样的意识。这也是我们在教学中需要注意的地方。此外,在母语者问卷中,称谓语使用呈现出多样性的特点。而学习者问卷,称谓语选择较为单一。因此在教学中,我们应当注意针对学习者出现的问题,设计汉语拒绝行为中的称谓语教学。

2.1.2 语言调节手段

如前所述,语言调节手段主要包括副词使用和语气助词使用两种,下文我们从这两个方面进行分析。

2.1.2.1 副词使用

母语者问卷大量使用副词,出现了"很""实在""特别""真(的)""非常""恐怕"等多种形式。这些副词用来提高感谢或道歉的程度,如"非常感谢""真不好意思",或者用于解释原因的部分,如"实在没办法"。我们发现,副词主要用于事件强加度高的场景中,如场景 2 经理拒绝参加员工的婚礼和场景 8 拒绝参加朋友的婚礼中副词的使用率分别达 34%和 54%。

而在学习者问卷中,仅出现了"很""非常""真"三种副词。这说明学习者对副词的形式掌握不够。因此在汉语拒绝行为的教学中,我们可以引导学习者多使用各种形式的副词,以提高自己言语行为的得体性。

2.1.2.2 语气助词使用

语气助词可以缓和语气,同时拉近交际双方的关系,如"我去不了啊"比"我去不了"显得轻松,同时暗示双方关系亲近。母语者问卷中出现了大量的语气助词,包括"了""吧""啊""嘛""啦""呗""哈"等多种形式,总体使用率(即使用语气助词的语段占总体语段的比例)达 48.5%。比较来看,在权势平等的情况下,语气助词的使用率比较高,如场景 6 拒绝同事邀请、场景 7 拒绝游客拍照、场景 8 拒绝参加朋友的婚礼中语气助词的使用率分别达 66%、62%和 54%。

在学习者问卷中,语气助词的总使用率仅为 10.4%,远低于母语者。这造成学习者的表达较生硬,无法拉近交际双方的距离。同时,学习者问卷仅出现"了""吧""啦""呀"4 个语气助词,说明学习者对语气助词的形式掌握不够。因此,在汉语拒绝行为教学中,要注意归纳这些语气助词的语用功能,提高学习者使用语气助词的意识。

2.2 策略层面

2.2.1 宏观策略

如前文所述,宏观策略包括直接策略和间接策略两种,具体到拒绝行为,即直接拒绝和间接拒绝两种。直接拒绝是用“我不能去”“我帮不了你”这样直接否定的形式表达拒绝，这种方式对被拒绝方的面子威胁较大。间接拒绝指的是不直接否定，而是用陈述客观情况的方法来拒绝，如“我手头也不方便，要不你问问别人”。

根据对母语者和学习者的问卷调查，学习者间接策略的使用率仅为3.3％，远低于母语者(31.2％)。在母语者问卷中，事件强加度高的场景间接策略使用率高，如场景2拒绝参加领导的婚礼中间接策略使用率达52％，而学习者间接使用率则为0。不会使用间接策略进行拒绝，使学习者的表达显得直接且威胁性大。因此，在汉语拒绝行为教学中，我们要引导学生在事件强加度高的情况下尝试使用间接拒绝的策略。

2.2.2 微观策略

在母语者问卷中，共出现了“解释原因”“感谢”“道歉”“补偿措施”和“祝愿”五种策略。学习者问卷中也出现了这五种策略，但策略的使用情况和母语者有所不同。我们将在下文进行详细对比。

2.2.2.1 解释原因

在拒绝行为中，解释原因是最常用的策略，在母语者问卷中总使用率达99％，人们倾向于说清楚拒绝原因，以获得对方理解。事件强加度越高，原因解释得越详细，会使用较多的事件强加度调节手段。如场景8拒绝参加朋友的婚礼中被试的原因解释不单单是“我有事”，而是类似“我现在出差在外，实在不能去参加”这样的表达。

在学习者问卷中，解释原因的具体使用率达98.3％，比例跟母语者类似。但在学习者问卷中，很多原因解释只有类似“我有事”这样的简单表达，信息量过小。当然，这种情况的产生可能是学生出于隐私的考虑，也可能是受自身文化的影响。但最终结果是造成学习者的拒绝表达显得理由不够充分，甚至给人留下缺乏诚意、敷衍了事的印象，影响交际效果。因此，在汉语拒绝行为教学中，可以引导学生更为充分地解释原因。

2.2.2.2 感谢

拒绝是一种对面子威胁较大的行为，面对对方的邀请，首先表示感谢是比较礼貌的做法，可以维护被拒绝方的面子。在母语者问卷中，熟悉度越低的场景，感谢的使用率越高，如场景4老师拒绝不太熟悉学生的邀请中感谢的使用率达26％。此外，权势低对高，感谢的使用率也比较高，如场景3学生拒绝老师的邀请中感谢的使用率达26％。因此可以总结：拒绝中的感谢主要用于拒绝邀请的场景中，而且多用于权势低对高，且熟悉度低的情况。这些规律可以作为汉语拒绝行为的教学内容。

在学习者问卷中,感谢语的总体使用率要高于母语者(23.8%∶14%),所有的场景都用到了感谢。这和母语者有所不同,母语者在熟悉度高的情况下对感谢语的使用率很低,如场景6拒绝同事邀请和场景8拒绝朋友邀请中感谢语的使用率仅为4%和0,而学习者在以上两个场景中感谢语的使用率达到分别达23.3%和23.8%。我们认为,这是因为在平等且熟悉的关系中,母语者的拒绝重点在使用其他策略而非客套,而学习者更倾向于客套。感谢语的使用率偏高会给人太过客气的印象,也拉开了彼此距离,尤其是关系亲密的人之间。

此外,在母语者问卷中,感谢的语言形式出现了“谢谢(某某)”“谢谢啦/啊/哈”“感谢(某某)”“多谢”“谢啦”等形式。而在学习者问卷中,感谢语的语言形式只出现了“谢谢(某某)”和“感谢”两种,形式比较单一。在熟悉程度高的情况下,交际双方可能会使用“多谢”“谢啦”这类比较轻松的感谢语,而学习者并未掌握这类感谢语的使用。这体现出学习者对汉语感谢语形式掌握上的欠缺。在汉语拒绝行为的教学中,我们要有意识地引导学生掌握多种形式的感谢语。

2.2.2.3 道歉

不管是拒绝邀请还是拒绝帮忙,都会伤及请求方的面子,因此道歉语在拒绝中使用率很高,所有的场景都用到了道歉语,其总使用率达52.7%。道歉语的使用率和熟悉度相关,熟悉度越低,道歉语的使用率越高,如场景5经理拒绝不太熟悉的员工和场景7拒绝游客帮忙拍照,道歉语的使用率分别达60%和100%。此外,权势低对高的情况更倾向于进行道歉,如场景3学生拒绝老师的邀请中道歉语的使用率达58%。因此可以总结:道歉语在拒绝中比较常用,主要用于熟悉度低的情况,以及权势低对高的情况。这些规律可以作为汉语拒绝行为的教学内容。

在学习者问卷中,道歉语的总使用率更高,达78.3%,几乎用于所有的场景中。比较来看,相对于母语者,学习者在拒绝中更多地使用了道歉策略。这体现出学习者在拒绝中倾向于更加客套,即便是在关系亲密的人之间。

此外,在母语者问卷中,道歉语中出现了“不好意思”“抱歉”“对不起”“遗憾”“见谅”“对不住”“打扰了”等形式。而在学习者问卷中,感谢语中只出现了“对不起”和“不好意思”两种,形式比较单一。在熟悉程度高的情况下,交际双方可能会使用“对不住”这类比较轻松的道歉;在权势低对高的情况下,说话人可能会用“请您见谅”这样比较正式的道歉,而学习者并未掌握这类道歉语的使用,这体现出学习者对汉语道歉语形式掌握上的欠缺。在汉语拒绝行为的教学中，要有意识地引导学生掌握多种形式的道歉语。

2.2.2.4 补偿措施

拒绝会伤及请求方的面子，补偿措施可以给被拒绝方一些安慰，从而有效降低拒绝的面子威胁性。拒绝邀请时可以另约时间，拒绝请求时可以为请求方提出建议。在母语者问卷中，补偿措施的使用率为 34%，主要用于事件强加度高的情况，如场景 2 经理拒绝参加下属的婚礼中补偿措施的使用率达 42%，场景 8 拒绝参加朋友的婚礼中补偿措施的使用率达 58%。此外，权势低对高的情况，补偿措施的使用率也较高，如场景 3 学生拒绝老师的邀请中补偿措施的使用率达 58%。因此可以总结：补偿措施也是拒绝中的常用策略，主要用于事件强加度高的情况，以及权势低对高的情况。

在学习者问卷中，补偿措施的总使用率仅为 10.8%，明显低于母语者。在母语者问卷中，补偿措施主要用于事件强加度高的情况，而学习者的补偿措施则未体现出规律性，如学习者在场景 8 拒绝参加朋友的婚礼中补偿措施的使用率仅为 6.7%。补偿措施是拒绝中的重要策略，使用率偏低使学习者的表达面子威胁程度偏高，甚至造成双方关系疏远。因此，在汉语拒绝行为教学时，可以将这些规律作为教学内容教给学生。

2.2.2.5 祝愿

祝愿是指说话人在表达自己不能答应某个请求或邀请时，对被拒绝方的活动予以祝福，如拒绝别人邀请时说"你们好好玩儿"。拒绝是一个伤及对方面子的行为，祝愿可以表达拒绝方的善意，也可以降低拒绝对面子的伤害程度。在母语者问卷中，祝愿的总使用率较高，达 34.2%。面对邀请的情况，祝愿的使用率更高，如场景 1 和场景 4 老师拒绝学生的邀请中祝愿的使用率均达 56%，场景 2 经理拒绝参加下属的婚礼中祝愿的使用率为 36%。值得注意的是，以上场景多为权势平等或者权势高对低的情况。而权势低对高的情况，祝愿的使用率不高，如场景 3 学生拒绝老师的邀请中没有使用祝愿语。我们认为，这是因为权势低对高的情况，说话人把更多的注意力放在表达歉意上，这时祝愿的重要性显然是低于道歉的。因此可以总结：祝愿主要用于面对邀请的场景，而权势低对高的情况，祝愿的使用率不高。

在学习者问卷中，祝愿的总体使用率仅为 10.4%，比例低于母语者。祝愿的使用率偏低，使拒绝表达显得生硬，某种程度上造成被拒绝方的尴尬。因此，在进行汉语拒绝行为教学时，可以将这些规律作为教学内容教给学生。

三、教学内容与教学重点

通过分析母语者及学习者的问卷，有助于把握汉语拒绝行为的教学内容和教学重点。基于母语者问卷调查，汉语拒绝行为的教学内容如表3所示。学习者实施拒绝行为容易出现的问题将是拒绝行为的教学重点，具体内容见表4。

表3　基于母语者问卷调查的汉语拒绝行为教学内容

<table>
<tr><th colspan="3">语言语用知识</th><th>语言形式</th><th>使用情况</th><th>语用功能</th></tr>
<tr><td rowspan="13">语言层面</td><td rowspan="6">功能句使用</td><td rowspan="2">核心句</td><td>不能……、去/参加不了……、没法去/参加……</td><td>基本涵盖各种场景</td><td>表示拒绝</td></tr>
<tr><td>只说原因，省略核心句</td><td>熟悉度高且事件强加度低的情况</td><td>降低拒绝的威胁程度</td></tr>
<tr><td>礼貌标记语</td><td>您、请</td><td>①权势低对高且事件强加度高的情况；②权势平等且熟悉度低的情况</td><td>提高拒绝行为的礼貌程度</td></tr>
<tr><td rowspan="3">称谓语</td><td>标准称谓，如“王经理”</td><td>权势不等的情况</td><td>表示礼貌和尊重</td></tr>
<tr><td>非标准称谓，如“头儿”</td><td>权势平等且熟悉度高的情况</td><td>拉近交际双方距离</td></tr>
<tr><td>无称谓</td><td>陌生人之间</td><td>——</td></tr>
<tr><td rowspan="7">语言调节手段</td><td>副词</td><td>很、太、实在、特别、非常、真(的)</td><td>①事件强加度高的情况；②用于解释原因、感谢、道歉等策略中</td><td>降低拒绝强度，使拒绝易于被接受</td></tr>
<tr><td rowspan="2">语气助词</td><td>吧</td><td>适用范围广</td><td>将自己的推量交由听话人确认，缓和语气</td></tr>
<tr><td>啊</td><td>适用于关系亲密的人之间</td><td>催促、敦请，请听话人听好并遵从，并有缓和语气和拉近关系的作用</td></tr>
<tr><td rowspan="4">语气助词</td><td>嘛</td><td>适用于关系亲密的人之间，或权势低对高的情况</td><td>暗示听话人应当接受，可以拉近双方的关系</td></tr>
<tr><td>呗</td><td>只能用于关系亲密的人之间</td><td>表达亲密，同时有“轻描淡写”的意味</td></tr>
<tr><td>呢</td><td>使用范围较广</td><td>提醒听话人注意</td></tr>
<tr><td>哈</td><td>多用于权势低对高及权势平等的情况</td><td>征求同意，希望听话人对所说的话予以认同</td></tr>
</table>

续表

语言语用知识			语言形式	使用情况	语用功能
策略层面	策略使用	解释原因	无特定语言形式	①用于所有场景；②事件强加度越高，使用率越高	①提高拒绝的合理性；②提高信息量
		感谢	谢谢（某某）、谢谢啦/啊/哈、感谢（某某）、多谢、谢啦	①拒绝邀请的情况；②权势低对高且熟悉度低的情况	①表达感谢；②提高拒绝行为的礼貌程度；③维护对方面子
		道歉	不好意思、抱歉、对不起、遗憾、见谅、对不住、打扰了	①几乎所有的场景，使用率都高于请求；②熟悉度越低，使用率越高；③事件强加度越高，使用率越高	①表达歉意；②提高拒绝行为的礼貌程度；③维护对方面子
		祝愿	祝你……、你们好好……	①拒绝邀请的情况；②权势低对高的情况，祝愿的使用率不高	①表达善意；②降低面子威胁程度
		补偿措施	无特定形式	①事件强加度高的情况；②权势低对高的情况	降低面子威胁程度，使请求易于被接受

表4　学习者实施拒绝行为的问题总结

项目	具体项目		学习者实施“拒绝”的问题
语言形式层面	功能句	核心句	①核心句使用率过高，核心句缺失的情况少；②核心句太直接，面子威胁程度高
		礼貌标记语	①有使用不当的情况，如该用“您”的时候用“你”
	语言调节手段	称谓语	①权势低对高的情况下，标准称谓使用率低；②称谓不得体，如直接称呼老师的名字
		副词使用	①使用率偏低，不会调控事件强度；②语言形式单一
		语气助词使用	①使用率过低，使表达显得生硬；②语言形式单一
策略层面	宏观策略	直接策略	间接策略使用率偏低，使表达面子威胁程度高
		间接策略	
	微观策略	解释原因	原因阐释太过简单，显得缺乏诚意
		感谢	①使用率偏高，显得太过客气；②语言形式单一
		道歉	①使用率偏高，显得太过客气；②语言形式单一
		补偿措施	使用率偏低，无法降低面子威胁程度
		祝愿	使用率偏低，无法降低面子威胁程度

四、余论

培养学生的语用能力是二语及外语教学的重要目标，进行语用教学的基本条件是确定教学内容。本文基于对汉语母语者以及学习者的调查，一方面提炼出了针对汉语拒绝行为的教学内容，另一方面总结出了学习者在实施汉语拒绝时可能存在的问题。本文所提炼和总结的内容，也为汉语语用教学提供了启示和借鉴。

此外，"拒绝"只是言语行为中的一类，但是通过对该言语行为的调查可以为其他言语行为的分析及教学提供借鉴。因为言语行为虽多，但都可以按照相似的分析框架进行分析，进而总结教学内容。

参考文献

马月兰(1998)中美"拒绝"言语行为比较研究，《青海师范大学学报》(社会科学版)第4期。

唐　玲(2004)汉语拒绝言语行为及东南亚华裔留学生习得情况分析，《暨南大学华文学院学报》第2期。

王爱华(2001)英汉拒绝言语行为表达模式调查，《外语教学与研究》第3期。

王芙蓉、刘振平(2006)欧美留学生汉语拒绝言语行为习得研究，《现代语文》第4期。

吴孟苒(2015)留学生汉语"拒绝"语用能力培养研究，安徽大学硕士学位论文。

Blum-Kulka, S. J. House, & G. Kasper(1989) *Cross-cultural Pragmatics: Requests and Apologies*. New Jersey: Ablex Publishing.

Chen, X., L. Ye, & Y. Zhang(1995) Refusing in Chinese. In G. Kasper, (ed) *Pragmatics of Chinese as a Native and Target Language*. Honolulu: University of Hawaii Press, 119—161.

Hudson, T., E. Detmer, & J. D. Brown(1992) A *Framework for Testing Cross-Cultural Pragmatics*, Honolulu: Second Language Teaching & Curriculum Center University of Hawaii at Manoa.

Liao, C. C. & M. I. Bresnahan(1996) A Contrastive Pragmatic Study on American English and Mandarin Refusal Strategies, *Language Science*, 18: 70—727.

Yang, J. (2008) How to Say"No"in Chinese: A Pragmatic Study of Refusal Strategies in Five TV Series. in Marjorie K. M. Chan & Hana Kang(eds). *Proceedings of the 20th North American Conference on Chinese Linguistics* (NACCL-20). Volume 2. Columbus, Ohio: The Ohio State University.

(300071 天津，南开大学汉语言文化学院)

附录　调查问卷

1. 你是一位老师，你的学生(名字叫刘明)请你参加他们的结业聚餐，但是你有事不能去或者不想去。你会怎么说？你和这个学生**比较熟悉**。

2. 你的领导经理(名字叫王伟)邀请你参加他的婚礼，但是你有事不能去。你会怎么说？你和这位经理**比较熟悉**。

3. 你的老师(名字叫王伟)请你到他家吃晚饭，但是你有事不能去。你会怎么说？你和这位老师**比较熟悉**。

4. 你是一位老师，你的学生(名字叫刘明)请你参加他们的结业聚餐，但是你有事不能去或者不想去。你会怎么说？你和这个学生**不太熟悉**。

5. 你是一位公司经理，你的下属（名字叫刘明）请你参加他的婚礼，但是你有事不能参加。你会怎么说？你和这位下属不太熟悉。

6. 你的同事（名字叫刘明）邀请大家晚上一起聚餐，但是你因为有事不能去。你会怎么说？你和这位同事比较熟悉。

7. 一些游客要在校门口合影，请你帮他们拍照，但是你有急事不能帮他们。你会怎么说？

8. 你的同学（名字叫刘明）邀请你参加他的婚礼，但是你因为有事不能参加。你会怎么说？你和这位同学比较熟悉。

北京市语言景观调查研究*

徐　茗

摘　要：本文选择北京市地铁2号线沿线和16个区的代表性街区为调查区域，对收集到的13 772个语言景观有效样本进行了分析，结果显示：北京市语言景观语码呈现中，汉语占绝对优势地位，同时表现出较为明显的多语现象，多语标志中英语是首选外语；从制作主体来看，多语标志中以非官方标志为主、官方标志为辅；不同制作主体的多语标志表现出较大的差异，官方多语标志多为汉语和英语组合形式，且汉语居于绝对优势地位，非官方多语标志的语言种类和组合方式更为灵活多样；不同语言之间互译情况主要以有翻译的为主。文章还从构建原则、语言政策、全球化、英语的国际化等方面对北京市语言景观进行了探讨。

关键词：语言景观；多语现象；语言标志；语言政策；北京市

〇、引言

Landry&Bourhis(1997)首次清晰界定了语言景观的概念：某个特定的地区或者城市群的语言景观，由该地理区域内的公共交通路牌、广告牌、街道名、地名、商铺招牌以及政府机构的公共标志上的语言所共同组成。此后城市语言景观研究日益成为社会语言学研究领域的热点，同时也吸引了许多其他学科背景学者的广泛关注。该研究可以加深我们对城市社会多语现象、城市空间的语言、语言使用者、全球化、少数民族语言以及语言政策等方面的理解(Gorter，2013)。

从研究历程上看，国外语言景观研究经历了萌芽阶段(1997年以前)、理论探索阶段(1997—2007年)、快速发展阶段(2008年至今)；表现出语言标志认识不断深化、研究的公共空间范围不断拓展、理论解释日益多学科化、研究方法趋向多样化等发展趋势(徐茗，2017)。国内学界针对北京等城市公示语翻译方面做过较多的探讨(吕和发，2004；杨永

---

* 本研究得到了上海市哲学社会科学规划项目“上海城市语言景观多样性研究”(项目编号：2017BYY014)的资助。

和,2009;杨永林,2013),近年来城市语言景观开始引起国内学者的关注,出现了一些研究成果(田飞洋等,2014;徐红罡等,2015;俞玮奇等,2016;张媛媛等,2016;邱莹,2016;王克非等,2016)。整体而言,研究数量不多,尚未形成系统、连贯的研究积累(巫喜丽,2017)。

一、研究目的和研究方法

北京是中华人民共和国首都,是我国外向度最高的国际化大都市之一,拥有大量使用不同语言的人口,语言环境复杂,是我国语言景观最丰富、最多元的大都市之一。本文以北京市为案例展开调查,分析北京市语言景观多语化特征,从北京市多语使用状况、不同主体制作的语言景观差异以及语言景观呈现中的优势语言状况等方面进行分析,并做简要讨论,以期加深对我国大都市语言生活实践的理解和认识,推动我国城市语言景观乃至社会语言学相关领域的研究进展。

语言标志(linguistic signs)是语言景观研究的主要对象。如何确立分析单元、选择语言标志的采样标准是语言景观研究的难点和关键点。现有很多案例研究的对象局限于商业性质的标志,如将商店标志或者是广告牌(Rosenbaum *et al.*,1977;Weyers,2016)作为语言景观的采样对象,这种方法操作性强,研究结果具有可比较性,但其局限性在于难以反映一个城市语言景观的全貌(Backhaus,2007)。本文采用 Backhaus 东京调查的采样方法:"任何一个在空间上可以确定的边框里的书写文本,无论其大小,都被视为一个分析单元(Backhaus,2006)",这种方法虽然工作量大,但是能最大限度地反映城市语言景观的全面性和整体性。采集到的所有标志都按照单语或多语来归类。多语标志的判断标准主要有两种:一种是将出现了本国法定语言之外的语言标志均看作多语标志(Backhaus,2006);另一种是仅根据语言标志上的语言数量来判断,出现了一种以上语言的标志被认为是多语标志(张媛媛、张斌华,2016)。本文选择前者作为多语标志判断标准,即如果标志上出现了国家通用语汉语以外的语言,即使这个标志上只出现一种语言,也被视为多语标志,任何单独的规范汉字、拼音、繁体字以及这三种符号的任意组合均视为单语标志。

本文调查区域的空间范围选择北京 2 号地铁沿线站点以及 16 个区的代表性街区。北京地铁 2 号线为环形地铁,横跨西城区、东城区、朝阳区,总长度 23.1 公里,沿线共有 18 个车站,在每个车站出口不太远、靠近内环的方向选择一条街道作为调查区域;同时选择了北京市 16 个行政区的代表性商业街区(东城区为王府井大街,西城区为大栅栏商业区,朝阳区为三里屯酒吧街,海淀区为中关村商业街,大兴区为黄村西大街,通州区为新华大街,石景山区为石景山路万达广场区段,丰台区为大红门商业区,房山区为拱辰大街,门头沟区为新桥大街,顺义区为新顺南大街,昌平区为回龙观商业街,平谷区为顺平大街，密云区为鼓楼东大街，怀柔区为怀柔区商业街，延庆区为环球新意百货商业圈）作为调查对象。2015年暑假成立了由硕博士生组成的7人调查小组，进行专门的调查培训后，于7月6至12日赴北京市对上述34个重点区域进行了田野调查。每个调查区域取两个连续红绿交通灯之间的部分作为采样区域，并用GPS仪器对其经纬度定位，采用数码相机拍照的方式，对街道两侧视野可及范围内的语言标志进行了样本采集，包括路名牌、门牌、广告牌、建筑物名称牌、店招海报、信息牌、警示牌等。按照Backhaus(2007)的标准，将每一个有明显边框的语言标牌作为计量单位，最终收集到13 772个语言景观有效样本，其中2号线地铁沿线5280个、16区8492个。采用SPSS18软件建立了语言景观图片属性数据库，变量包括位置、语言种类、优势语言、语言组合、标志制作主体、场域等内容。

二、结果分析

2.1　语言标志上多语使用状况

北京市语言景观调查样本共13 772个，其中单语标志8274个，占总数的60.1%，可以看出汉语在北京市语言景观中占据着优势地位；多语标志数量达到5498个，占比是39.9%，即大约每3个标志中就有1个出现了汉语以外的语言。表1显示，在北京的多语标志中，一共出现了17种语言，包括汉、英、韩、日、法、阿拉伯、希腊、藏、俄、西班牙、蒙、德、泰、塞尔维亚、意大利、土耳其、傣等语言以及汉语盲文。进一步观察可以看出，北京市多语标志上出现频次最高的语言是英语，多语标志样本中英语显现率占98.1%，其次是汉语，占比为86.4%，剩下的15种语言占比均不足1%，其中出现频次在20次以上的是韩语(0.7%)、日语(0.5%)、法语(0.5%)和阿拉伯语(0.4%)。具体情况如表1所示：

表1　北京市多语标志样本中不同语言的显现率(n=5498)①

语言	样本数	占比(%)	语言	样本数	占比(%)
英语	5391	98.05	蒙古语	4	0.07
汉语	4751	86.41	德语	4	0.07
韩语	36	0.65	泰语	3	0.05
法语	28	0.51	塞尔维亚语	2	0.04
日语	26	0.47	意大利语	2	0.04
阿拉伯语	24	0.44	土耳其语	1	0.02

① “n=5498”表示多语标志的总数；因为1个多语标志中会出现数个用不同语言书写的文本，所以5498个标志中不同语言的出现频次总和会大于5498，其占多语标志的百分比之和也会大于100%。

续表

语言	样本数	占比(%)	语言	样本数	占比(%)
希腊语	18	0.33	傣语	1	0.02
藏语	17	0.31	累计出现频次	10324	187.77
俄语	9	0.16	样本总数	5498	100%
西班牙语	7	0.13			

北京市多语标志上的语言组合模式较为复杂。北京市17种语言构成的多语标志中出现的语言组合模式总共有44种，其中最多的是汉—英模式(4711个)，其次是仅使用英语的标志(616个)，这两种组合模式占到总数的96.8%，剩下的42种组合模式总共只占3.2%。从各种组合模式中出现的具体语言来看，汉语分布最多(28种语言组合模式)，其次为英语(23种组合模式)，再次韩语、日语分别出现在7种语言组合模式中，另外藏语、俄语、德语、法语分别出现在4种语言组合模式中，其他9种语言出现率很低，仅出现在1至3种语言组合模式中。从所包含的语言数量看，含有两种语言的多语标志最多，数量为4810个(占87.5%，主要为汉—英组合标志，有4711个)；其次为一种语言(640个)，占比为11.6%，其中以英语为最多(616个，占96.3%)，另外还有日语、阿拉伯语、韩语、俄语、西班牙语和法语；三种语言的组合模式有40个(占0.7%)，主要有“汉—英—韩”“汉—英—阿”“汉—英—法”“汉—英—俄”等；四到六种语言组合的标志仅有8个，“汉—英—韩—日”四种语言组合的标志有5个，“汉—英—韩—日—俄”五种语言组合的标志有2个，“英—汉—法—泰—德—日—韩”七种语言组合的标志有1个。

北京市语言景观语码呈现中，汉语占绝对优势地位(13 772个多语标志样本中有13 025个出现汉语)；同时表现出较为明显的多语现象，语言组合模式也复杂多样，多语标志中英语是首选外语，其他还有韩语、法语、阿拉伯语等，但是均处于弱势地位，多语标志中未出现汉语的标志有657个(占比11.9%)。

2.2　不同主体语言标志的语言景观差异

按照制作主体的不同，语言标志可分为官方标志和非官方标志(巫喜丽，2017)。官方标志又称为自上而下的标志，包括路牌、街名、建筑名、各级机构名称等，是政府设立的代表政府立场和行为的语言标志；非官方标志又称为自下而上的标志，包括店铺名称、广告牌、海报等，是私人或企业以传播商业信息为目的所设立的语言标志(邱莹，2016)。在北京市5498个多语标志样本中，非官方标志占比达82.5%，官方标志占到17.5%，反映出北京多语标志更多是由私人或者企业制作的，官方机构在多语标志制作中也占有一席之地。

北京的多语官方标志中总共出现了6种语言，分别为汉语、英语、塞尔维亚语、意大利语、西班牙语、德语，其中英语、汉语占据着绝对优势地位，几乎为100%全覆盖。可以看出英语作为世界语言的地位无可撼动，得到了官方机构的高度认可和高强度使用。

而英语、汉语以外的语言在官方标志中则并未得到广泛使用,967 个多语官方标志中仅有 5 个出现了其他语言,而且均出现在朝阳区相应国家的大使馆标志上。具体情况见表 2。

表 2 多语标志中官方标志与非官方标志数量及占比(n=5498)

语言		官方标志	非官方标志	语言		官方标志	非官方标志
英语	个数	966[a]	4425[c]	西班牙语	个数	1	6
	比例	99.9%[b]	97.7%[d]		比例	0.1%	0.1%
汉语	个数	967	3784	蒙古语	个数	0	4
	比例	100%	83.6%		比例	0	0.1%
韩语	个数	0	36	德语	个数	1	3
	比例	0	0.8%		比例	0.1%	0.1%
法语	个数	0	28	泰语	个数	0	3
	比例	0	0.6%		比例	0	0.1%
日语	个数	0	26	塞语	个数	2	0
	比例	0	0.6%		比例	0.2%	0
阿拉伯语	个数	0	24	意大利语	个数	1	1
	比例	0	0.6%		比例	0.1%	0.02%
希腊语	个数	0	18	土耳其语	个数	0	1
	比例	0	0.4%		比例	0	0.02%
藏语	个数	0	17	傣语	个数	0	1
	比例	0	0.4%		比例	0	0.02%
俄语	个数	0	9	合计	个数	967	4531
	比例	0	0.2%		比例	100%	100%

注:a. 该数字表示该语言在官方标志中出现的个数,b. 该数字表示在官方标志总个数(967 个)中所占的百分比;c. 该数字表示该语言在非官方标志中出现的个数,d. 该数字表示在非官方标志总个数(4531 个)中所占的百分比。

北京多语标志中非官方标志有 4531 个,包括 16 种语言,分别是英语、汉语、韩语、日语、法语、阿拉伯语、希腊语、藏语、西班牙语、俄语、蒙古语、德语、泰语、意大利语、土耳其语、傣语。总体上看,非官方标志上的语言多样性要比官方标志更为丰富,其中英语的出现频率仍然位列第一(4425 个,占比为 97.7%),汉语排在第二(3784 个,占比为 83.6%),相对于汉语在官方标志中的比例(100%)有所降低。其他 14 种语言总共出现 186 次,占比不足 4%,出现频次在 20 次以上的仅有韩语、日语、法语和阿拉伯语,有 10 种语言仅出现在此类标志中。

从语言组合模式上看,官方和非官方多语标志均是以汉—英组合模式为主;不同的是非官方多语标志的语言组合模式要比官方多语标志多,非官方多语标志有 42 种语言组合模式,而官方多语标志只有 7 种,并且除了汉—英语言组合模式以外的组合数量,非官方多语标志要明显多于官方多语标志(占比要高 15.8%)。另外从出现的语言数量上看,非官方多语标志也要多于官方多语标志,官方标志中语言数量最多有 3 种,而出现 4 到 7 种语言的多语标志均属于非官方标志。

总体上看，官方多语标志多为汉语和英语组合形式，且汉语居于绝对优势地位，非官方多语标志中语言呈现更为灵活多样，无论是语言多样化水平、英语出现频次、呈现的语言数量，还是语言种类和组合方式等方面都明显高于官方多语标志。

2.3　多语标志上的文本互译和语码优先

Reh(2004)将多语标志上的文本互译区分为复制的、片段的、部分重叠的和互补的四种情况。Backhaus(2007)认为最后一种情况要求阅读者具有多语能力才能完全读懂，而前三种情况则无这种要求。他进一步将其中第二、三种合并为混合标志，同时增加了仅由一种外语组成的标志情形，继而将这种文本互译分成四种情况：第一，完全有效的翻译或转译；第二，部分有效的翻译或转译；第三，相互之间无有效的翻译或转译（标志文本由两种或更多语言组成，这些语言表达的内容完全不同，即这些语言传递的信息是互为补充的）；第四，相互之间无有效的翻译或转译（只有一种语言组成）。不同互译情况的标志对于读者的设定是不同的，前两种（可笼统归为有翻译的）标志对于读者的语言能力要求不高，而要完全理解后两种（可笼统归为无翻译的）标志的意思，需要读者具备多语识别能力。

样本中多语标志上不同语言之间互译情况主要以有翻译的为主，无翻译的标志很少。如表 3 所示，北京市多语标志上不同语言互译上完全翻译的和部分翻译的共占总数的 79.5%，不同语言之间文本互为补充的占 8.9%，完全无翻译的占 11.6%。在官方标志中，完全或部分翻译的情况更为普遍，合计达 96.5%，互为补充的占 3.5%；而非官方标志中，无翻译的和互为补充的比重分别为 14.2%和 10.0%，完全或部分翻译的标志占 75.8%。可以认为，完全或部分翻译的标志更多是给掌握单语的人阅读的，而互补的或者完全无翻译的标志更多是给掌握多语的读者阅读的。从中可以看出，官方标志倾向于完全或者部分翻译，其制作的目的考虑到不同语言的群体，为那些不精通汉语的人们（如外国商人、外国游客以及外国定居者们等）提供便利和公共服务。同时可以看出，北京市多语人口比例还处于较低水平。

表 3　多语标志文本互译的分布情况(n=5498)

文本互译	官方标志		非官方标志		总计	
	数量	百分比(%)	数量	百分比(%)	数量	百分比(%)
完全翻译	591	61.1	1406	31.0	1997	36.3
部分翻译	342	35.4	2032	44.8	2374	43.2
互为补充(多语)	34	3.5	453	10.0	487	8.9
无翻译(1 种语言)	0	0	640	14.2	640	11.6
合计	997	100	4531	100	5498	100

语码优先(code preference)指的是多语标志上各种语言之间的优先关系,以此反映它们在语言社区内的社会地位(尚国文、赵守辉,2014),可以根据标志上语言所处的位置、空间布局、字体大小、书写方向等特征,来判断标志上的优势语言。只有多语标志被列入统计对象,北京市调查样本中总体上拥有语码优先的标志有4860个(见表4)。其中汉语处于绝对优势地位,共有4525个多语标志表现出汉语优先,占比为93.1%;而英语优先的多语标志有310个,占比为6.4%;日语、阿拉伯语、法语、藏语、德语、俄语、西班牙语共占比约0.5%。在967个官方多语标志中,汉语优先的占99.6%,英语优先的仅4个,占0.4%;在非官方多语标志中汉语优先的占91.4%,英语优先的为306个,占7.9%,其他语言优先(日语、阿拉伯语、法语、藏语、德语、俄语等)的多语标志也仅仅出现在非官方多语标志中。

表4 多语标志上语码优先分布情况(n=4860)

代码优先	官方标志		非官方标志		总计	
	数量	百分比(%)	数量	百分比(%)	数量	百分比(%)
汉	963	99.6	3562	91.4	4525	93.1
英	4	0.4	306	7.9	310	6.4
阿	0	0	7	0.2	7	0.1
日	0	0	5	0.1	5	0.1
法	0	0	5	0.1	5	0.1
藏	0	0	3	0.1	3	0.1
德	0	0	2	0.1	2	0.004
俄	0	0	2	0.1	2	0.004
西	0	0	1	0.0	1	0.002
合计	967	100	3893	100	4860	100

三、讨论

3.1 北京市语言景观的构建规则

在城市公共空间中,标志所构建的语言景观并不是简单的语言陈列或呈现,其背后往往蕴含着一定的创设机制和思想意识(尚国文、赵守辉,2014)。Backhaus(2007)提出了语言景观研究的三个主要问题:语言景观由谁设计、语言景观为谁设计、语言景观映射出的社会语言变化趋势。Spolsky & Cooper(1991)阐述了城市语言景观的三条构建规则:第一,标志制作者使用自己熟知的语言书写;第二,优先使用标志可能的阅读者能读懂或乐见的语言书写;第三,倾向于使用自己的语言或者便于自己身份识别的语言书写,这条规则具有政治或社会文化意义,体现了语言景观的"象征性的价值",反映语言景观与语言群体之间权势与地位的互动关系。其中第一条是必要条件，而第二条和第三条是典型条件，不一定所有的标志都适用（尚国文、赵守辉，2014）。

我们的调查结果表明：目前北京市语言景观形成中第一、二条构建规则发挥着主导作用，第三条原则的作用不明显。无论官方机构还是非官方组织或个人，无论是语言景观制作者还是阅读者，汉语是大家最熟悉的本土语言，自然也就成为语言标志上的首选。2010 年全国第六次人口普查数据显示，北京市常住人口为 1961.2 万人。其中，汉族人口为 1881.1 万人，占常住人口的 95.9%；各少数民族人口为 80.1 万人，占常住人口的 4.1%；常住外国人口仅为 9.1 万人。规范汉字和普通话成为北京市居民日常生活、生产中的通用语言形式。我们调查的所有标志中汉语显现率达 94.6%（包括 60.1% 的汉语单语标志以及多语标志中 86.4% 的汉语显现率），官方多语标志中汉语显现率达 100%；在多语标志中汉语为优势语言的比重，在官方标志中达 99.6%、非官方标志中也达 91.4%。而有关外籍人口聚集区通过语言景观使用自己的语言来宣示本族群的身份和认同，在此次北京市语言景观调查中表现得并不明显。在 5498 个多语标志中汉语、英语之外的 15 种语言出现频次仅为 186 次。其中，最多的韩语也仅为 36 次，但是近期专门针对韩国人聚居区（北京望京和上海古北）的语言景观调查结果显示，在集体认同、充分理性、突显自我等因素影响下，韩国人在聚居区语言景观上有用韩文来宣示本族群身份认同的趋势（俞玮奇等，2016）。

3.2 语言政策对城市语言景观语言使用的影响

语言政策对语言景观具有一定影响，很多国家在制定宪法和政策时都对本国语言给予了高度重视和严格规范。中国也不例外，2001 年颁布实施的《中华人民共和国国家通用语言文字法》确立了普通话和规范汉字的“国家通用语言文字”的法定地位。《地名标志》①中规定城乡地名标志按照所标示地理实体类型的不同分为街牌、巷牌、楼牌、门牌四种；街牌、巷牌、楼牌均使用汉字名称和汉语拼音；门牌没有拼音规定。《〈公共场所双语标识英文译法〉第 1 部分通则》②中规定了对名称标志、公共服务领域、场所和机构名称的译写方法和要求。1998 年国家工商管理总局颁布实施的《广告语言文字管理暂行规定》中规定：广告用语用字应当使用普通话和规范汉字，不得单独使用外国语言文字，如因特殊需要配合使用外国语言文字时，应当采用以普通话和规范汉字为主、外国语言文字为辅的形式，不得在同一广告语句中夹杂使用外国语言文字。国家还成立

① 中华人民共和国国家标准 GB17733－2008。

② 中华人民共和国国家标准 GB/T 30240.1－2013。

各级语言文字工作委员会，为有人员、有编制、有财政拨款的实体性常设机构，负责贯彻执行国家语言文字工作的方针政策，贯彻执行各项通用语言文字规范标准，依法对社会语言文字应用实施管理和监督，并负责城市语言文字工作评估。

这些规定在官方标志中得到了很好的贯彻，因为官方机构能够直接决定标志上语言的选择及空间位置的分配。这些政策规定在非官方标志上也得到了很好的体现，汉语显现率达83.6%，汉语为优势语言的标志比例更是达91.4%。无论是从语言政策还是从日常语言实践上看，汉语的地位和作用在我国无可替代，13 772个样本标志上汉语显现率达94.6%，没有任何其他语言(包括英语)能对此造成冲击与影响。与东京一样，北京的语言景观上的语言是经过“管理”的，是中央和地方政府机构所做出的显性决定的结果，而不是语言景观拥有者或制作者完全自由选择的结果(斯波斯基，2016)。

3.3 全球化时代城市语言景观多语化趋势

本次调查样本中，大约三个语言标志中就有一个含有汉语以外的语言，这体现出北京城市不断增长的语言景观多语化趋势。汉语以外的语言出现最多的是英语，在所有多语标志中显现率达98.1%，其余的外语虽然出现很少，但是外语的种类较多，涉及韩、日、法、阿拉伯语等16种语言，这与我国的改革开放政策密切相关，尤其是2001年我国加入WTO后逐渐融入全球化经济体系，在我国常住、定居的外国人日益增多。2010年我国第六次人口普查数据显示，居住在北京市3个月以上或能够确定将居住3个月以上的外籍人员达91 128人，定居的约1万人。同时，我国从政策层面为外籍人才提供了更为宽松便捷的出入境、停居留环境。2016年，在中关村实施了《公安部支持北京创新发展20项出入境政策》。2017年5月，北京市服务业扩大开放综合试点示范区外籍人才出入境改革“新十条”正式启动实施，作为示范区，朝阳区和顺义区分别设立了外国人出入境服务大厅。目前，在北京的外国人聚居区不断形成，主要集中在朝阳区、海淀区和顺义区，其中朝阳区集中了北京市一半的外国居民，本次调查中这三个区多语标志占比都比较高。

外国人日常活动区呈现出较高的多语化水平，比如朝阳区三里屯酒吧街是有名的外国人酒吧街，位于北京使馆区内，周边拥有大量外资企业，外国人很多，其语言景观中出现极高的英语显现率(96.1%)①。该酒吧街的180个多语标志样本中仅使用英语的标志占比达40.6%②，还出现了西班牙语、英语—土耳其语、英语—俄语组合的语言标

①② 数据来源于徐茗(2018)。

志。另外全球化推动了跨国婚姻的产生，形成了双语双文化家庭，不同语言发生融合和嫁接，形成了某些特殊的语言景观，如2号线雍和宫大街“云游驿”咖啡店招牌，中心显著位置出现法语“Café de le poste”；再比如2号线旧鼓楼大街“温饱”咖啡—服装店，标志中既出现中文店名，同时还出现了法文“咖啡”和“服装店”两个词融合造的新词“cafetique”。

3.4 英语的国际化传播

Backhaus(2007)指出，有三个因素导致东京城市街道标志上外语日益增多：其一，致力于东京“国际化”的官方语言政策；其二，城市某些区域日益增长的外国人常住人口份额；其三，由日本原住民表现出来的对外语（尤其是英语）可视性的欢迎态度。本研究调查显示，北京市语言标志中最显著的外语是英语，英语以外的外语中，显现率最高的是韩语（占0.6%）。目前我国外籍人员的比例仍然较低，据联合国估计，2013年居住在我国境内的外籍人员共约84.85万人，占我国人口的0.06%，远低于发达国家和地区的平均水平10.8%，低于世界平均水平3.2%；2010年北京外籍人员比例也只有0.46%，这当中多为留学生，常住定居的外国人更是少之又少，外国人常住人口因素对北京市外语景观的贡献很有限。因此可认为，目前影响北京市英语景观主要是受Backhaus所说的第一、三个因素影响，即北京“国际化”的官方语言政策和市民对英语可视性的欢迎。

官方为建设世界城市出台了促进学习英语的语言政策。如为迎接2008年奥运会，北京市政府大力推广学习英语活动，全面实施《北京市民讲外语活动规划（2003—2008）》，实现了道路交通、旅游景区、博物馆等九类重点公共场所双语（中文—英文）规范普及化，窗口行业外语服务无障碍化。《北京市地方标准〈公共场所双语标识英文译法〉通则》及实施指南是首个地方标准，提出公共场所双语标志的英文译法应符合国际通用惯例，遵循英语语言习惯。《首都国际语言环境建设工作规划（2011—2015）》规范公共场所双语标志的设置和译法。作为最通行的国际语言，英语在中国教育中地位极高，成为中国人最熟悉、掌握得最好的第二语言；英语景观还具有商业招徕功能，传递“酷而时尚”的感觉，成为高档、奢侈、时尚的代名词，深得广大商家欢迎。从语言景观上看，英语确实也正在成为我国最有声望、最具有可视性的外语景观，如这次调查的多语标志中英语显现率达98.1%，仅使用英语的语言标志占11.1%，英语为优势语言的多语标志占6.4%，仅次于汉语。

四、结论与展望

本文调查结果显示：第一，北京市语言景观语码呈现中，汉语占绝对优势地位

(13 772个多语标志样本中有 13 025 个出现汉语),同时表现出较为明显的多语现象;多语标志中英语是首选外语,汉、英之外的语言处于弱势地位。第二,多语标志中非官方标志为主(约 4/5)、官方标志为辅(约 1/5);不同制作主体的多语标志表现出较大的差异,官方多语标志更多受国家语言政策和官方机构的影响,多使用汉、英语,且汉语居于绝对优势地位,而非官方多语标志更多受到外语(主要是英语)所具有的商业招徕功能影响,语言种类和组合方式更为灵活多样。第三,以汉语为优势语言的多语标志占主导地位(93.1%),其次英语为优势语言的多语标志为辅(6.4%);不同语言之间互译情况主要以有翻译的为主,无翻译的标志很少,说明北京市的多语人口可能处于较低水平。"标志制作者使用自己熟知的语言书写""优先使用标志可能的阅读者能读懂或乐见的语言书写"(Spolsky & Cooper,1991)是北京市语言景观最主要的构建原则;语言政策对北京市语言景观的语言使用影响巨大,汉语的法定通用语地位在北京市语言景观中得以突显;全球化时代北京市语言景观表现出多语化趋势。

在全球化加速以及"中国崛起"的背景下,北京市外籍人口将持续增多、国际化水平不断提升,对城市语言景观管理和外语服务水平都提出了越来越高的要求和挑战,北京市公共空间语言标志设置以及国际语言环境建设将会引起更多的关注和重视。语言景观概念体系和研究方法、多种案例类型的比较、语言景观呈现背后的语言变异、语言景观相关行动者的感知与语言态度、大都市语言景观管理和外语服务政策等一列问题还有待深入研究与探讨。

参考文献

博纳德·斯波斯基著、张治军译(2016)《语言管理》,商务印书馆。

吕和发(2004)公示语的汉英翻译,《中国科技翻译》第 1 期。

邱　莹(2016)上饶市语言景观调查研究,《语言文字应用》第 3 期。

尚国文、赵守辉(2014)语言景观的分析维度与理论构建,《外国语》第 6 期。

田飞洋、张维佳(2014)全球化社会语言学:语言景观研究的新理论——以北京市学院路双语公示语为例,《语言文字应用》第 2 期。

王克非、叶　洪(2016)都市多语景观——北京的多语生态考察与分析,《语言政策与规划研究》第 1 期。

巫喜丽(2017)语言景观研究的理论视角、问题取向及研究方法,《学术研究》第 7 期。

徐　茗(2017)国外语言景观研究历程与发展趋势,《语言战略研究》第 2 期。

徐　茗(2018)北京市语言景观多样性调查研究,未刊稿。

徐红罡、任　燕(2015)旅游对纳西东巴文语言景观的影响,《旅游学刊》第 1 期。

杨永和(2009)我国新世纪公示语翻译研究综述,《外语教学》第 2 期。

杨永林(2013)《标志翻译 1000 例》,高等教育出版社。

俞玮奇、王婷婷、孙亚楠(2016)国际化大都市外侨聚居区的多语景观实态——以北京望京和上海古北为例,《语言文字应用》第 1 期。

张媛媛、张斌华(2016)语言景观中的澳门多语状况,《语言文字应用》第1期。

Backhaus, P. (2006) Multilingualism in Tokyo: A Look into the Linguistic Landscape. *International Journal of Multilingualism*, 1:52—66.

Backhaus, P. (2007) *Linguistic Landscapes: A Comparative Study of Urban Multilingualism in Tokyo*. Clevedon/Buffalo: Multilingual Matters.

Gorter, D. (2013) Linguistic Landscapes in a Multilingual World. *Annual Review of Applied Linguistics*, 33:190—212.

Landry, R. & R. Y. Bourhis (1997). Linguistic Landscape and Ethnolinguistic Vitality: An Empirical Study. *Journal of Language and Social Psychology*, 1:23—49.

Reh, M. (2004) Multilingual Writing: A Reader-oriented Typology—with Examples from Lira Municipality (Uganda). *International Journal Sociology of Language*, 170:1—41.

Rosenbaum, Y., E. Nadel, R. L. Cooper & J. A. Fishman (1977). English on Keren Kayemet Street. In J. A. Fishman, R. L. Cooper & A. W. Conrad (eds). *The Spread of English: The Sociology of English as an Additional Language*. Rowley, MA: Newbury House.

Spolsky, B. & R. L. Cooper (1991) *The Languages of Jerusalem*. Oxford: Clarendon.

Weyers, J. R. (2016) English Shop Names in the Retail Landscape of Medellín, Colombia. *English Today*, 32:8—14.

(241002 安徽芜湖,安徽师范大学文学院)

客观性状形容词与主观性状形容词*

董秀芳　李虹瑾

摘　要:形容词可以根据其词汇语义分为表示客观性状的和表示主观性状的两类。客观性状是可以比较客观地观察或测量的,而主观性状无法进行客观准确测量,依赖于人的主观认识。客观性状形容词和主观性状形容词在词法、句法和语义功能上存在一系列差异。这也从一个侧面证明,在汉语中客观性与主观性的差异可能是一种比较重要的对立。

关键词:形容词;主观性;词汇语义;句法

〇、引言

学界对形容词的研究非常多,也从不同的角度为形容词划分了类别。本文试图从形容词词汇语义中的主观性因素出发,将形容词分为客观性状形容词与主观性状形容词两大类,并分析这两类形容词在词法、句法和语义功能方面的差异,从而证明词汇语义内的客观性与主观性的对立是一种比较重要的对立。

一、客观性状与主观性状

形容词的功能是表达属性或状态。我们来看一下《现代汉语词典》(第 7 版)对"属性""性质""状态"的定义:

属性:事物所具有的性质、特点。

性质:一种事物区别于其他事物的根本属性。

* 本文的研究得到 2015 年度教育部人文社会科学重点研究基地重大项目"汉语词汇双音化的形式选择和功能表现"(项目编号:15JJD740001)以及国家社科基金重大项目"功能—类型学取向的汉语语义演变研究"(项目批准号:14ZDB098)的资助。感谢齐冲、沈力、黄正德、蔡维天、徐杰、宋作艳等先生对本文初稿提出的宝贵意见。

状态：人或事物表现出来的形态。

跟“属性”和“性质”相比，状态没有“固有、根本”的特征，即不具备恒定性。形容词既可表示属性也可表示状态，也就是既可表示事物固有的、根本的特征，也可以表示事物临时表现出的特征。我们把性质和状态合称为“性状”。

形容词所表达的性状可以分为两大类。一类是客观性状，人们可以通过观察或测量来比较客观地确定，如“长、短、高、低、大、小、厚、薄”等。表达客观性状的形容词可以称为“客观性状形容词”。客观性状形容词由于表达的性状可以测量出具体的量值，因此可以与数量短语搭配，如“三米高、高三米、二尺长、长二尺”等。

另一类是主观性状，这类性状的确定基于人们的主观判断，表现说话人的感受或评价，不具有客观统一的标准，无法通过测量而得出精确的数值，如“舒服、聪明、善良、虚伪”等。表达主观性状的形容词可以称为“主观性状形容词”。主观性状形容词一般不与表示具体数量的数量短语搭配。

Traugott(1995)按照“与言者相关”的标准来界定主观性，这是说，如果需要参照说话人才能更好地理解一个语言形式或结构的意义，那么这个语言成分就属于主观性成分。与言者相关度越高，主观性的程度也会随之越高。主观性状形容词符合这一主观性标准。

Dixon(1982)根据跨语言的考察提出，假定一个语言有形容词的话，其原型范畴的核心成员必会先反映在以下所列出的七大语义类上：

DIMENSION(维度、范围)：如 big，large，little，small；long，short；wide，narrow；thick，fat，thin；

AGE(年龄)：如 new，young，old；

VALUE(价值)：如 good，bad，perfect，proper，excellent，fine，delicious，atrocious

COLOUR(颜色)：如 black，white，red；

PHYSICAL PROPERTY(物理属性)：hard，soft；heavy，light；rough，smooth；hot，cold；sweet，sour；

HUMAN PROPENSITY(人的脾性)：如 jealous，happy，kind，clever，generous，gay，cruel，rude，proud，wicked；

SPEED(速度)：如 fast，quick，slow。

客观性状形容词可以表达维度、年龄、颜色、物理属性、速度等语义类型。主观性状形容词可以表达价值和人的脾性等语义类型。

要特别说明的是，形容词与名词和动词比起来，主观性较强。严格来讲，不存在完全客观的性状。这里区分主观性状形容词与客观性状形容词是在形容词内部的进一步区分，是相比较而言的。而且，主观性状与客观性状的区分不是完全界限分明的，而是表现出连续统效应。有些形容词是典型的客观性状形容词，有些形容词是典型的主观性状形容词，但也有一些形容词处于中间状态，具有不同程度的主观性。在客观性状形容词中，表示物理维度的形容词，如"长、短、高、低"等，是最为典型的。其次是表示年龄的，如"年轻、年老"，年龄的值是可以客观计算的，从这个角度看，具有客观性，但是到底多大算年轻，多大算年老，每个人又有不同的判断，因此又具有一定主观性。再如颜色，虽然不能测量出具体的量值，但人们对典型色的认知还是比较一致的，虽然对于不太典型的颜色的判断有一定主观性。表达物理属性的形容词，如"软、硬、干、湿、脏、干净"等，虽然有些不能进行精确度量，但是可以进行客观观察。比如，判断脏净可以依靠观察，如果垃圾或杂质多，就是脏，否则就是干净。这类词虽然具有一定主观性，但基本也可归入客观性状形容词。可以看出，表示年纪、颜色和物理属性的形容词是客观性状形容词中较不典型的，但是比起典型的主观性状形容词来，它们还是客观性比较明显的。

从历时的角度看，一些客观性状形容词可以在演变中发展出表达主观性状的语义。例如，"红"最初表达的是较为客观的颜色，但后来又获得了"顺利、成功、受人重视或欢迎"等语义，具有了主观性，如"取得了开门红、唱戏唱红了"。这种演变方向是单一的，都是由客观性状往主观性状发展，没有出现从主观性状往客观性状发展的现象。由于客观性状可以向主观性状演变，从而造成一词多义现象，因此我们判断主客观性状时不能只以词形作为判定依据，而要通过语境来确定其具体的词汇语义后再判断其类属。

二、客观性状形容词与主观性状形容词的差异

客观性状形容词与主观性状形容词的差异不仅表现在词汇语义上，还体现在一系列词法和句法方面的差异上。

2.1 否定形式是否成词

客观性状形容词的否定形式一般不能成词，而只能作为短语出现，即使使用频率很高，如"不小、不大、不长、不短、不高、不低"等。而主观性状形容词的否定形式有的可以成词。根据《现代汉语词典》(第7版)，以下词都是由"不"与主观性状形容词(或历史上曾经是形容词，到现代汉语中变成了形容词性语素)构成的："不错、不对、不行、不当、不定、不和、不快、不良、不满、不平、不善、不仁、不爽(指身体或心情不爽快)、不幸、不安、

不便、不公、不凡、不赖、不祥、不周”等[①]。这些词用来描摹说话人的主观感受(如“不爽、不快、不安、不满”)或表达主观评价(如“不良、不当、不凡”)。

英语中也是如此,否定前缀可以与主观性状形容词词基相结合而成词,而且例子很多,比如:

词缀 un-:unambitious(无野心的)、unfair(不当的、不公平的)、unfunny(无趣的);

词缀 im-:impolite(不礼貌的)、impartial(不偏心的)、impatient(不耐烦的);

词缀 in-:inaccurate(不精准的)、inadequate(不充分的)、inadvertent(漫不经心的);

词缀 dis-:dishonest(不诚实的)、disloyal(不忠诚的)、dispassionate(不动感情的)。

但否定前缀不能加在客观性状形容词的前面构成词。如:* unbig、* unsmall、* unlong、* unshort、* unthick、* unthin。

不过,《现代汉语词典》(第7版)中有个别“不A”式形容词看起来好像是反例,其中的A看起来表达的是客观性状,例如“不菲”。“不菲”的释义为:“(费用或价格等)不少或不低。”“菲”的词汇语义为“微薄”,虽然大致属于客观性状形容词,但实际上并不典型,一般都与抽象事物搭配。再如,“不久”中的“久”看似也属于客观性状的表达。词典对“不久”的解释为:“距离某个时期或某件事情的时间不远。”“久”的词汇语义即“时间长”。时间长短是可以通过工具(如时钟)来计量的,看起来比较客观。但事实上,从语境中可以看出“久”常常是表达说话人对时间长度的个人体验和感觉,仍具有一定的主观性。而且,与其他词不同,“不久”作为词主要是用为时间副词而不是用作形容词。

为什么主观性状形容词的否定式可以成词呢?这是因为“不”与主观性状形容词的结合有独立的表达功能,而不只是单纯的形容词的否定形式。

首先,客观性状形容词由于表达可以客观测量的性状,因此其性状可以在一条单纯的维度上展开。语言中往往为客观性状维度的两个极点提供了词汇形式,从而形成反义词。这就是说,语言中的客观性状形容词往往是成对出现,如“长/短、轻/重、高/低、厚/薄”等。主观性状形容词由于表达的性状无法客观准确地衡量,不能在一条单一的维度上展开,因此有时不存在明确的两个对立的极点,相应地,语言中也就没有一对反义词明确地标示出两个极点,如“和睦”就找不到确定的反义词。这时“不和”就可以充当与其对立的概念,从而形成一个独立的词。同样,“恰当、周到”也都没有独立的反义词,于是“不当、不周”也都有了成词的可能。

① 不管是可以独立运用的形容词还是不可以独立运用的形容词性语素,都表明能不能与否定性成分成词是受到主观性状态制约的,如果是表达客观性状的,即使是不独立运用的形容词性语素,也不能与否定性成分成词。

其次，即使一些主观性状形容词存在现成的反义词，其否定形式也可以具有不同于其反义词的独特的表达价值。主观性状形容词往往涉及评价，涉及与人的互动，这就需要顾及听话人的感受，所以需要委婉。例如，英语中 polite 有反义词 rude，但 impolite 在表达价值上并不等同于 rude。impolite 更为委婉，这是因为否定形式比肯定形式复杂，而表现委婉的方式正是要把形式变得复杂，以延迟听话人的语义理解，使语言解码变得困难，从而达到委婉的目的。与此形成对照，客观性状形容词一般不涉及评价，而是对性状较为客观的描述，一般不需要委婉。因此，客观性状形容词的否定式就没有这种独立的表达功能，而是比较单纯地用来表达否定语义，自然就不容易成词。

委婉表达的需要也可以解释以下事实：Zimmer（1964）、Boucher & Osgood（1969）、Clark & Clark（1977：539）曾指出在构词上存在一种普遍共性，即语言中几乎很少用“反面词＋否定词缀”来创造正面词，但却经常以“正面词＋否定词缀”来创造反面词（转引自沈家煊，1999）。这正是因为只有在表达负面语义时才需要委婉（Leech，1983），要说得迂曲一些；在表达正面语义时不需要委婉，而是要说得充分。汉语词典的收录情况也能验证这个事实。一般情况下，表达正向意义的主观性状形容词加上“不”后才可以成词。如“不祥”是具有正面意义的“祥”（吉利）与“不”的结合，“不仁”是具有正面意义的“仁”（仁慈）与“不”的结合，“不良”是具有正面意义的“良”（良好）与“不”的结合，等等。只有“不错”和“不赖”是否定词与反面词的结合，其他能和“不”结合成词的形容词都属于正面词。

2.2 主客观性状形容词的否定式在与程度副词搭配上的差异

客观性状形容词的否定式不能受程度副词的修饰，如：

（1）＊这个房间很不大。①

（2）＊妹妹的个子很不高。

（3）＊这个箱子很不重。

（4）＊妈妈的头发很不长。

（5）＊妹妹的皮肤很不白。

---

① 郭伊迪（2012）在其硕士学位论文中指出，度量类形容词一般无法和“很不”“不大”搭配。但当它们用来表示“足够”的语义时，度量低类的形容词如“小”“矮”通常就可以与“很不”搭配，如：

这个屋子已经很不小了，不要再抱怨了。

你男朋友的个子已经很不矮了，你就知足吧！

这样的例子可以被接受的原因在于它是说话人用来表达自身观点和看法的，而不是表达客观度量结果的。也就是说，这个时候的“很不小”已转变成主观性状，是说话人的主观评价。不过这种“很不A”只会在特殊语境下出现，并非典型用法，所以其使用频率较低，而且大多会与“已经”“了”搭配。

表达正向积极意义的主观性状形容词被“不”否定之后可以被程度副词修饰，如：

(6)这消息很快被努尔哈赤知道，他心里十分不高兴。

(7)他感觉非常不舒服。

(8)虽然生活特别不容易，但他们的情绪高昂。

(9)她说她小时候很不漂亮，生下来浑身是黑毛，半岁多黑毛才没有了。

(10)我发现，他为人真诚，但做事有点不细心。

(11)我轻松地幽他一默，“人的感情最不可靠。”

(12)后来居上的韩国队员们年龄更小，经验自然也更不足。

从语料库中，我们发现，主观性状形容词受程度副词修饰的情形极为常见，部分“很+不+A”的格式甚至具有极高的使用频率。比如，“很不容易”在北京大学中国语言学研究中心现代汉语语料库(以下简称“CCL 语料库”)中一共出现 1168 例；“很不高兴”在 CCL 语料库中有 398 例，“很不舒服”在 CCL 语料库中则有 366 例。

正是因为主观性状形容词的否定式可以受程度副词修饰，所以它可以进入比较句。但客观性状形容词的否定式不能受程度副词修饰，所以不能进入比较句。

(13)张三比李四更不老实。

(14)我今天比昨天还要不舒服。

(15)他的中国话比约翰说得更不地道。

(16)*黄河比长江更不长

(17)*我比妹妹更不胖。

表示负向消极意义的主观性状形容词的否定式一般不能受程度副词修饰，如：“*很不暴躁、*非常不狡猾、*特别不虚伪、*一点不丑陋、*比较不冷酷、*最不杂乱、*太不肤浅[①]。”

能受程度副词修饰是形容词的典型表现，所以正向积极的主观性状形容词的否定式能受程度副词修饰就表示它从整体上类似一个形容词。主观性状形容词的否定式能受程度副词修饰，这一点和我们上一小节讨论的主观性状形容词的否定式容易成词的原因是相关的。本节讨论的形容词都是双音节的，其否定式达到了三个音节，从韵律上不太容易成词，但从语义上看也有凝固化的趋势。

同一个形容词可能有的义项表达的是客观性状，有的义项表达的是主观性状，因此

① 除非用在反驳别人的观点时，比如当某人说“张三的文章很肤浅”，你不同意，可以说“他的文章一点都不肤浅”。也就是说，这样的句子如果能说，那是带有预设的，不能作为中性句出现。而且一般只能用“一点”修饰。须要说明的是，表示负向消极意义的主观性状形容词的否定形式本身也是比较受限的，但正如上例所示，其否定形式在句法上是合格的，并不是绝对不允许出现的。

在不同的义项下使用就有不同的句法表现：

(18)a. ＊这朵花很不红。（“红”表达客观性状，表示的是颜色）

b. 我们东团一直都很不红，再这样下去可能有天就会解散了。（语料库实例，“红”表示的是主观性状，义为“受人欢迎”）

同样，以下语料库中的例子并不是反例，其中的形容词实际表示的都是主观性状，虽然它们的基本用法是表示客观性状的：

(19)这个人惹的麻烦当然也很不小。

(20)其实嘛，我条件很不高，非常不高，归结起来就一点，那就是，要是有朝一日，碰到太好的，我也不太反对，没准儿一凑合就将就啦！

(21)钱数虽然不多，但“偷”“抢”“骗”三个字的分量却很不轻。

以上例子中的“不小”“不高”和“不轻”都可以受“很”修饰，与主观性状形容词的否定式出现相同的表现。“小”“高”“轻”在很多情况下都是作为客观性状形容词使用的，但是在以上例子中，它们所表达的语义已不再是对客观性状的描述，而是体现出说话人的主观判断和评价。例(19)中的形容词“小”被用来描述抽象概念“麻烦”的程度，其程度量值是无法通过客观的测量标准加以计算的，而是取决于说话人的认知。例(20)中的“高”在和抽象名词“条件”的搭配下，所表达的词汇语义也不再是客观维度中的高度量值，而是基于人的主观认知而做出的评判。同理，例(21)中的“轻”，是描述物理空间中的重量的用法的隐喻引申，“分量的轻重”原本是可以通过工具加以测量的，但是例(21)的表述对象“偷”“抢”“骗”三个字是抽象概念，是无法进行测量的，其判断取决于说话人的主观认知，因此这时的“轻”表达的也是主观性状。从以上例子可以看出，一个形容词在具体语境中是表达客观性状还是表达主观性状与其所搭配的“属性主体”有关（“属性主体”的概念借自刘春卉，2008）。当属性主体是抽象事物或概念时，形容词就转向表达主观性状。不过，这类看似客观性状形容词却表现出主观性状用法的例子实际上并不常见，在 CCL 语料库中，“很不高”只有 3 例，“很不轻”只有 6 例。

2.3 主客观性状形容词在形成假性比较级上的差异

Cruse(1986)提出了“假性比较级”(pseudo-comparative)的概念，如：

(22)This box is light, but it is heavier than that one.

这个英语句子的第一个小句指明这个盒子的重量轻，即这个盒子的重量在由一般常识确定的某类盒子的平均重量值之下，因此第二个小句中的 heavier 不是指比一般的“重”程度更大的“重”(heavy to a greater degree)，而只是相对于另一个盒子来讲的较大的重量(of greater weight)。heavier 的这种用法就属于假性比较级。

需要说明的是，汉语中的形容词没有形态上的比较级，这里针对汉语的讨论只能是在句法和语义上类比英语中的“假性比较级”用法。假性比较级出现的句法环境可以分为两部分，每部分由一个小句构成。第一个小句可以看作基本判断，由一个形容词做谓语，表示对事物性状的一个基本认定；第二个小句是比较句形式，其中的形容词是第一个小句中形容词的反义词。从语义上看，假性比较级实际上表达的是两个目标对象的相对程度比较。

客观性状形容词可以比较自由地出现在假性比较级中，而且一对反义词中不管是正向义的还是负向义的都可以构成假性比较级。如：

(23)长江很长，但比尼罗河短。

(24)淡水河很短，但比热河长。

(25)这本小说薄，但比那本杂志厚。

(26)这本小说厚，但比那本字典薄。

而主观性状形容词出现在假性比较级中比较受限：

(27)??? 巩俐很漂亮，但比章子怡还丑一点。

(28)??? 牛顿很聪明，但比爱因斯坦笨一些。

(29)??? 弟弟很高兴，但比哥哥难过点。

(30)??? 张三很诚实，但比李四虚伪一点。

这样的句子不能说不合语法，但是听起来非常怪异。

客观性状形容词对程度的描述有比较客观的依据，其度量值可以在一条单一的维度上展开，不管从维度的哪一端来描述都可以。但主观性状形容词除了描述事物性状以外，还会表达说话人的立场。在假性比较中，当主观性状形容词出现在第一个小句中时，就表明了说话人的一个判断立场，但在第二个小句中又使用了语义相反的形容词，从而背离了上一小句的立场，产生了语义不和谐感。比如，例(27)的第一个小句表明说话者的立场，将巩俐划入了漂亮的范畴，而第二个小句又在丑的维度上将章子怡与巩俐相比较，从而与前面的立场产生了背离，语义上显得不和谐。因此主观性状形容词不能自由地出现在假性比较级中。

从例(31)与(32)的对比中更能看出客观性状形容词与主观性状形容词在这方面的差异：

(31)a.（今天40℃，昨天45℃）今天的气温高，但比昨天气温低。

b.（今天-20℃，昨天-25℃）今天的气温低，但比昨天气温高。

(32)a. ???（今天40℃，昨天45℃）今天天气热，但比昨天冷。

b. ???（今天-20℃，昨天-25℃）今天天气冷，但比昨天热。

例(31)和例(32)在外部客观条件相同的情况下说出,但前者可以接受,后者不可以接受。例(31)中气温的高和低反映的是温度的客观性状,可以自由地出现在假性比较级中。温度高低是完全客观的测量结果,不涉及人的立场和评价,40℃比45℃低,因此做出的比较是成立的。但例(32)中的"热"和"冷"则是人对温度的主观体验,属于主观性状,无法出现在假性比较级中。在例(32)a中,普遍认知会把气温40℃和45℃都定义在"热"的范畴当中。当说话人已在前一小句中做出"今天天气热"的判断后,若因为数值40℃低于45℃而再把今天放进"冷"的范畴与昨天进行比较,会使得两个小句的立场出现矛盾。这说明,在主观立场确定后,不能因为内部细微的差异而再用一个相反的范畴来对比,那样就会造成判断立场的矛盾。

如果要用主观性状形容词来表达程度的相对比较,通常的说法是用"更""还"等构成真性比较,或者用"不如"或"没有"构成真性否定比较句:

(33)巩俐很漂亮,章子怡比巩俐更漂亮。/巩俐很漂亮,但是不如(没有)章子怡漂亮。

(34)牛顿很聪明,爱因斯坦更聪明。/牛顿很聪明,但是不如(没有)爱因斯坦聪明。

这两种手段能保证先前的基本评价不变,并再细分出内部程度的差异。如此可以更好地维护说话人的初始立场,听话人也更容易理解两者的比较关系,不会出现语义的不和谐感。

但并不是所有的主观性状形容词都不能出现在假性比较级中。有一些表示积极义的主观性状形容词可以出现在假性比较级中,也就是在基本判断部分使用消极义的形容词,而在假性比较部分使用积极义形容词,句子的接受度就提高了,如:

(35)张三很丑,但是比李四还漂亮点。

(36)张三做事很马虎,但是比李四还仔细一点。

(37)哥哥的字写得很潦草,但还是比弟弟的字工整一些。

(38)他出手很小气,但还比他老婆大方一点。

主观性状形容词在构成假性比较级时的表现其实也与委婉原则有关。这些形成假性比较级的主观性状形容词大多表达评价性语义。当说出一个负面评价后,为了保护当事人的面子,采用一个假性比较降低负面评价的程度是符合礼貌原则的。但当说话人已经做出一个积极的评价之后,就不应该再出现降低这种好评价的说法,因为根据礼貌原则中的赞誉准则(approbation maxim)(Leech,1983),说话人要尽量赞扬他人。因此,给予他人正向评价后再降低该正向评价的程度不符合语用规则,因此也就不能接受,如例(27)—(30)所示。

有一些例子好像是表达主观性状的形容词出现在假性比较级中，但仔细分析起来，这样的形容词所表达的性状其实都有一定的客观依据，如：

(39)a. 他的功夫很强，但比他师父的弱。

b. 他的功夫很弱，但比他师弟的强。

(40)a. 这儿的管理很严格，但比那里的松散。

b. 这儿的管理很松散，但比那里的严格。

仔细考察起来，“强/弱”类形容词的主观性没有“漂亮/丑”这类词那么强。例如，“功夫强”或“功夫弱”虽然也是由说话人的主观判定而来，但确实可以通过一些客观事实作为判定的依据，例如可以从比赛结果判定功夫强弱：赢得比赛的人就可被称作功夫强，输了比赛的人就可被认为功夫弱。而“管理松散/管理严格”也可由一些可观察的规定来判断，例如有无门禁的设置、有无保安等，所以相对于“漂亮/丑”这类词所表达的只能通过个人的认知加以判定的性状，这类词所表达的性状似乎呈现一定程度的客观性。也就是说，“强/弱”类词不是典型的主观性状形容词。

2.4 主客观性状形容词在“有多 A”结构中的差异

客观性状形容词进入“有多 A”结构（类似于 Cruse（1986）所讨论的英语中的 how 问句）一般表示的是询问，正向义的词进入时表示的是无预设的中性问，而负向义的词进入后表示的是有预设的偏向问，如：

(41)那个房间有多大？（中性问）

(42)那个房间有多小？（有预设地问）

例(41)是问房间的面积，并没有预设房间是大的。例(42)预设了房间是小的，即在面积上小于说话人心目中按某个标准确定的均值。

由于客观性状形容词进入“有多 A”结构中表示疑问，后面经常出现针对疑问内容的回答。下面看一些实际语料中的例子：

(43)姜青山问：“那些绳子有多长？”/ 他回答：“一百米，合三十丈吧。”

(44)可能有很多网友不熟悉，束河离丽江有多远？/ 大概 20 多公里，打车 10 几分钟。

(45)你知道 0.007 毫米有多薄？/ 是一根头发丝的十分之一至二十分之一。

主观性状形容词进入“有多 A”结构后经常不表达疑问功能，可以出现在陈述句中。如：

(46)我们一上场就特别兴奋，想表现自己有多棒，有多聪明，把教练的要求忘到了脑后。

(47)他的话绝对不是空穴来风，看看邱教练的《新浪队甲 A 训练计划书》就知道他有多认真了。

(48)彼得不管我的反应有多消极,决定要在告别上海的前夜做一回上海人。

以上例子中的“有多A”都无法形成一个独立的句子而是出现在包孕句中。

主观性状形容词进入“有多A”结构后还可以作为感叹句出现,如:

(49)可是,这一变,该有多惨!

(50)要放弃一切留在这里,躲在水面下,永远与这个世界隔离有多简单啊!

主观性状形容词进入“有多A”结构后有时可以表示质疑:

(51)他有多聪明?我怎么就看不出来?

(52)他有多善良,能让你白吃白住?

(53)她到底有多温柔,我怎么不觉得呢?

“多”是询问数量的,客观性状形容词表示的性状可以通过客观的测量而得到数值,但主观性状形容词由于无法被客观测量出量值,所以听话人很难对“有多$A_{主观性状}$”问句进行回答。因此主观性状形容词进入“有多A”构成疑问句就缺少表达动因,“有多$A_{主观性状}$”就转而表达非疑问功能了。

个别“有多$A_{主观性状}$”表示疑问,回答时无法用简单的数量短语,而只能提供一些事实描述。如:

(54)他有多勤奋?他每天学习十二个小时,周末和假期都不休息。

当然,客观性状形容词进入“有多A”结构后也可以表达一些非疑问的功能,如作为包孕句出现在陈述句中或表示感叹、质疑:

(55)然而,他忘记了一点,无论他潜得有多深,只要他游动,他就必将在他所游历的水域里搅动起哪怕最为细微的波痕……

(56)你看,现在那些网络红人像流氓燕之类,博客点击率有多高!

(57)这个包能有多重啊?怎么就背不动?

例(55)中的“有多深”是在陈述句中做补语,例(56)“有多高”是表示感叹,例(57)中“有多重”是表示质疑。

根据以上的分析,我们可以这样概括两类形容词之间的差异:客观性状形容词进入“有多A”结构主要是表示疑问,也可以有非疑问的功能;但主观性状形容词进入“有多A”结构中基本不表示疑问,主要表达非疑问功能。

三、客观性状形容词与主观性状形容词的相对语序

在句子中,当客观性状形容词与主观性状形容词共现时,主观性状形容词比客观性

状形容词离中心词更远，更靠外，也就是说存在这样的语序："主观性状形容词＋客观性状形容词＋名词"，比如：

(58)优秀青年学者

(59)漂亮的小花园

(60)别致的红衬衫

客观性状形容词描述的是事物本身固有的性质，与事物的关系更为密切，而主观性状形容词描述的是基于说话人评价的性质，与事物的关系相对而言没有那么密切，因此主观性状形容词比客观性状形容词在句法位置上更靠外。

四、与其他形容词分类方式的比较

朱德熙(1982)将形容词分为性质形容词与状态形容词，这一区分在学界有很大的影响。状态形容词包括：第一，单音节形容词重叠式；第二，双音节形容词重叠式；第三，"煞白、冰凉、通红、喷香、粉碎、稀烂、精光"等；第四，带后缀的形容词，包括 ABB 式，A 里 BC 式，A 不 BC 式；第五，"f＋形容词＋的"形式的合成词。从主客观对立的角度看，状态形容词的主观性更大一些。性质形容词的否定式可以使用"不"，但当我们要表达状态形容词的否定式时，不能用"不"，只能用"不是"配合"的"：

(61)不白　　＊不雪白　　不是雪白的
　　不高　　＊不高高　　不是高高的
　　不黑　　＊不黑乎乎　　不是黑乎乎的

"是"是一种判断标记，"不是"可以看作一种表示主观判断的否定标记。正是因为"不是"具有主观性，所以虚拟否定可以用"不是"，如"要不是他提醒，我就忘了"。状态形容词只能通过"不是"加以否定，正反映了状态形容词具有很高的主观性。从性质形容词内部来看，其主观性程度也是有差别的，既包括主观性状形容词，也包括客观性状形容词。

Cruse(1986)将形容词的渐进反义词分为三类：极性反义词(polar antonyms)、交叉反义词(overlapping antonyms)和势均反义词(equipollent antonyms)。反义词的双方都能构成假性比较级的是极性反义词，反义词中一方可构成假性比较级的是交叉反义词，反义词中的双方都不能构成假性比较级的是势均反义词。极性反义词基本对应于我们的客观性状形容词，而交叉反义词和势均反义词则对应于我们的主观性状形容词。

袁毓林(2013)认为形容词的一个分类角度是分成精确性形容词和模糊性形容词，我们认为，精确性形容词大致对应于我们的客观性状形容词，而模糊性形容词大致对应于我们的主观性状形容词。

沈家煊(2015)认为形容词的一个大的分野是单音形容词(定性词)和双音节形容词(摹状词),我们认为客观性状形容词大部分是单音节的,而双音节形容词中大部分是主观性状形容词,因此单双音节形容词表现出一个大致的对立,不过,单音节形容词中也有一些主观性状形容词,因此,形容词在音节数量上的对立不是绝对的。

五、结语

本文将形容词分为客观性状形容词与主观性状形容词两类,并证明了客观性状形容词和主观性状形容词在词法、句法和语义功能上存在一系列差异。

从本文的分析可以看出,主观性强的成分在形式上倾向于更复杂,表达方式更为多样。主观性状形容词比起客观性状形容词来就具有更为多样的表达形式。这是由于主观性状形容词涉及评价,需要表达说话人的感情态度和认识,自然需要很多形式才能细腻且充分地表现出不同的态度和认识。这表现在以下方面:第一,主观性状形容词可以与“不”结合,形成“不 A”式形容词。第二,不能成词的“不 + $A_{主观性状}$”短语形式也可以出现与程度副词结合的情况,这样,主观性状形容词最多可以有“A”“不 A”和“A 的反义词”三类带程度副词的形式,比如“舒服”“不舒服”和“难受”都可以受一系列程度副词的修饰。但客观性状形容词只有两类可带程度副词修饰的形式,即“A”和“A 的反义词”,比如“高”和“低”能受程度副词修饰,“不高”“不低”都不能受程度副词修饰。主观性状形容词的表达除了性质形容词外,还有状态形容词,而客观性状形容词都是性质形容词。

主观性范畴在汉语中十分突显。任何语言都是有主观性的,而在汉语中,主观性得到了更多显性标记。董秀芳(2014、2016)曾指出,汉语许多语法形式的出现都与主观性表达有关。沈家煊(2015)也曾就主观性程度高低层层分析汉语的词类系统:摹状词和大名词的分野就是因为摹状词具有较强的主观性;而大名词内部再区分为形容词和名词、动词两类,也是源于形容词的强主观性;在形容词的内部可再细分出单音节的定性词和双音节的摹状词;动词内部区分出“死来类”和“病笑类”都是取决于主观性的强弱不同。这些研究都表明,主观性与客观性的对立是汉语所重视的一种对立。本文的研究也证明从主客观对立的角度有望更好地认识句法语义现象。

参考文献

董秀芳(2014)代词的主客观分工,《语言研究》第 3 期。

董秀芳(2016)主观性表达在汉语中的凸显性及其表现特征,《语言科学》第 6 期。

郭伊迪(2012)基于语义角度的形容词分类研究,黑龙江大学硕士学位论文。

刘春卉(2008)《现代汉语属性范畴研究》,四川出版集团巴蜀书社。

沈家煊(1999)《不对称和标记论》,江西教育出版社。

沈家煊(2015)汉语词类的主观性,《外语教学与研究》第4期。

袁毓林(2013)形容词的语义特征和句式特点之间的关系,《汉藏语学报》第7期。

中国社会科学院语言研究所词典编辑室编(2016)《现代汉语词典》第7版,商务印书馆。

朱德熙(1982)《语法讲义》,商务印书馆。

Boucher, J. & C. E. Osgood(1969) The Pollyanna Hypothesis. *Journal of Verbal Learning and Verbal Behavior*, 8:1—8.

Clark, H. H. & E. V. Clark(1977) *Psychology and Language*. New York: Harcourt Brace Jovanovich.

Cruse, D. A. (1986) *Lexical Semantics*. Cambridge: Cambridge University Press.

Dixon, R. M. W. (1982) *Where Have All the Adjectives Gone—And Other Essays in Semantic and Syntax*. Berlin: Mouton de Gruyter.

Leech, G. N. (1983) *Semantics*. London: Penguin Books.

Traugott, E. C. (1995) Subjectification in Grammaticalization. In Stein & Wright(eds) *Subjectivity and Subjectification*. Cambridge: University of Cambridge Press.

Zimmer, K. E. (1964) Affixal Negation in English and Other Languages: An Investigation of Restricted Productivity. *Supplement to Word*, 20(2), Monograph, Issue 5.

(100871　北京,北京大学中文系;北京大学中国语言学研究中心;
北京大学计算语言学教育部重点实验室)

并列结构的语序异变类型及其制约因素*

谢晓明　王　倩

摘　要：语序固定是静态的，语序灵活是动态的。并列结构的语序异变主要有照应异变、加标异变、直接异变三种类型。这些异变现象产生的原因包括韵律和谐的需要、语义量级关系的影响、语用因素的驱动和上下文制约等。并列结构的语序能否发生异变，受到客观逻辑的限制和结构外成分的语义限制。

关键词：并列结构；异变语序；异变类型；异变原因

〇、引言

汉语不是形态型语言，不能通过形态变化来表示各种语法意义，其主要语法手段是语序和虚词。语序是话语中各个语言单位排列组合的次序，亦即各个语言单位排列在言语链条上的次序。关于汉语语序，有语序固定论，也有语序灵活论。前者认为语序固定是汉语的大特征，后者认为汉语语序相对自由，可根据具体表达有所变动。其实这两种论点是从不同着眼点出发的，语序固定论着眼于静态的短语语序，语序灵活论则着眼于动态的句子语序。语序固定并非语序绝对固定，不可移位；而语序灵活也不是完全没有约束的灵活易变。汉语语序是相对固定又可变换的。所谓的语序固定其实就是一种常规的、为言语社团所普遍接受的倾向性语序，我们称之为“常规语序”；而语序灵活则是指因某种结构内部或外部因素的影响，对常规语序的一种调整和变动，可称之为“异变语序”。常规语序和异变语序是相对存在的，“‘变序’是在‘常序’的基础之上发展变化而来的”(王定芳，1983)。

关于并列结构语序的研究，以常规语序为主，如周荐(1986)、陈宏(2008)等从并列

* 本研究得到教育部人文社科重点研究基地2013年度重大课题“汉语复句关系词语的理论解释和实际应用”(项目编号：13JJD740012)的经费支持。

形式角度，张国宪（1992）从文化语义角度，李思明（1970）、陈爱文、于平（1979）从语音和意义角度，戴浩一（1988）、廖秋忠（1992）等从认知角度，范晓（2001）、张彦群、辛长顺（2002）、马清华（2004）、李丹弟（2010）等则从综合考察的角度对并列结构语序进行了研究。相较之下，对并列结构的语序异变情况的研究则比较薄弱，仅有储泽祥、谢晓明（2003）、邓云华（2006）、吴丽娟（2011）等少数学者做过研究，而且这些研究普遍关注静态的语序变化情况，研究视角比较单一，对语序异变的原因解释不够全面。

本文主要讨论并列结构的语序异变情况，首先分析语序异变的类型，然后探讨语序异变的原因以及限制因素。

一、语序异变的类型

并列结构的语序有多种异变类型，既有参照前后其他结构做出异变的；也有借助外力因素，添加并列标记进行异变的；还有不借助任何外力因素，直接变动语序的。以上三种异变类型可总结为：照应异变、加标异变、直接异变。

1.1 照应异变

当一个句子中出现多组并列结构时，为了追求韵律和谐、结构整齐统一，各组并列结构需要韵脚相同、内部句法结构相同，这时需要对不合大局的个别并列结构进行语序上的调整。这种调整是以句中其他一些与之对应的并列结构的韵律或结构作为参照的，因而是一种照应性的变动和调整。例如：

(1)但是宇宙之内，却不能够只有“秋肃”，没有“春温”。我的文字上，既然都是“雨苦风凄”，也应当有个“柳明花笑”。（冰心《记事珠》）

例(1)中，“雨苦风凄”本应是“苦雨凄风”，将原本的偏正结构变换为主谓结构是为了跟后面的“柳明花笑”在结构上照应，同时也与前面的“秋肃”“春温”结构相照应，形成整齐一致的主谓结构。

1.2 加标异变

有标并列结构的语序比无标并列结构的语序要更加灵活。关系标记能加大结构内部的句法自由度，促使语序灵活化（马清华，2006）。并列项之间没有并列标记，结合紧密，一般不可变换顺序，如果变换顺序有可能会导致语义发生变化。但加上标记的并列结构使各并列项的距离有所拉开，结合的紧密程度减弱，从而可以相对自由地变换语序。马清华（2006）曾通过改变无标并列结构、加标点符号的并列结构、有标并列结构的语序观察其合格度。例如：

	无标并列结构	加标点的并列结构	有标并列结构
(2)	a_1. 里外	b_1. 里、外	c_1. 里和外
	a_2. * 外里	b_2. ? 外、里	c_2. 外和里
(3)	a_1. 原因结果	b_1. 原因、结果	c_1. 原因和结果
	a_2. * 结果原因	b_2. ? 结果、原因	c_2. 结果和原因
(4)	a_1. 左边右边	b_1. 左边、右边	c_1. 左边和右边
	a_2. * 右边左边	b_2. ? 右边、左边	c_2. 右边和左边

上述各例句中，a_1属于无标并列，b_1属于加标点并列，c_1属于有标并列，这三种并列结构在汉语里均大量存在，但语序变换的自由度并不一致。如果变换语序，无标记的a_2组被接受的程度最低，一般不能成立；有停顿符号的b_2组被接受程度较a_2组来说有所提升，但仍属非常规语序；有标记的c_3组接受程度较高，在话语表述中也比较常见。

比较表明，有标并列结构的变异语序比加标点的并列结构和无标并列结构的变异语序更容易被接受。我们认为这是由于标记的使用使并列结构进入了句法层面，增加了语序的灵活度，也就是说句法并列比词法并列的语序要更为灵活。因此，从句法到词法的并列结构中，语序呈现降级渐固的趋势。小句并列的语序最为灵活，语素并列的语序最为稳固，我们可以用一个上宽下窄的梯形表示：

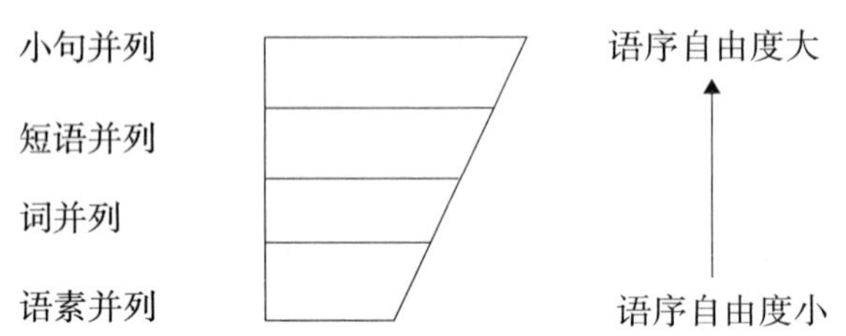

图1 语言单位与语序自由度的对应关系

1.3 直接异变

有些并列结构可以直接变动语序，既不需要前后形式的照应，也不需要添加并列标记。这些并列结构基本上是一些已经常用的、被熟知的并列结构，在人们的心目中已达成了极高的认可度，即便改变顺序也不影响理解，部分并列结构因为常用开始向常规语序靠拢。例如：

(5)在老家伙呆看对岸时，何莺将马灯左右上下晃动了几个"×"号，给对岸民兵哨所发出了紧急信号。(姜之虎《夜渡》)

(6)嘉定桑之育苗方法：于初冬时，将留有残叶之枝条，剪为五寸，横埋于苗床，

左右前后的距离约五寸，上面覆以厚一寸之泥土，使之发芽。（沈文纬《中国蚕丝业与社会化经营》）

例(5)中的“左右上下”是“上下左右”的变序形式，例(6)中的“左右前后”是“前后左右”的变序形式，虽然改变了语序，但并不影响理解。

当然，语序变异并不是常见的语言表达方式，即使这种已经比较常用的直接异变型并列结构，与常规语序相比，其使用数量仍然存在着很大的差距。例如，在北京语言大学 BCC 语料库中，“上下左右”出现了 1170 例，而“左右上下”只出现了 148 例，“前后左右”出现了 1185 例，而“左右前后”只出现了 219 例，常规语序与变异语序的用例情况相差悬殊。

二、语序异变的原因

认知、逻辑是汉语语序的深层基础，语用、修辞是汉语语序运用的表现形式（张炼强，1997）。在语言运用中，语言使用者通常会为达到某一语用目的或修辞效果而打破常规语序，采取给人特殊视觉、听觉效果的非常规语序。导致并列结构语序异变的原因是多方面的，主要有以下一些因素：

2.1 韵律和谐的需要

语序的不同安排是语言形式美的需求，而语言的形式美也可以理解为语言的音乐美。音乐美讲究韵律节奏的和谐搭配，主要通过押韵完成。“押韵”是有规则地交替使用韵母相同或相近的音节，利用相同或相近的声音有规律地回环往复，增加语言的节奏感和音乐美，使作品和谐统一。而押韵是否整齐，主要看“韵脚”。因此，并列结构为了韵律上的和谐，会对部分并列项语序做出调整。例如：

(7)这里是我们共同的家(jia)，有我们最美的年华(hua)，年轻的梦在这里发芽(ya)，走过了春秋冬夏(xia)，明天又开始新的出发(fa)。（额尔古纳乐队《毕业歌》）

(8)说的人说得津津有味(wei)，听的人也听得色舞眉飞(fei)。（百度知道）

例(7)中的“春秋冬夏”打破时间顺序原则，以“夏”结尾，是为了与前面“家”“华”“芽”以及后面的“发”押“a”的韵脚。例(8)中的“色舞眉飞”本应是“眉飞色舞”，改变语序是为了与前面的津津有“味”押“ei”的韵脚。

除了押韵需要，有时为了顺应声调顺序，语序也会发生异变。古代汉语的声调顺序为平、上、去、入，现代汉语的声调顺序为阴平、阳平、上声、去声。根据声调的组合顺序我们可将其分为顺序组合(按声调顺序排列)、同序组合(音节同调)、逆序组合(与声调顺序相反)。李思明(1970)、陈爱文、于平(1979)等对古代、现代汉语中的并列式合成词的声调进行考察发现:合成词的语素排列符合声调顺序的占60%以上。由此看来,声调对并列结构的语序排列有着重要的影响,甚至有时会为了顺应声调顺序而打破常规。例如:

(9)a. 春风、夏花、秋月、冬雪。

b. 风花雪月。

例(9)a为常规语序,按照人们对四季的表达习惯进行排列;例(9)b若按照(9)a的顺序排列,应该是"风花月雪",但结果却为了顺应四声顺序,变为"风花雪月"。之所以形成这种声调顺序排列,是因为人发音时遵循着先易后难的策略。从声调发音难易程度来说,阴平最简单,阳平、上声其次,去声最难,人们倾向于将容易发的音放在前面先说,较难发的音放在后面后说(陈爱文、于平,1979)。

2.2　语义量级关系的影响

当一个句子中出现多组并列结构时,表达者倾向于采取内部语义量级关系一致的并列项,以形成排比句式,来增强语势,渲染效果。若其中某一并列项的内部语义量级关系与其他并列项的内部语义量级关系不一致,应对此并列项的语序加以改造。例如:

(10)张凤琨呼吁联合国人权委员会动员国际社会谴责一切形式的种族主义和种族歧视,特别是由于种族优越论而导致的种族主义;倡导国家之间不分大小、强弱、富贫,一律平等;坚决反对以民族优越论而奉行的以大欺小、以强凌弱、以富压贫的行径。(《人民日报》)

例(10)中"富贫"并不是一种常规说法,但为了与"大小""强弱"的语义量级关系一致,同时也与后文的"以大欺小""以强凌弱""以富压贫"形成照应,因而异变换位。

2.3　语用因素的驱动

有些并列结构的语序发生改变对语义影响较小,如"归依——依归""厚重——重厚""贯穿——穿贯"等。有的并列结构语序变动导致逻辑关系也随之变化,而逻辑关系的变化又导致语义重心有所转移,感情色彩也随之转换。因此,有些语言使用者运用变换后的语序来转移语义重心,以达到预设的语用目的。例如:

(11)相传曾国藩带领湘军与太平天国作战,屡吃败仗,于是上书皇帝,言屡战屡败,请求责罚。后来此奏章中的"屡战屡败"被曾国藩的谋士李元度改为"屡败屡战"递交给皇帝,没想到皇帝不仅没有怪罪曾国藩,反而对他予以嘉奖。(百度百科)

此例中"屡战屡败"和"屡败屡战"虽只改变语序，但语义重心也随之改变。"屡战屡败"表示虽多次出战却均告失败，给人以颓败失落之感，营造了一个失败者形象。"屡败屡战"表示虽多次失败但仍坚持作战，给人以奋勇向上、执着不屈的感觉，营造了一个战斗者的形象。李元度作为曾国藩的谋士须以曾国藩的利益为重，因此他利用这一异变语序帮助曾国藩躲避了责罚。

人们在对并列结构进行表述时对各个并列项的突显意图是不同的，而突显意图的高低直接决定了并列项的排列。突显意图的高低是由显著性决定的，显著性是指视觉上某一刺激物的突出性和醒目性（张斌、齐沪扬，2002）。人们倾向于把显著性高的部分置于并列结构的前列。

以亲属称谓为例，亲属关系主要由两个部分组成，一个是血亲关系，一个是姻亲关系。血亲是指有血缘关系的亲属，以拥有共同祖先为特征，属血亲称谓的有"女儿、姐姐、妹妹"等。姻亲是指以婚姻关系为中介产生的亲属关系，属姻亲称谓的有"女婿、姐夫、妹夫"等。血亲相对姻亲来说更为亲近，属于自己人。在由称谓组成的并列结构中，人们为了突显更为亲近的血亲关系，通常会打破常规的男尊女卑（男前女后）顺序，将女性置于并列结构前项位置。这种语序变异就是由背后的"血亲优先"的心理造成的。我们在 BCC 语料库中输入以下说法并统计其使用频率，结果如表 1：

表 1 亲属称谓中血亲、姻亲的位序比较

称谓序列	第一组		第二组		第三组	
	女儿女婿	女婿女儿	姐姐姐夫	姐夫姐姐	妹妹妹夫	妹夫妹妹
关系类型	血亲＋姻亲	姻亲＋血亲	血亲＋姻亲	姻亲＋血亲	血亲＋姻亲	姻亲＋血亲
用例数量	259	15	260	18	23	1
所占比例	94.5%	5.5%	93.5%	6.5%	95.8%	4.2%

除了上面这种隐性的亲疏心理偏向的驱动突显外，我们发现，有些并列结构前后甚至出现了表明主次关系的语词，直接将说话人的突显意图显化出来。例如：

(12)我们的重点必须放在发展生产上，但发展生产和改善人民生活二者必须兼顾。（转引自王国璋(1979)）

例(12)前面说"重点必须放在发展生产上"，将工作重心明确地指了出来，这就影响到后面"发展生产和改善人民生活"的先后语序安排。

2.4 上下文的制约

有时，受上下文的影响，一些并列结构的语序也会出现异变情况。例如：

(13)雄兔脚扑朔，雌兔眼迷离，双兔傍地走，安能辨我是雄雌！（《木兰诗》）

(14)我们把阴阳狭义为母父,有了父母,才诞生了子,父、母、子构成了三,这个三创造了宇宙万物。(转引自刘雪春(2008))

例(13)中的"雄雌"按习惯说法应该是"雌雄",比如有"一决雌雄"等说法,但此处为了与前文的"雄兔……,雌兔……"顺序对应,故而改变了顺序。例(14)中有了"阴阳"的照应,才将常规的"父母"改为"母父"。

三、语序异变的限制性因素

语言的生命力在于交际,而交际是多变的,因而语言也处在不断变化之中。但这种变化并非毫无限制、随心所欲的,它们会受到客观逻辑、结构外成分语义等因素的限制。

3.1 客观逻辑的限制

并列项的排列需要符合客观逻辑、客观事理。比如,凡是事件的发展变化都离不开时间,只有随着时间的推进,事件才可能有开端、发展、结束的过程,且这样的发展顺序是不可逆的,前一阶段是后一阶段的基础,后一阶段须在前一阶段完成后方可实现。因此,我们在对事件的发展进程进行描述时,需要遵循时间顺序原则。例如:

(15)习近平在贺电中表示,巴勒斯坦问题是中东问题的根源性问题,攸关巴勒斯坦等中东各国长治久安和繁荣发展。(人民网)

(16)习近平指出,要重视中华传统文化研究,继承和发扬中华优秀传统文化。(人民网)

例(15)中先要做到"长治久安"才能"繁荣发展";例(16)中要先"继承"传统文化,然后才能将其"发扬"下去。

这种按时间顺序安排事件进展的语序类型是不可变的,若改变语序,就打乱了事件发展的时间顺序,违反了客观规律,这种句子从事理逻辑上讲是不能被接受的。如:

(17)*我国首座自主建造、设计、开发的第六代深水半潜式钻井平台在我国南海海域正式开钻。标志着我国海洋石油工业深水战略迈出了实质性步伐。(2012年高考四川语文卷)

(18)*任何一种文明的发展,都是和其他文明碰撞、融合、交流的过程,完全封闭的环境不可能带来文明的进步,只会导致文明的衰落。(2008年高考江苏语文卷)

例(17)中"建造、设计、开发",例(18)中"碰撞、融合、交流"的顺序与客观事理发展规律不相符合,前一例应修改为"设计、建造、开发",后一例应修改为"碰撞、交流、融合"。

3.2 结构外成分的语义限制

有些并列结构前后出现了如“相继、先后、历经、依次”等词语,这些词语本身带有时间先后顺序的语义,是并列项语序有序化的影响因素。当并列结构前后出现这些词语的时候,并列结构语序需要按照时间顺序进行排列,不可前后变动。例如:

(19)于1927年相继发动了南昌起义、秋收起义、广州起义,创建了中国工农红军,开展土地革命,先后建立了以中央革命根据地为中心的10余块革命根据地。(《羊城晚报》)

(20)这个音乐会自十一月五日开始举行,历时十九天,先后在光明中学、上棉十二厂、华东师大、市武装警察总队、曹杨街道、闵行区等单位和地区演出七场,受到热烈欢迎。(《解放日报》)

(21)封建制度历经战国、秦、西汉逐渐地建立并巩固起来。(王米渠、王克勤、朱文锋、张六通《中医心理学》)

(22)男子团体前六名依次为解放军、广东、上海、山东、北京和天津队;女子团体前六名依次为广西、湖南、上海、四川、北京和江苏队。(《解放日报》)

例(19)的“相继”限定了各场起义的爆发顺序,例(20)的“先后”限定了音乐会的上演次序,例(21)的“历经”限定了封建制度在三个时代的发展顺序,例(22)的“依次”限定了各队伍的名次。以上各并列项语序都不可变动,否则会引起语义表达的错误或混乱。

四、结语

并列结构是最简单也是最基本的句法结构之一,并列项之间从形式上看句法地位平等、并列组合随意,但实际上并列项之间的语序是存在一定规律的,存在常规语序和异变语序之分。常规语序是并列结构的常态,其构成特点和规律固然值得挖掘探索,但在具体语言使用过程中出现的异变语序虽然不是一种常态,却更值得引起重视。有些并列结构的语序异变产生之初是临时性的语用现象,有些却已经慢慢成为一种常见的语言现象,逐渐向常规语序过渡发展。这种情况表明,汉语并列结构成分之间的语序并非完全固定不变的,在语言发展过程中,会因为种种因素的影响和制约,比如韵律和谐的需要、结构成分语义量级关系的影响、语用因素的驱动和上下文的制约等,逐渐发展出一些新的语序异变现象。对特殊语序现象进行研究,可以让我们对并列结构的组合规律把握得更加深入更加全面,同时也有助于加深汉语语序发展变化的动态研究。

参考文献

陈　宏(2008)现代汉语同义并列复合词语义语用分析,《天津大学学报》(社会科学版)第4期。
陈爱文、于　平(1979)并列式双音词的字序,《中国语文》第2期。
储泽祥、谢晓明(2003)异类词联合短语研究,《中国语文》第3期。
戴浩一(1988)时间顺序和汉语的语序,《国外语言学》第1期。
邓云华(2006)英汉异类联合短语的对比研究,《外语与外语教学》第8期。
范　晓(2001)关于汉语的语序问题(一),《汉语学习》第5期。
李丹弟(2010)汉英并列连词句法分布对比研究,华中师范大学博士学位论文。
李思明(1970)中古汉语并列合成词中决定词素次序诸因素考察,《安庆师范学院学报》(社会科学版)第10期。
廖秋忠(1992)现代汉语并列名词性成分的顺序,《中国语文》第3期。
马清华(2004)并列结构的自组织研究,华东师范大学博士学位论文。
马清华(2006)关联标记的结构控制作用,《汉语学习》第6期。
王定芳(1983)汉语语序问题,《湘潭大学学报》(哲学社会科学版)第4期。
吴丽娟(2011)现代汉语多项语义异类名词性成分的并列,湖南师范大学硕士学位论文。
张　斌、齐沪扬(2002)《现代汉语短语》,复旦大学出版社。
张国宪(1992)并列式合成词的语义构词原则与中国传统文化,《汉语学习》第5期。
张炼强(1997)汉语语序的多面考察,《首都师范大学学报》(社会科学版)第5期。
张彦群、辛长顺(2002)并列结构组成成分排序原则及原因初探,《天中学刊》第17期。
周　荐(1986)并列结构内词语的顺序问题,《天津师范大学学报》(社会科学版)第5期。

(430079　湖北武汉,华中师范大学语言与语言教育研究中心)

分类的基础和标准

——张斌先生关于分类的语法学思想研究

刘慧清

摘　要:本文主要讨论汉语语言单位划分与归类的基础和标准。包括词与非词的划分、词类的划分、句类的划分和复句的分类。以往的研究从音节的长短、最小的意义单位、独立运用等角度划分词与非词,从意义和功能的角度讨论词类的划分,从用途的角度进行句类划分,从事理关系、心理关系、逻辑关系、关联词等角度进行复句分类,等等。这些讨论和分析以及分类的依据、标准都各有其道理,但是对各级各类语言单位,没有从更高的角度,对不同的依据进行梳理,来统摄语法研究中最重要的分类问题。张斌先生在此基础上,提出"区分基础和标准"的思想,将词与非词的划分、词类问题、句类和复句的划分统一看待,寻找各自的基础和标准,使语言单位的分类问题更加清晰、合理,可操作性更强。

关键词:分类;依据;基础;标准

○、引言

世界上有几千种语言,每种语言都有自己的系统。所谓系统,有两层意思:第一,它不是单一的东西,而是由许多单位组合而成的。第二,这许多单位之间的关系并非杂乱无章,而是有规律可循的。语言是一个非常复杂的系统。它的复杂性表现在两个方面:一是单位数量多而且品种繁复,二是单位之间关系错综而且通常是多维的。为了有效地分析语言系统,恰当地说明其中的规律,必须对语言单位加以分类(张斌,2003:184)。可以说,分类是语言研究的基础工作,各级、各类语言单位都需要分类。分类需要有依据和标准,依据和标准是不是一回事?二者是完全一致的,还是大致吻合的?这个问题以往的研究关注得不够细致,往往将依据和标准看作是同一的,认为分类的依据就是分类的标准。张斌先生对此有不同的看法:汉语的特点是缺乏形态变化,常使用"意合法",因此,有的学者在进行分类的时候将意义作为标准,这样分出来的类是不符合汉语的实际情况的。应该将意义作为分类的基础或依据,将功能作为分类的标准,不论是划分词与非词、划分词类、划分复句，都是如此（张斌，2003）。本文主要介绍张斌先生在分类时“区分基础[①]和标准”的语法思想。

传统语法的核心思想是：形态——范畴——系统。以形态为依据，归纳出语言材料的类别（词法范畴）和句子成分的类别（句法范畴），然后说明词类和句子成分之间的关系，构成语法系统（张斌，2003：37）。对于形态变化丰富的语言，可以依据形态建立范畴，例如印欧语系的语言。汉语缺乏形态变化，建立范畴的依据就要重新确定了。

根据形态建立范畴最直接的表现是词类的划分。例如，拉丁语的名词有性、数、格的变化。英语名词的词形变化有-s，表示复数，还有-ant、-ism、-ese、-ness、-ment、-ist、-ship、-tion、-ty、-or、-er 等构词形态。这些都可以作为划分词类的依据。[②]

汉语没有严格的词形变化的形态。“有人认为‘们’相当于英语的-s，其实很不一样。第一，名词的数是一种语法范畴，它的表现形式有相当的普遍性。汉语的‘们’通常只用于指人的名词，而且限于双音节词，只有极个别的单音节指人名词可以加‘们’，如‘人们’。第二，汉语名词加‘们’并非由单数变成复数，如‘学生’既可以是单数，又可以是复数。‘学生’前边可以加‘一个’‘两位’等，‘学生们’不能这么用，它表示的是不计数的集体。所以，‘们’不能当作一种表示语法范畴的形式。认为‘们’表复数，这是单纯从意义上说的，不是指语法上与单数对立的复数。”（张斌，2003：37）

汉语因为没有词形变化的形态（性、数、格的变化），构词形态（前缀和后缀）也不丰富，因此，在划分词类的时候有时从意义出发。[③] 张斌先生强调不能根据意义归纳语言材料的类别，要严格地根据功能（广义形态，包括虚词和词的结合能力）分类。那么，意义在分类时所起的作用是什么呢？张斌先生提出：意义是基础，功能是标准。[④] “区分基础（依据）和标准”的思想贯穿张斌先生的整个语法体系。在词与非词的判别上如此，在句类的划分上如此，在复句的分类上也是如此。

一、实体类别和关系类别

张斌先生认为，从大处来说，应该区分实体类别和关系类别。实体类别是根据单位各自的特点归类的，是根据事物属性归纳出来的类别，各类之间并不互相依存。而关系

---

① 基础，也是依据。

② 依据和标准大部分吻合，因此，印欧语的形态也可以作为划分词类的标准。但是在汉语里，词类划分的依据和标准是不吻合的。意义是依据和基础，功能是标准。

③ 张斌（2003：39）认为，自《马氏文通》开始，许多汉语语法著作都拿意义作为区分词类的标准。

④ 张斌（2003：42）认为，意义是划分词类的依据，或者说是基础，但不是标准。

类别是互相依赖才成立的，一提到甲类，就会想到乙类；同样，一提到乙类，也会想到甲类（张斌，2003：184—185）。

汉语不能把孤立的词拿来做分类的对象。拿孤立的词来分类，在综合性的语言里是行得通的，因为综合语有单词的形态变化，可以凭不同的形态变化给词归类。[①] 汉语单词的形态变化比较少[②]，如果拿孤立的词作为分类对象，就只能用意义作为标准了。而意义作为标准是不可靠、不可行的。所以，汉语的词类当属关系类别，因为单词形态变化不多的汉语，词类是从结构、词和词的相互关系以及结合能力上来区分的，也就是说，是从形态学上来区分，不是凭单个词本身的含义归类的。这样就能够回答"为什么'动作'是名词，'动弹'是动词，'动人'是形容词；为什么'真心'是名词，'甘心'是动词，'虚心'是形容词"这样的问题了。这也进一步证明，词类不能用意义作为标准进行划分，必须根据词的分布能力、组合能力等功能来划分。

另外，拿孤立的词作为对象，以意义作为标准区分汉语的词类，会导致词无定类[③]，有的语法学者对词做"本性、准性、变性"[④]的规定。而从结构中区分词类，凭形态决定词性，就没有词的"本性""变性"等麻烦了。

词类是关系类别，那么，词与非词的划分、句类的划分和复句的划分，是不是关系类别呢？我们认为，应该根据单位的性质和特征进行判断。因为"实体类别和关系类别有时是交织在一起的"（张斌，2003：187）。某一类单位，在形式上有一定的特征，可以作为确定类别的依据，这一特征不与别类的特征互相依赖而存在，那么，这一类别就是实体类别。反之，如果这一类别的确定需要依赖与其他类别的特征互相对照、比较，形成一种互相依赖的关系才能进行，那么，这一类别就是关系类别。从这个意义上说，词与非词首先是实体类别。[⑤] 对词与非词再进一步划分的话，词是实体类别，非词是关系类别。因为词的判定是根据其"独立性"做出的，典型的词可以"独立运用"，"独立回答问题"[⑥]，不需要依赖别的词或语素来显示和证明它的类别，因此，是实体类别。而非词（语素）是通过它与其他语素的依存关系判断出来的[⑦]，因此，是关系类别。

① 例如英语的 glory，glorious，gloriously 这三个词代表同一个概念"光荣"，可是有三种不同的形态。

② 汉语的"-子、-儿、-头"是单词变化的形态，但这样的形态比较少。

③ 如认为"人其人""人立而啼"中的三个"人"分别是动词、名词、副词。

④ 王力（1950）认为，本性是不考虑其他各词的影响，本身能有此词性的；准性是为析句便利起见，姑且准定为此词性的；变性是因位置关系，受它词的影响而变化其原有词性的。

⑤ 张斌指出，作为实体类别，不宜一次并列三者（文炼、胡附，2010：65）。

⑥ 当然，还必须是最小的意义单位，是最小的音义结合体。因为短语也能独立运用，独立回答问题。而且，短语的独立性比词更强，这一点毋庸置疑。

⑦ 如定位语素与不定位语素、实语素与虚语素。定位是相对于不定位而言的，同样，不定位也是相对于定位而言的，实、虚亦是如此。

至于句类和复句，它们是根据各自具有独立性的特点划分出来的，当属实体类别。句类的划分标准是语气，每一个句子都有自己的语气、语调[①]，这种语气、语调是不依赖与其他类的关系而存在的，所以，句类是实体类别。同样，复句的划分标准是关联词语，虽然对于没有关联词语的分句，可以有多种隐性的关系，这种关系是有其客观的事理基础、心理基础或逻辑基础的，但事理关系、心理关系和逻辑关系不是划分复句的标准，只是划分复句的依据或基础，当复句有确定的关联词语，或者语境能够提供关联词语的暗示时，复句的划分是不需要依赖与其他类的关系来判别的，因此，复句也是实体类别。

实体类别[②]和关系类别的区分非常重要，因为语言系统就是架构在语言单位和单位之间的关系上的。语言研究需要对语言单位进行类别的划分，也要明确这种分类是依赖于与其他类的特征比较、对照而存在的，还是可以独立存在的，这样才能更清楚地了解语言系统的全貌。而且很多时候，语言单位的类别划分必须依赖单位与其他单位的关系才能判别。例如，词类的划分，不能单纯根据词的含义为其划类，必须根据词与其他词之间的组合关系[③]才能为其准确地归类。

二、词的分类

苏联汉学家德拉贡诺夫(1958)曾谈道："词类是语法系统的中心，它也影响到词的组成和各种句型。不用词类去了解汉语的结构特点是不可能的，要说明汉语语法也就不可能。"

词类问题在我国语法学界曾有过激烈的争论，包括名称的问题、划分标准的问题、类目的多少[④]等。本节主要梳理词类划分的基础和标准，并进一步阐述张斌先生"区分基础(依据)和标准"的分类思想。

印欧语根据形态划分词类。形态包括内部形态和外部形态，内部形态是词形变化的形态和构词形态。词形变化的形态如"拉丁语的名词有性、数、格的变化。性包括阳

---

① 表现语气的主要是语调。

② 严格地讲，实体类别也是一种关系类别，某一类和与其相对的非某类，这也是一种关系。

③ 这种组合关系，就是词的功能。

④ 关于不同语法书的词类数目，陆俭明(2003:39—44)曾做过这样的回顾：《马氏文通》(1898)分为九类，赵元任《北京口语语法》(1979)分为十一类，黎锦熙《新著国语文法》(1924)分为九类，吕叔湘《中国文法要略》(1942)分为七类，王力《中国现代语法》(1943)分为九类，中国科学院语言研究所语法小组《语法讲话》(1952)分为十类，高名凯《汉语的语词》(1952)分为二十三类，朱德熙《语法讲义》(1982)分为十七类，张志公主持制定的《暂拟汉语教学语法系统》(1956)分为十一类，后重新修订为《中学教学语法系统提要》(1984)，分为十二类；胡裕树《现代汉语》(1995)分为十三类，张斌《现代汉语》(1988)分为十四类，北京大学中文系《现代汉语》(1993)分为十五类，黄伯荣、廖序东《现代汉语》(1991)分为十四类，等等。齐沪扬《现代汉语》(2007)将词类划分为十三类。

性、阴性和中性，数包括单数和复数，格包括主格、所有格、与格、目的格、呼格、夺格。构词的形态是前缀和后缀（张斌，2003：37）。外部形态是构形形态，即用虚词表示语法范畴。

汉语语法学界对于意义在词类划分中的作用一直存在争议，大体说来，有三种意见：一是认为区分词类的标准是意义和语法功能；二是认为区分词类的主要标准是功能，意义是参考标准；三是认为区分词类的标准只能是功能，意义是词类的基础，但并非区分词类的标准。张斌先生认为，这三种意见其实可以归并为两大类，前两种意见是一类，即承认意义是标准之一，采取的是多重标准；后一种意见是一类，即不承认意义标准（张斌，2003：40）。关于意义是否作为划分词类的标准，与“词汇・语法范畴”这一概念有关。“词汇・语法范畴”这个术语来自于苏联语法学界。1956年人民教育出版社中学汉语编辑室公布的《暂拟汉语教学语法系统》认为：“词类是词根据词汇・语法范畴的分类，具体些说，就是词类是根据词的意义和词的语法特点来划分的。”这是对“词汇・语法范畴”这一概念的误解。当时的苏联学者提出“词汇・语法范畴”是说明词类的性质，认为词类有意义基础。当时苏联语法学者讨论词类的性质，先是限于俄语，后来扩大到许多语言，即由个别语言扩大到普遍原理的认定，认为任何语言的词类都有意义基础，“词汇・语法范畴”并非另立分类的标准。俄语形态丰富，不必根据意义对词进行分类。

然而意义与词类并非完全没有关系。“性”“数”“格”等是词类的附加类别①，它们都有客观事实的基础。语法上的“性”与生物的性别有密切的关系，“数”和“格”也都有客观事实的基础。名词、动词、形容词等是词类的基本类别，它们都有事理的基础。名词与事物有密切的关系，动词与动作行为有密切的关系，形容词与性质状态有密切的关系，等等。可以说，词的语法类别有客观的基础，词类有意义基础。因此，语法上根据功能划分出的词类，跟有时单凭意义给某些词划分的类完全一致。例如，俄语名词中的阳性和阴性，有的与天然的性别是一致的，而有的名词没有天然的性别，也归入阳性（如“词典”）或阴性（如“书”）。可见，语法的“阳性、阴性”与自然界的“阳性、阴性”还是有关系的。自然界的“阳性、阴性”是客观的，有事理的基础，语言单位的意义便属此类。因此，意义是划分词类的基础。需要注意的是，依据（基础）和标准有关系，大部分是吻合的，但并不完全一致，因此，不能根据依据（基础）来划分类别，一定要严格地按照标准来划类。

多重标准和双重标准是不可取的。如果两个标准或多个标准并无矛盾，只是概括的范围有大小之分，那么，何不采用一个标准？② 如果两个标准存在矛盾，又该如何处

① 张斌（2003：182）认为：“词类是一种关系类别，包括基本类别和附加类别，前者如通常所说的名词、动词、形容词等，后者如俄语的‘性’‘数’‘格’‘时’‘体’‘态’‘式’之类。”

② 根据需要，根据条件，采用概括范围最大的，或概括范围最小的标准。

理？这都是必须思考的理论问题。结论是：无论两个标准或多个标准有无矛盾，都不可取。从形式逻辑的角度来说，划分必须遵守三条规则，第一条便是，每次划分只能使用一个标准（可以是几个特点构成的标准）（文炼、胡附，2010：64—65）。因此，在划类问题上不能采用双重标准或多重标准。由几个特点构成的标准可以叫作多项标准。张斌先生也曾指出，词类划分的标准并不是单一的①，说"能带宾语的是动词"，只不过提出判断动词的充分条件，不等于说不能带宾语的都不是动词。例如"休息、咳嗽、开刀"等都不能带宾语，但它们也都是动词。因为还另有标准，例如能接动量词等。（文炼、胡附，2010：74—75）划分动词时所采用的"能带宾语、能接动量词"等便是多项标准。② 多项标准与多重标准是不同的。

汉语语法学界经过讨论，最终确定按照最广义的形态给词分类。张斌（2003：39）指出，"最广义的形态指词与词的相互关系，也就是词的结合功能。哪些词可以同哪些词组合，从而表现出词的类别"，"所谓广义形态，指的是词在句法结构中的分布能力，或称之为功能"，"例如有一类词，前面能加数量词，表示修饰关系，但不能用副词修饰，这类词是名词"。不过，名词前面也不是都能加数量词，表示修饰关系，有一类名词是非量名词，便不能受数量成分修饰，例如"个人、旁人、世人、皇家、官方、女方、双方、笔者、当局"等。另外，名词也并非都不能用副词修饰，有些名词在符合条件的情况下可以用副词修饰，例如，"不人不鬼、很中国、很农民"等。

张斌先生强调，划分词类以功能为标准，并不否认词类有意义的基础。这一点，在心理动词的处理上可以得到很好的体现。如下面三组词：

第一组　来、吃、讨论、参加③

第二组　大、好、简要、干净

第三组　懂、怕、了解、喜欢

第一组词能带宾语，不能加"很"，根据这一功能特点，把它们归入动词类；第二组词能加"很"，不能带宾语，根据这一功能特点，把它们归入形容词类；第三组词能加"很"，能带宾语，还可以同时加"很"和带宾语，那么，是归入动词类，还是归入形容词类？或者另列一类？或者认为第三组词兼属动词和形容词？一般语法书将第三组归入动词类，主要是考虑动词的重要依据是表示动作或变化，这个依据是从意义上说的。带宾语这个标

① 词类划分的标准不单一，不是指多重标准，而是指多项标准。

② 动词的形态特点还有：前面可以和"不""会""能""敢""该"等相结合，后面可以和"了""着""过""起来""下去""过来""过去"等相结合，可以重叠，等等。

③ 为了读者更方便地阅读张斌先生的原著和更深入地理解张斌先生的思想，本文的例子尽量采用张斌先生语法著作中的例子。

准最能体现这个依据，所以，根据第三组词能带宾语的功能将其归入动词类。对这一组词的处理也能够体现词类划分中“意义是基础、功能是标准”的思想。

词在进一步划分小类或次类的时候，仍然要遵循“意义是基础，功能是标准”的划分原则。例如，方位词是名词的次类，“表示位置或方向是方位词的意义基础，附着在别的语言单位后边表示时间、处所等是方位词的功能”（文炼、胡附，2010：65—76）。“上面”“下面”“上边”“下边”等从意义上看，也表示位置或方向，但是从功能上看，它们不具有附着性，例如“桌子上面”“桌子下面”，中间可以插入“的”，变成“桌子的上面”“桌子的下面”。“桌子上面”和“桌子的上面”都是修饰关系，“上面”是中心语，中心语是独立的，不具有附着性，所以，“上面”“下面”等虽然意义上都表示位置或方向，但它们不是方位词，不能看作复合方位词①，它们只是方位名词。

广义形态还包括一种“无形态的形态”，例如“啊”“哎”“喂”“嗯”等，它们的特点是：在大多数情况下，没有和其他词结合的能力，因而在句子里常常居于结构之外，似乎没有形态。张斌先生指出：“其实，它们仍然有形态，这种形态，可以叫作‘无形态的形态’，就凭着这一特点，替它们归类。”（文炼、胡附，2010：188）

表 1　汉语划分词类的基础和标准

划分词类	基础（依据）	标准
	意义	功能

三、词与非词的划分

印欧语词的概念来源于书面语的连写方式，即分词连写的习惯。在印欧语人的心目中，连写的是词，分开写的是短语。所以，class room 是短语，class-room 是短语词，classroom② 是词，这是很明确的。因此，欧美国家的人认为划分词很容易，划分语素很困难。汉语的书面语不是分词书写，基本是分语素书写的。③ 因此，我们从语句中划分语素不难，划分词往往各行其是。

汉语词的定义是：最小的能够独立运用（自由运用）的语言单位。“独立运用”的含义是：第一，能单说，包括能单独回答问题；第二，虽然不能单说，但是在句子中抽去可以单说的词之后，剩下的又不属于词的一部分，也属独立运用。但汉语有些语言单位在有的场合能够独立运用，在另外一些场合不能独立运用（如“叶、楼、暑”等）（张斌，2003：

---

① 只有在单纯方位词前边加“以”或“之”的，才可以算作复合方位词，如“以上、以下、之上、之下”等。

② 其他例子如 earth quake，earth-quake，earthquake 和 black board，black-board，blackboard 等。

③ 张斌（2003：182）认为，一个方块代表一个汉字，很少例外。

182)，因此，词的这一定义只能是划分词的依据，而不是明确的标准。

因为词的概念是来源于印欧语的，而印欧语划分词的标准是书写形式，这一点十分明确。那么，词的形成与口语是否有关呢？词是不是口语中自然存在的语言单位呢？书面语是口语的加工形式，难道可以脱离口语而自成体系？这些问题都很值得思考。

关于汉语词与非词的划分，张斌先生“区分基础（依据）和标准”的思想也有很好的体现。张斌先生认为，划分词的基础是：词是语言的单位，是存在于口语中的语言单位；划分词的标准是：书面的连写习惯。汉语因为没有分词连写的习惯，所以在划分词的标准上与印欧语不一致，但因为划分的基础是相同的，所以在人们的心目中，对词的认识并无太大区别。就好像“春、夏、秋、冬”四季的划分，世界各地的依据是一样的，都是天体的运行和气候的变化，但是划分的标准有所不同。我国是根据农历的立春、立夏、立秋、立冬为四季的开始，西方则是以公历的春分、夏至、秋分、冬至为四季的开端。虽然标准不同，但因为依据和基础是一致的，所以世界各地的人对“春天”“spring days”的理解是相同的。语法上词的划分也是如此。

1988年国家教育委员会和国家语言文字工作委员会联合发表了《汉语拼音正词法基本规则》，这个“正词法”包括公认的词（如“人、吃、好、我、在”等），也包括规定的词（“开会、大会、打破、个个”等）和一些短语词（“八九天、中小学、第十三、叽叽喳喳”等）。这个正词法考虑了语音、语义、词形长短等因素，与语法意义上的词又不同，因此，还没有成为一个准则，没有得到普遍的认可。因此，汉语词的划分该如何操作，还有待进一步研究。

最后，张斌先生认为，“无论是从什么角度考虑词的定形，不能不承认短语词的存在。也就是说，词和短语之间有中间单位”（张斌，2003：21）。

表2 印欧语划分词与非词的基础和标准

	基础（依据）	标准
划分词与非词	口语的语言单位	书面的连写习惯 （汉语无此习惯）

表2列出印欧语区分词与非词的基础和标准，是希望能够为汉语词与非词的区分提供参考，但是，“汉语的书写形式基本上是按语素分开排列的，而拼音文字是按词分开书写的”，所以，印欧语可以将书面的连写习惯作为划分词与非词的标准，汉语却不能使用这样的标准，还要寻找另外的标准。张斌先生（2003）指出：“汉语词的划分该如何操作，还有待进一步研究。”

四、句类的划分

句类是根据用途对句子所做的分类，是句子的语气类别。一般认为句子有四种类别:陈述句、疑问句、祈使句、感叹句。这四种类别划分的基础和标准是什么？划分词类的基础是意义，标准是功能，那么，划分句类的基础是否也是意义，标准是否也是功能呢？的确有学者认为，句类是依据句子的功能划分出来的，不过，这里讲的“功能”，不是“句法功能”，不是“分布能力”，而实际上是“用途”。张斌先生指出:“作为工具，功能与用途是统一的。”(张斌，2003:184)陈述句一般用来叙述事实，疑问句一般用来提出疑问，祈使句一般用来发布命令或要求、请求、愿望等，感叹句一般用来抒发感情。但陈述句、疑问句、感叹句也可以用来表达某种要求或请求等，例如：

(1)今天风挺大的。(对坐在窗边的人说，此时窗户开着。)

(2)你觉得冷吗？(对坐在窗边的人说，此时窗户开着。)

(3)哇！好大的风啊！(对坐在窗边的人说，此时窗户开着。)

这三句分别是陈述句、疑问句和感叹句，但它们的功能不仅仅是叙述事实、提出疑问和抒发感情，而有更进一步、更深层次的希望和要求，即希望听话人把窗户关上。也就是说，陈述句、疑问句、感叹句都具有表达希望、愿望、请求的功能。可见，用途、功能并不是划分句类的标准，否则上面三个句子就都应该根据功能标准划分为祈使句了。

用途、功能是划分句类的依据，它的客观基础是:每一种句类都有它的主要用途，都有它的表达功能，而把句子分为陈述、疑问、祈使、感叹的类别，标准是语气，表现语气的主要是语调(张斌，2003:184)。

表3 汉语划分句类的基础和标准

划分句类	基础(依据)	标准
	用途、功能	语气、语调

五、复句的划分

根据分句与分句之间的关系，可以将复句划分为不同的类别。张文熊(1979)曾把分句与分句之间的关系概括为三种:逻辑关系(因果关系、假设条件关系等)、事理关系(并列关系、承接关系等)、心理关系(递进关系、转折关系等)。张斌先生指出，以上三种关系是复句分类的基本依据，不是分类的标准。例如：

(4)孩子着了凉，生病了。

这个复句的两个分句之间既有承接关系①，也有因果关系。或者说，称之为承接复句或因果复句都有一定的依据，前者是从事理方面说的，后者是从逻辑方面说的。“不

① 也可以称为连贯关系。

妨说，它表达的是一种模糊关系。”（张斌，2003：56）再看下面的例子：

(5)孩子着了凉，于是生病了。

(6)孩子着了凉，所以生病了。

例(5)因为用了“于是”，可以归入承接复句；例(6)因为用了“所以”，可以归入因果复句。可见，复句的类别是以关联词为标准的。因为有关联词，使分句间原本模糊的隐性关系显性化了，因此，也可以说，根据显性关系对复句加以归类。不过，“指明复句的显性关系，并未否定它们的隐性关系”（张斌，2003：56）。如例(5)，承接关系是显性关系，因果关系是隐性关系；而例(6)，因果关系是显性关系，承接关系是隐性关系。

上文在谈到词类划分问题时曾指出，双重标准不可取。但是双重依据却是经常采用的。张斌先生画了一个图，很好地说明了划分四种复句（因果句、假设条件句、转折句、让步句）时采取的双重依据。

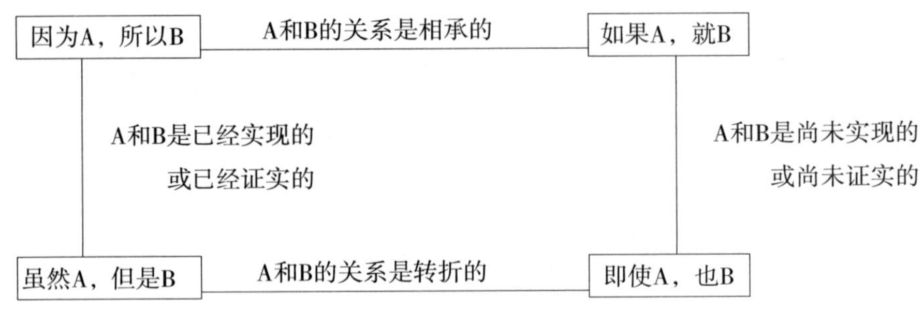

图1 划分四种复句的双重依据

在双重依据和隐性关系、显性关系的基础上，看下面的例句：

(7)有了他的帮助，事情就好办了。

在没有关联词语的情况下，两个分句之间的关系是模糊的，有多种可能，需要更大的语境来帮助理解和确定分句间的关系和复句的类型。但是，根据上面的依据（A和B的关系是相承的），我们可以加上关联词“于是”“因为……，所以……”“如果……，就……”，例如：

(8)有了她的帮助，于是事情就好办了。（承接关系）

(9)因为有了她的帮助，所以事情就好办了。（因果关系）

(10)如果有了她的帮助，事情就好办了。（假设关系）

其中，因果关系的A和B是已经实现的或已经证实的，假设关系的A和B是尚未实现的或尚未证实的。不管显性关系是因果关系还是假设关系，都隐含着承接关系，同样，承接关系也可以隐含因果关系或假设关系。但是因果关系和假设关系并不互相隐含。因为承接关系和因果关系、承接关系和假设关系是一种事理关系，而因果关系和假设关系是一种条件关系和时间关系。时间是不可逆的，已经实现不能隐含尚未实现，尚未实现也不能隐含已经实现。

虽然存在双重依据，但是在划类时，依据又可以有所侧重。以复句为例，分句间有显性关系和隐性关系，显性关系是指关联词语所表示的关系，隐性关系是指没有用关联词语表示出来的关系。隐性关系的数目大于等于显性关系，即：隐性关系 ≥ 显性关系。例如：

(11)天空出了太阳，于是地上的积雪开始融化了。

(12)因为天空出了太阳，所以地上的积雪开始融化了。

(13)天空出了太阳，地上的积雪开始融化了。

例(11)用了“于是”，当归入承接关系，但隐含因果关系；例(12)用了“因为……所以……”，当归入因果关系，但隐含承接关系；例(13)没有使用关联词，当属两可。这一组例子能够清楚地看出复句的显性关系和隐性关系。

下面举例说明分类时依据有所侧重的情况。例如“即使……也……”，有人把它归入让步复句，有人把它归入假设复句，还有人把它归入转折复句，但没有人认为它兼属假设复句和转折复句，这就是对依据有所侧重的结果。“如果认为某个单位，兼属不同的类别，从理论上说，凡属兼类必定分别属于两套不同的功能系统。属于不同的功能系统，不但分类的标准不同，分类的依据也两样。”(文炼、胡附，2010：74)把“即使……也……”归入假设复句或转折复句，便是侧重不同依据的结果。再如，“如果……就……”和“如果不……就不……”。“如果……就……”的客观依据是：说明假设情况，表示充分条件。“如果不……就不……”的客观依据是：说明假设情况，表示必要条件。二者都存在双重依据。从逻辑关系看，“如果……就……”表充分条件，“如果不……就不……”表必要条件；从事理关系看，二者都说明假设情况。根据复句划分的关联词标准，目前把二者都划入假设复句。① 但需要注意的是，否定词的有无对复句的逻辑关系产生重要的影响。是否需要将否定副词也看作关联词的组成部分，将之看作否定关联，还可以进一步研究，如果认为存在否定关联，那么“如果……就……”和“如果不……就不……”就应该分属不同的复句类型，前者是假设复句(充分条件复句)，后者是条件复句(必要条件复句)。

表 4　汉语划分复句的基础和标准

	基础(依据)	标准
划分复句	逻辑关系 事理关系 心理关系	关联词语

① 并不是因为侧重事理关系依据，而是按照关联词标准。

六、结语

张斌先生十分重视分类问题，提出的分类要“区分基础（依据）和标准”的思想在汉语的很多分类问题上都得到了很好的应用和体现，使分类更加合理和清晰。张斌先生特别强调了以下几点。

6.1 分类基础和分类标准的关系

张斌先生强调，在分类时，要区分基础和标准。一方面，根据分类的基础可以大体了解语言单位的类别，另一方面基础和标准又不能完全吻合，因此，有必要指明它们之间的差异。例如，词的划分标准是书写形式，即分词连写的习惯。但这并不等于说，词的形成与口语无关。口语是书面语的基础，根据口语划分出的词与书面形式也基本一致。虽然如此，基础还是不等于标准，根据客观基础划分语言单位，虽属可行，但有局限。

另外，各种语法类别的基础和确定类的标准之间的联系并不完全相同，有的联系密切，有的联系宽松。词与非词的划分，基础是口语，标准是书面语，但根据口语划分出的词与书面形式基本一致，这里的基础和标准之间的联系是密切的。句类的划分，用途是基础，语气、语调是标准，但不同的语气却可以表示相同的用途，陈述语气、疑问语气、祈使语气、感叹语气都可以表达祈使的功能（用途），这里的基础和标准之间的联系就不那么密切，而比较宽松了。

6.2 分类的理想状态——穷尽

从理论上讲，划分应该做到穷尽，但实际上语言单位的划分还没有达到理论上的完美境界。例如，词类的划分就还没有完全达到这个要求。“有少数词很难归入目前公认的类别，例如‘万岁’‘在望’‘在即’。补救的办法是对这些词加以描写，说明它们的功能，不必硬塞进现有的类。”（文炼、胡附，2010：66）词与非词的划分因为是二分，可以做到穷尽，但虽然能够做到穷尽，却不能划分得很清楚，有一些单位到底是词还是语素不好确定。因为 1988 年公布的《汉语拼音正词法基本规则》使用了多重标准①，没有很好地解决词与非词的划分问题，因此这个“正词法”方案并未深入人心，影响不大，还有待修订。

---

① 同时考虑语音、语义、词形长短等因素，这些不是单一标准下的不同特点，而是不同的标准。

6.3 类与类之间的中间现象

语言系统是开放的，开放性系统的特点之一是可能存在中间现象，这个中间现象是从语言发展的角度观察到的，也要从语言发展的角度来阐明。例如，词和短语之间存在中间现象，可以称为短语词。① 词类系统中也存在中间现象，例如方位词、趋向动词，它们都带有虚词性，从独立使用演变为起附着作用，有些还读轻声。张斌先生把它们看作附类，方位词是名词的附类，趋向动词是动词的附类，它们处在虚化的过程中，但还没有完全虚化，是实词与虚词的中间现象。

6.4 定义与定界

词类问题目前已经有了比较一致的看法，不过在具体划分的操作上，还有模糊之处。张斌先生的一个提法非常精妙，他认为："给各类词一个恰当的定义是很困难的，如果着眼于形态，把形态归纳起来，给各类词定出一个界限，不只有它的实用价值，就是久悬未决的词类的区分问题，也可以迎刃而解了。"这个思想是张斌先生(1954)很早提出的，不过到现在学界重视得还不够②，在此再次提出，希望能够引起学术界的思考和重视。

参考文献

北京大学中文系现代汉语教研室(1993)《现代汉语》，商务印书馆。
德拉贡诺夫(1958)《现代汉语语法研究》，郑祖庆译，北京科学出版社。
高名凯(1952)汉语的语词，《语文学习》3月号。
国家教育委员会和国家语言文字工作委员会(1988)汉语拼音正词法基本规则，《语文建设》第4期。
胡裕树主编(1995)《现代汉语》，上海教育出版社。
黄伯荣、廖序东主编(1991)《现代汉语》增订第3版，高等教育出版社。
黎锦熙(1924)《新著国语文法》，商务印书馆。
陆俭明(2003)《现代汉语语法研究教程》，北京大学出版社。
吕叔湘(1942)《中国文法要略》，商务印书馆。
马建忠(1898)《马氏文通》，商务印书馆。
齐沪扬主编(2007)《现代汉语》，商务印书馆。
人民教育出版社中学语文室(1984)《中学教学语法系统提要》，人民教育出版社。
王　力(1943)《中国现代语法》，商务印书馆。

---

① class-room 就可以看作短语词，随着语言的发展，它经历了从 class room 到 class-room，再到 classroom 的发展过程，这是语言发展演变的结果。class room 是短语，classroom 是词，class-room 便是中间现象、中间状态。

② 袁毓林(1995)提出"词类范畴的家族相似性"，认为属于同一词类的各个词在语法性质上有程度不同的相似性，其中有些词在分布上有较多的相似性，它们成为这一类词的典型成员。虽然提法不同，但与张斌先生的思想有一致之处。

文　炼、胡　附(2010)《文炼胡附语言学论文集》,商务印书馆。
袁毓林(1995)词类范畴的家族相似性,《中国社会科学》第1期。
张　斌(1954)谈词的分类,《中国语文》第2、3期。
张　斌(2003)《汉语语法学》,上海教育出版社。
张　斌主编(1988)《现代汉语》,中国广播电视大学出版社。
张文熊(1979)现代汉语复合句的逻辑分析,《全国逻辑讨论会论文选集》,中国社会科学出版社。
张志公等编(1956)《语法和语法教学——介绍"暂拟汉语教学语法系统"》,人民教育出版社。
赵元任(1979)《北京口语语法》,吕叔湘译,商务印书馆。
中国科学院语言研究所语法小组(1952)语法讲话,《中国语文》8月号。
朱德熙(1982)《语法讲义》,商务印书馆。

(200234　上海,上海师范大学对外汉语学院)

“吧”的缓和功能及其实现*

汪敏锋

摘　要:语气词“吧”是实现缓和功能的重要手段,具有两方面的语用功能:顺利实现交际互动的有效性和调节话语主体间人际关系。“吧”缓和的是话语的“贬损性”“说教性”“反驳性”“自我性”“驱使性”等。在语境中,主要通过三个维度来实现:语流及话语节奏的停延和舒缓控制;话语“决断权”的转让以及通过“假商榷”的形式增添话语的礼貌度,实现交互主观性。“吧”在与语境和命题内容的互动中可以有效地实现话语和人际距离的调控与管理,缓和功能是“吧”的元话语用法。

关键词:语气词;“吧”;缓和功能;可商榷性

〇、引言

语气词“吧”在互动话语中具有多功能性,可分布于句中、句末,亦能用于陈述句、祈使句和疑问句,虽然学界对其功能格局看法不尽一致,但普遍认为“吧”具有“缓和”功能。对此,学界有三种观点:一种认为“缓和”为“吧”的原型意义,其他意义是由原型意义派生而来的(胡明扬,1988;卢英顺,2007;屈承熹,2008 等);一种将“缓和”视为“吧”的唯一功能(刘月华,2002:424);还有一种是认为“吧”在陈述句中有“揣度”功能、疑问句中有“求证”功能,“缓和”是与之平行的另一种主要功能等(张谊生,2000:268)。这些研究有不少可取之处,但也存在一些问题:

第一,对“缓和”“和缓”“舒缓”不做区分,存在混用现象;

第二,虽然各家都认同“吧”具有“缓和”功能,但“缓和”的到底是什么?什么情况下需要选用“吧”来“缓和”?在具体语言实践中也只能凭语感,这对汉语教学也缺乏实质

* 本研究为中国博士后第 63 批面上基金项目(项目编号:2018M631407)、福建省社科规划基金项目(项目编号:FJ2017C090)、北京语言大学校级一般项目(中央高校基本科研业务费专项资金)的阶段性成果之一。本文曾在第 19 次现代汉语语法学研讨会(2016,温州)上宣读,与会专家提出了宝贵意见;匿名评审专家和编辑部也提出了中肯的修改意见;在修改中,又承蒙陆俭明、崔希亮、卢福波等先生的指导,特此一并谨致谢忱。

帮助。

第三，在互动会话中“吧”的“缓和”功能是如何实现的，有哪些方式？

这些问题从已有的研究中难以找到答案。我们认为“吧”的缓和功能是其“弱传信”这一原型意义在语境中功能扩展的结果，其间语义关联性强。不过，“吧”的多功能格局我们将另文讨论，本文主要深入探讨“吧”的“缓和”功能及其实现维度。

一、“缓和”与“舒缓”“和缓”

在研究语气词“吧”的成果中，常常提到“舒缓”和“和缓”“缓和”等概念。刘月华(2002)则同时使用了“缓和”和“舒缓”，指出语气词“吧”“啊”“吗”“呢”的主要功能都是舒缓句子的语气，“吧”用于句中提顿，作用是缓和语气。似乎“缓和”“和缓”“舒缓”意思相近，功能相同。我们认为这三个概念存在明显的差异，在分析语气功能时，应做出明确的区分。“舒缓”和“和缓”意义相近，都是对节奏缓慢、气徐声柔的说话方式的描述，相对于“急促”“生硬”的话语方式，我们将其纳入“话语方式域”；而“缓和”(mitigation)为通过对互动交际中某一参数值的弱化来降低对他人面子的威胁程度(Caffi，1999、2007)，也是降低人际冲突，构建和谐关系的语用策略(冉永平，2012)，体现的是语言的人际语用功能，我们将其纳入“人际域”。缓和功能表达的是非命题意义、程序性意义(procedural meaning)。所以，“舒缓”“和缓”“缓和”在语言功能中分别作用于不同维度，不能混淆。同时也须指出，一种表达有可能同时从多个维度影响表达效果，例如句中“吧”，在冲突性话语中，一方面可以避免交际主体的话语方式“急促”“生硬”，另一方面又缓和了人际关系。语气的舒缓、和缓有利于人际冲突的缓和。

(1)他们那个团队个个都很精干，就说小李[吧]，他现在一个人能干三个人的活儿。①

(2)她[吧]，就跟一村姑似的。

例(1)前后句之间是说明与被说明的关系，通过举例进一步论证前句观点。句中“吧”的取舍并不影响命题意义，增添语气词“吧”可以舒缓话语节奏，增强话语轻松随意的语气。而例(2)通过句中“吧”的停延，在话语方式域将连续的话语切断，放缓了话语节奏，同时在人际域也“缓冲”了后续“贬损性”话语对听者面子的冲击，具有缓和功能。

在话语交际中，语气词“吧”是实现缓和功能的重要手段，具有两方面的语用功能：顺利实现交际互动的有效性(interactional efficiency)，调节话语主体间人际关系。Caf-

① 语料出自北京大学CCL语料库，出处不另做说明。

fi(1999)、冉永平(2004)在详细分析"吧"的语用推进功能时,也明确指出"吧"是一种"缓和标记语"(mitigation marker)。足见,相对于"舒缓""和缓","吧"的缓和功能更为显豁。

二、句中"吧"的缓和功能

朱德熙(1982)指出,句中语气词有两个作用:一是表示提顿,二是表示语气。而方梅(1994)从篇章功能角度将句中语气词"吧"视为没有语气意义的纯主位标记,徐烈炯、刘丹青(2007)则认为是没有语气意义的专用话语标记,但是有些"吧"前语言成分如"我们从小吧,……"就很难进入主位或话题的范围。可见,对"吧"前成分的定性暂时还很难有一致的意见,但是对句中语气词表示提顿这项功能却无异议。可能正因为此,目前学界只重视提顿前的语言成分,而普遍忽略"吧"后的语言成分。这样会客观地造成"吧"前后成分在句法语义上的脱离,不利于我们全面正确地把握句中语气词"吧"的使用特点及功能。考察句中"吧"的后续话语将有利于揭示句中"吧"的缓和功能。在话语交际中,话语的性质有时可以根据"吧"前语言成分的语义类型来判定,如"像他这种人吧,以后没有什么好结果"。句中"吧"前成分"像他这种人"是表示消极意义的语言片段,预示着后续话语的负面性质。但是根据语料,这种具有预示后续话语性质的前成分较少,更多的要结合具体语境分析后续话语的语义类型。根据我们对 CCL 语料库的考察,结合后续话语的语义类型,发现句中"吧"缓和的主要有话语的"贬损性""说教性""反驳性""自我性"等四个方面。

2.1　缓和话语的贬损性

贬损性话语承载的往往是负面信息,负面信息对交际主体面子的威胁有两类:一类是对听者面子的威胁,一类是对言者自我形象的威胁。句中"吧"可以缓和话语的贬损性。

A. 缓和负面信息对听者面子的冲击。

(3)看你那个照片照得[吧],乱七八糟的。

(4)你弟这个人[吧],平时性子软,看起来挺好说话的,可一旦决定了什么,没有人能撼动。

例(3)"吧"的后续话语"乱七八糟"为补语,是对听者照相技术的否定,例(4)中"吧"的后续话语"性子软"是对"他弟这个人"性格的负面评价,如果将"吧"去掉,命题内容虽没有发生变化,但是示意语力比较直接,言者的观点和立场比较绝对,损害了听者的面子,不利于话语的接受和人际关系的建立,但是通过句中语气词"吧"的停延,可以缓和后续话语的负面冲击,提高命题的可接受性。

B. 缓和负面信息对言者"自我"形象的冲击。

(5)这脚不能动弹不能着地，有个两三次，这个我痛风[吧]犯了，我就慢慢地下楼。

(6)刘书友：我那儿有一条被子[吧]，那个面儿稍微旧了点儿。

在访谈节目中，受访者为向受众塑造呈现一个正面的社会形象，往往采用一定的语言手段隐藏、弱化自我的不幸。例(5)的受访者通过句中"吧"这一语言手段将自我"不幸"的严重性进行弱化，以维护自我的语境形象。Lakoff(1989)指出，交际的目标之一就是建立并传递自己的良好形象，即建构自己所期望的身份。句中"吧"具有缓和"不如意"的程度，将涉事程度往"小"里说的功能，维护的是言者的正面形象。此时，后续话语不能出现增强"不如意"程度的相关言语成分，例如：

(5') * 这个脚不能动弹不能着地，有个两三次，这个我痛风[吧]犯了，痛得让人真要命。

还有一种可能，就是有时候言者需要夸大信息的"不如意"程度，以博取听者的同情。到底采取哪种策略，需要言者根据交际意图选择相关语言成分来调控语境资源，引导言者的认知，使其与自己的意图保持协调，取得相应语境效果。如果要博取同情，此时一般不能使用具有缓和功能的句中语气词"吧"，而应选用具有增强情感的语气词"啊"，例如：

(5")这个脚不能动弹不能着地，有个两三次，我这个痛风【啊】犯了，痛得真要命。

例(6)"吧"的后续话语是言者对"被子"的负面评价，认为"面儿旧了点儿"不太适合捐赠。根据社会规约和话语原则，"捐赠"的物品不能是无用之物，但是例(6)违反这一社会规约，威胁言者的自我形象，此时选用"吧"提顿则有利于塑造、维护"自我"的正面形象。

在话语交际中提及他人或自我的隐私被视为对当事人的一种冒犯，会引起当事人的不满，属于贬损性话语行为，个人隐私信息也属于负面信息。例如：

(7)孩子那时候都八岁了，没离过北京，我跟您讲[吧]，我都没有出过北京市！

(8)姑娘，我猜，你的年龄[吧]估计不止 30 岁。

例(7)"吧"的后续话语"我都没有出过北京市"是听者没有想到同时也是言者很少提及且不愿别人知道的隐私。例(8)"吧"的后续话语涉及女性的年龄隐私，交际对象是陌生人时，一般女性是不愿别人问及个人年龄问题，否则会引起交际紧张。"吧"体现了言者的缓和意图。

2.2 缓和说教的冲击

话语交际中，在向听者讲道理、说事理时，言者的话语意图是希冀对方能够认可接受。但是,说教常常预设听者不明或违反该事理,有教育对方的意味,会引起对方的不悦,威胁到对方的面子,不利于话语的接受和言者话语意图的实现。此时,选用"吧"就能缓和说教的冲击。

(9)现在,面对尖锐的问题,习惯性的忽悠就随它过去,不然你要我怎样?做人[吧],真不用较真。哈哈,熊姐新年快乐。

(10)你作为一名人民教师[吧],就该为人师表,既要授业又要传道。

例(9)(10)是对"如何做人""如何做教师"的说教。在句法上,"吧"不能和高值情态成分"一定""必须"等共现。但是,去掉"吧"以后,不仅话语的说教程度增强,而且还可以和高值情态成分共现。如:

(9')现在,面对尖锐的问题,习惯性的忽悠就随它过去,不然你要我怎样?做人 ф,一定不能较真。哈哈,熊姐新年快乐。

(10')你作为一名老师 ф,就必须为人师表,授业又要传道。

例如(9')(10')可以和高值情态成分"一定""必须"等选配。在述说道理、规律时,"吧"后成分从句法上看多是状态谓语①,没有"着、了、过"等时体范畴。有时表面上语义表达的是"积极意义",实则表达言者的批评、指责、要求等负面信息。如例(10)"为人师表,授业又要传道"在语境中会被解读为"言者对听者的要求或指责"等,而且"吧"前第二人称显性出现,增强了话语被负面解读的力度和针对性(方梅,2017;汪敏锋,2018)。"吧"前成分为具有类指(generic)功能的体词性成分,如:

(11)a. 学生[吧],就该好好学习。

b. #这位学生[吧],就该好好学习。

c. *学生[吧],正在好好学习。

(12)a. 这熊猫[吧],都爱吃竹子。

b. #这只熊猫[吧],爱吃竹子。

c. *这熊猫[吧],吃了竹子。

d. 这种熊猫[吧],都爱吃竹子。

在体词性成分前添加数量以后就不是讲述一般道理,如例(11)b、(12)b,但是指类量词例外,如例(12)d。如果将"吧"后成分改成事件谓语,那么句子就不成立。如例(11)c、例(12)c。

---

① 根据 Pustejovsky(1995:15)的研究,谓语可以分为两类:一类是表状态的,属于"个体平面"(individual-level);另一类表事件,属于"阶段平面"(stage-level)。表现在句法上,"个体平面"的谓语没有时体范畴,不能和时体标志如动态助词等连用,但常与情态范畴共现,而"阶段平面"的谓语有时体范畴,可以和时体标志连用,不和情态范畴共现。刘丹青(2002)分别译为"状态谓语"和"事件谓语"。

2.3 缓和反驳话语的冲击

(13)编辑部：咱们这么说，你这东西是好东西，可对我刊来说太长了。

作者：我觉得我们办刊物[吧]，编辑方针应该很灵活的。有话则长，无话则短，别先把自己限制死了。

(14)正在这时候，组长来了，看到情况，很温和地说："你这个情况，我们也没想到，我们也感到抱歉。但你听我说，你随便去哪里问好了，这肯定不是事故。……你母亲这个情况[吧]，只能叫意外。我们没有疏忽的地方，也没有要害她的故意，情况就是不巧，怎么办呢？"

(15)员工 A：老板刚才批评我，有点过分，是堵车，又不是我故意迟到的。

员工 B：这件事[吧]，你有你的道理，老板有老板的理由。

例(13)中作者希望自己的长篇作品能够刊发，"吧"的后续话语是作者对办刊物的认知，觉得办刊物作品可长可短，但这与前文编辑部的意见不一致。例(14)言语情景是听者的母亲在手术中出现了医疗意外，听者认为这是医疗事故，这从上文"这肯定不是事故"的预设中可以得知，但是从"吧"的后续话语可以看出，言者则认为是"意外"，可见，"吧"的后续话语与听者的认知不符。例(15)的情景是"员工 A"在向"员工 B"诉苦，"员工 B"则根据事实做出客观的评说，并没有采取情感趋同的移情策略，既不表态老板不该批评听者，也不表态听者迟到有错，而是采取中庸之道表示中立。语言形式上"吧"的缓和功能主要表现为语篇前后相应命题意义的不一致上。

2.4 缓和"自我"表达的力度

当代语言学研究的一个核心思想是话语中任何语言成分都是言者根据交际语境和目的加以选择的结果，都会体现言者立场、认识、态度或话语策略。从这层意义上来说，主观性不是一个涉及语言表达内容的概念，而是涉及语言使用的概念(De Smet & Verstraete，2006：370；赵秀凤，2010)。在话语交际中，言者在表达自我认识时，体现的是对"自我"的关注，"自我"表达的主观性比较强，但是通过句中"吧"的选用，可以弱化自我表达，转让部分话语的决定权，增强"自我"表达的可商榷性，体现对听者的认知状态或社会形象的关注，即突显交互主观性(intersubjectivity)，从而推进促成言者的自我表达被听者识解和接收的语境效果。

(16)"我知道。他的故事多有名啊！报纸上都登过相关的报道。所以这里一有事情，我们就赶紧去叫他。不过，我觉得[吧]，大家都别抱太大希望。……"

(17)主持人：吃口西瓜吧我建议你。刚才我们看到的，都是实心的东西。能不能整个透明的东西让我们大伙看一看?

嘉宾:那我这样[吧],谁有喝水的,借一个,里边还有水没喝完,你把它喝完。清楚一点,来,拿着。借我一个手机,主持人你有吗?

例(16)是言者的"推论""判断",如果将"吧"去掉,表达的是与听者认知相反的自我观点和认识,自我表达的主观性比较强,"吧"的停延起到了削弱"自我"、突显交互主观性的作用。例(17)是言者的"决定",如果将"这样吧"变成"这样",那么"决定"的示意语力增强,体现了言者较强的主观性,而句中"吧"软化了言者"决定"的绝对性,模糊了"决定"的肯定力,具有商量的语气。

需要指出的是,在话语交际中,"吧"后的话语成分并不一定必须出现[①]。共有三种情况:不便或不想说出,寻求对方反馈信息,思考不成熟(汪敏锋,2016)。其中"不便或不想说出"时,"吧"也承载缓和功能,例如:

(18)窦文涛:你说这玩意,我承认是信息不对等,或者说学术门槛是很高的。但是……我是觉得这是不是也说明,咱们中国这两年闹得[吧]。

李菁:大家谁都不需要了。

窦文涛:学术尊严没有了。我想欧美国家也不外乎这样,普通老百姓哪懂,但是基本上人家这个权威尊严在,一般来说,一个你们学术界的人认为是这样,老百姓也就是相信了。

这时,"吧"位于述语和补语中间,鉴于补语部分的负面性,言者在第一个话轮中并没有说出。

通过对句中"吧"的考察可以看出,句中"吧"有两个方面的语用效果:一方面,缓和话语的贬损性,降低言语行为给对方面子的威胁力度,弱化"自我"表达的肯定力等;另一方面,还可以通过句中"吧"将涉事程度往"小"里说,维护言者"自我""谦虚""坚强""礼貌"等正面形象。可见,言者选用句中"吧"的意图是为了顺应语境关系,在互动交际中降低话语的示意语力,以构建不同语用身份。

三、句末"吧"的缓和功能

句末"吧"主要在祈使句中起缓和语气的作用,这一点是学界共识。一般认为"吧"

---

① Wu(2004:43)从话语分析的角度根据语气词在话轮中的位置将这类位于未完成话轮结构单位后的语气词(non-turn-constructional-unit)也视为句末语气词,这与本文从句子角度的分类不同。所谓"未完成话轮结构单位"指的是在话轮交替给听者过程中,有关的还未完成的话语。例如"实际上啊,……""他帮忙'install'啊、'setup'那些东西啊……"。

的“弱传信”可以削弱祈使句的肯定语气①或降低句子“信”的程度(邵敬敏,2014:56),“吧”缓和的是“肯定语气”(屈承熹,2006;陈颖,2009;周士宏,2009)。卢英顺(2007)指出:“‘吧’在不同句类中的语法意义并没有变,含‘吧’不同句类之间的意义差别是由特定的句类和‘吧’共同造成的。”他认为“吧”的语法意义是“‘降低’或者‘削弱’语气的作用,其种种复杂用法都是从这一意义派生的结果”。我们同意卢英顺这一结合其他语气成分(侧重句类)综合分析“吧”语气意义的研究思路。一般来说,句子内部的语言成分,如语气副词、情态动词、轻重音、句调、句子构式义等都会对语气表达产生影响,和“吧”一道形成合力,共同决定着言语行为的性质。例如“你走吧”,在不同的心理语境中具有不同的理解。

(19)a. 你走[吧],再不走我用棍子打了。(降调,急促,动词有驱使性,表命令)

b. 你走[吧],一会儿我爸爸回来就惨了。(降调,平缓,动词驱使性不强,表请求)

c. 你走[吧],火车快要开了。(降调,平缓,表催促)

可以看出,“吧”和语境存在互动,其“缓和功能”是在一定语境中整合句末语调、语流、语速等多种手段而成的。“吧”的缓和功能是语境化的,语境条件制约着“缓和功能”的语境效果。从人际功能来看,由于祈使句的命题内容具有施为性,对听者具有较强的驱使性,会威胁到听者的面子,但是通过“吧”的“弱传信”,可以削弱祈使句的肯定语气,降低批评或指责对方的力度,增强话语的可商榷性(冉永平,2004),给予听者以决断权,从而达到缓和人际关系的目的,“吧”所“缓和”的,与其说是“肯定语气”,不如说是“人际距离”或“不和谐的人际关系”。“吧”的缓和功能是“吧”的元话语用法。例如:

(20)芬儿,你躺躺去[吧],天快亮了,等明儿个跟杨小姐再商量!

(21)乐民,你忙去[吧],过十分钟,把栗师长请过来。

(22)“哥哥,我看还是回去吧,啊?哥哥,还是回去吧!”弟弟的纠缠,使青年司机有点束手无策。快点[吧],火车马上要开了。

(23)“你给我下车[吧],”那个人嚷着,用力拉他,想把他从栏杆上拖下来。

(24)主任就说了句:“你给我滚[吧]!”我们三个面面相觑。老二咬牙切齿地指老大脖子说:“你这个叛徒,只要有你在,我注定只有失败没有成功!”

以上用例中“吧”都用于祈使句中表示“缓和”,但是存在一些细微的差异:添加“吧”以后,有的话语语气类别虽没有发生变化,但言语行为的性质发生了转向。如例(20)(21)添加“吧”后,祈使句由“命令”转向为“建议”,例(22)由“命令”转向为“催促”。有的话语性质没有变化,但增添了额外的信息量,如例(23)(24)带有命令标记“给我”,言者

① 陆俭明(1984)认为“吧”表示的是一种“信疑之间的语气”。

的"态度强硬、语气坚决、毋庸置疑"(赵春利、孙丽,2015),但仍然可以选用"吧",此时,祈使句还是表示"命令",其话语类别和性质并没有发生变化,"吧"的选用只是硬性地增添了"缓和"的语效。

郭继懋等(2002)在分析祈使句中"吧"的意义功能时,指出"祈使句中'吧'突显'具备适宜条件(felicity conditions)',不突显说话人的个人意志,不带'吧'的祈使句突显说话人的个人意志,不突显'具备适宜条件'"。并据此系统分析了祈使句中"吧"的语用功能。实际上,"突出适宜条件,不突显个人意志"体现的是言者的听者视角,言者关注到言谈事件实施的客观条件性,从而降低对听者的支配性,给予听者一定的选择空间,其本质也是降低、缓和话语的驱使性,"吧"的使用属于一种"礼貌补救策略",而"突出说话人的个人意志"则体现了话语的驱使性。从这个角度看,祈使句中"吧""突显适宜条件""不突显说话人的个人意志"和缓和话语的驱使性是一致的。

四、缓和功能的实现

在语境中,"吧"的人际缓和功能主要通过三个维度来实现:语流上的停延以放缓话语节奏;话语"决断权"的转让;通过"假商榷"的形式增添话语的礼貌度,实现交互主观性。

4.1 语流上的停延舒缓

上文已经提到,在互动话语中,句中"吧"的舒缓也可以缓和后续话语的负面性,言者通过语流上的停延塑造轻松随意的语言风格,为负面性话语的接受创造条件。有时,"吧"的舒缓和语流上的增音还能外显言者思索、为难的心理过程,例如:

(25)没办法,人家是 VIP,你去说[吧],病人妈妈正哭得死去活来,任何一句不恰当的话都有可能招来老拳;你不说[吧],病房走廊探出许多脑袋看着咱们,这一层楼热闹得都像七浦路了。

例(25)中,"吧"所在话语是个对现状进行描述的假设性复句。对"探视者过多"是"说"还是"不说",根据病人 VIP 身份及自身的地位难以选择,这是言者当时客观的心理状态,在特定语境下具有现实普遍性。这些时空成分和假设性条件小句表明"吧"后话语成分所表事件或命题是在其所设置的框架内有效。① 一般认为例(25)中的"吧"表

① Gadse(1999)将话题分为关涉话题(aboutness topic)和框架设置话题(frame-setting topic)。认为"位于句首或句子前部的表示时空、个体甚至假设条件的名词性成分或介词短语、条件小句,都有框架话题的性质,并认为这类话题是 IP 之外的,句法位置更加外在,与述题的语义关系也就可以更加松散"(刘丹青,2008:248)。

示“左右为难”或“犹豫不决”。但我们认为这并不是“吧”赋予的意义，因为删除“吧”，“左右为难”或“犹豫不决”的情态仍然存在。“吧”的功能是通过语流上的停延增音，突显“左右为难”的心理状态，以便在话语交际中引起听者的情感趋同(emotional convergence)，获取语用移情，从而促使缓和功能的实现。

4.2 话语“决断权”的转让度

语气词“吧”所在命题的信度，从言者的视角看，与命题“择定与否”密切相关。在言者认知中为“已择定”的命题信度高，“未择定”的命题信度低。在话语交际中，命题信度又体现了言者话语决断权的转让度，信度越高，“决断权”转让度低。命题为“已择定”的，言者“决断权”的转让度为零；命题为“未择定”的，言者“决断权”的转让度存在量幅变化。在话语交际中，祈使句是言者期望、指使听者执行某种行为，体现了言者的行事用意，往往会违反Spencer-Oatey(2008)“和谐管理模式”中的“自主—控制原则”(autonomy-control)，剥夺了听者的“自主决断权”，不利于和谐关系的建立。但言者可以通过“吧”“弱传信”的原型意义来弱化命题信度，给予听者一定的“决断权”，以构建、维护和谐的人际关系。如上例(21)(22)“吧”通过“弱传信”可以将话语性质从“命令”缓和到“建议”或“催促”。结合祈使句的言语行为类型，言者话语“决断权”的转让度呈现的序列为：

命令 < 催促 < 建议 < 请求（“<”表示“高于”）

言者的“决断权”最大　　听者的“决断权”最大

图1 言者话语“决断权”转让度序列

实际上，在话语交际中，“决断权”的转让是交际主体根据交际需要互相博弈的结果，其中言者占有主导权，言者通过“吧”来实现“决断权”的调配，以缓和人际距离，越往右听者决断权的空间就越大，缓和功能也越明显，往左则相反。句中“吧”缓和“自我”表达的肯定力也是通过“吧”的“弱传信”来弱化命题信度加以实现的。

4.3 “假商榷”与礼貌度

冉永平(2004)认为“吧”“在总体上可避免直接表达某一观点或思想，增加言谈内容的可商榷性与可接受性”。“‘吧’所选择的祈使句表达了说话者对行为执行与否的可商榷性”(赵春利、孙丽，2015)。我们认为“可商榷性”可以分为两类：一类是和听者商榷的内容“未择定”，言者还不确定，在互动交际中需要听者给予证实或回应，属于“真商榷”，例如上文的“请求”“建议”等，“吧”通过弱化命题的信度，提高言者话语“决断权”的转让度来实现"人际缓和"。Holmes(1984)认为,话语缓和体现了说话人的两种态度:一为话语命题态度,二为他对听话人的情感态度。言者选用"吧"是为了通过对命题内容的态度间接地表达对交际对象的态度,礼貌度较高。这类情况学界已有关注,如赵春利、孙丽(2015)曾指出:"'吧'具有较强的命题信息未定而主观情态求定的意向。"还有一类被学界所忽视,那就是在言者的认知中,商榷的内容是"已择定","吧"的"可商榷性"纯基于人际关系的考量,"吧"其实并没有改变命题的信度。例如"命令""催促""提醒""寒暄""客套"等,我们将之视为形式上的"假商榷"。如上例(23)(24),言者并没有和听者"商榷"的意图,而恰恰是要求听者执行"下车""滚"等具体行为,"吧"的选用不能改变命题的肯定力度。言者选用"吧"是通过形式上的"假商榷"来表达对听者面子的关注,硬性增添话语的礼貌度,具有较强的交互主观性,此时,人际功能最为明显。其实,在陈述句中也有类似的现象①,如:

(26)秘书:董事长,明天下午四点您要见外宾[吧]?

(27)员工:老板,今天要发工资了[吧]。

例(26)言者明明确切地知道"董事长明天下午四点要见外宾",例(27)"今天发工资"对于言者来说是"已定"的确切信息,不存在"商议"的空间,但言者却故意选用"吧"的"假商议"的形式来行使"提醒"对方的功能。在这种交际主体权势不平衡的语境模式中,结合中式礼貌的文化内涵,"吧"的选用可以增添话语的礼貌度,在维护高权势者社会形象的同时,也构建和谐的"高权势者—低权势者"之间的人际关系,"吧"的功能是人际性的。这样,我们可以将"吧"的"可商榷性"和缓和功能之间的关系总结如表1。

表1 "吧"的"可商榷性"与缓和功能

"吧"的功能参数	商榷类型	命题性质	缓和机制	语用功能	话语性质	礼貌度
可商榷性	真商榷	未择定	弱化命题信度	对命题的态度、人际功能	建议、请求等	增添礼貌度
	假商榷	已择定	形式上对听者面子的关注	对交际对象的态度,人际功能	命令、催促、提醒、寒暄、客套等	增添礼貌度

综上所述,影响"吧"缓和功能的因素有:互动的语境关系、话语"决断权"的转让度、命题的性质、话语的性质以及对听者的关注等。通过"吧"可以有效地调控、管理话语和人际关系,"吧"的选用存在语用理据。具体来说,贬损话语、说教话语和反驳话语,命令、催促、提醒等言语其命题内容的肯定力较强,命题内容是言者已有择定的信息,和对

① 赵春利、孙丽(2015)指出:"从语义兼容的角度说明,'吧'在陈述句中的语义是说话者对未定命题信息的主观揣测而非明知。"这与我们的观察有些出入,在动态的互动话语中"吧"在陈述句中并非全都表示"说话者"的"揣测"或"非明知",也存在大量"明知故问""明知故说"的情况,如例(26)(27)。

方可商量性的空间较小,“吧”所承载的缓和的人际意图最明显,此时体现的是“吧”和语境(人际距离、权势地位等)的互动,而“言者‘自我’”“建议”“请求”等表达的命题内容和听者可商榷性较强,言者对命题内容还只是倾向性看法,还不太肯定、把握性不高,“言者使用‘吧’是为了突显言者对自己所提出的命题是否为真没有把握”(郭继懋等,2002),“吧”除了可以弱化表达的力度、缓和人际距离外,还有较强的“可商榷性”,此时体现的不仅是和语境的互动,也有和命题内容的互动。图示如下:

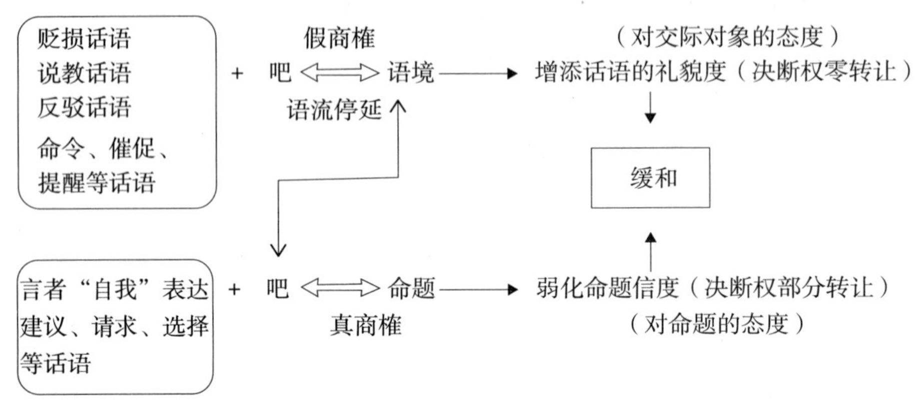

图 2　“吧”缓和功能的实现

在汉语二语教学中,应从中式礼貌原则的角度,设置语言场景,具体引导学习者把握“吧”在话语交际中的“缓和”功能,明确“吧”缓和的是话语的“贬损性”“说教性”“反驳性”“自我性”以及“驱使性”等,促使学生根据语境条件准确习得“吧”“缓和”人际性的本质,从而将“吧”的教学点落实在“吧”的语用能力上。

参考文献

陈　颖(2009)《现代汉语传信范畴研究》,中国社会科学出版社。

方　梅(1994)北京话句中语气词的功能研究,《中国语文》第 2 期。

方　梅(2017)负面评价表达的规约化,《中国语文》第 2 期。

郭继懋等(2002)表祈使时带“吧”与不带“吧”的差异,载郭继懋、郑天刚主编《似同实异——汉语近义表达方式的认知语用分析》,中国社会科学出版社。

胡明扬(1988)语气助词的语气意义,《汉语学习》第 6 期。

刘丹青(2002)汉语类指成分的语义属性和句法属性,《中国语文》第 5 期。

刘丹青(2008)《语法调查研究手册》,上海教育出版社。

刘月华等(2002)《实用现代汉语语法》(增订本),商务印书馆。

卢英顺(2007)“吧”的语法意义再探,《世界汉语教学》第 3 期。

陆俭明(1984)关于现代汉语里的疑问语气词,《中国语文》第 5 期。

屈承熹(2006)《汉语篇章语法》,北京语言大学出版社。

屈承熹(2008)关联理论与汉语句末虚词的篇章功能,《华东师范大学学报》(哲学社会科学版)第 3 期。

冉永平(2004)言语交际中“吧”的语用功能及其语境顺应性特征,《现代外语》第 4 期。
冉永平(2012)《词汇语用探新》,外语教学与研究出版社。
邵敬敏(2014)《现代汉语疑问句研究》(增订本),商务印书馆。
汪敏锋(2016)语气词的人际语用功能研究,南开大学博士学位论文。
汪敏锋(2018)“你呀”类责怪义标记语,《汉语学报》第 2 期。
徐烈炯、刘丹青(2007)《话题的结构与功能》,上海教育出版社。
张谊生(2000)《现代汉语虚词》,华东师范大学出版社。
赵春利、孙　丽(2015)句末助词“吧”的分布验证及语义提取,《中国语文》第 2 期。
赵秀凤(2010)语言的主观性研究概览,《外语教学》第 1 期。
周士宏(2009)“吧”的意义、功能再议,《语言教学与研究》第 2 期。
朱德熙(1982)《语法讲义》,商务印书馆。
Caffi, C. (1999) On Mitigation. *Journal of Pragmatic*, 31(7): 881—909.
Caffi, C. (2007) *Mitigation*. Amsterdam: Elsevier.
DeSmet, H. & J. C. Verstraete (2006) Coming to Terms with Subjectivity. *Cognitive Linguistics*, 17: 365—392.
Gasde, Horst-Dieter (1999) Are There "Topic-Prominence" and "Subject-Prominence" along the Lines. In Li & Thompson (1976) Paper presented at the Workshop of Adding and Omitting, University of Konstanz, 24 February 1999.
Holmes, J. (1984) Modifying Illocutionary Force. *Journal of Pragmatics*, 8: 345—365.
Lakoff, R. T. (1989) The Limits of Politeness: Therapeutic and Courtroom Discourse. *Multilingua*, 8: 101—129.
Pustejovsky, J. (1995) *The Generative Lexicon*. Cambridge: MIT Press.
Spencer-Oatey, H. (2008) Face, (Im) politeness and Rapport. In H. Spencer-Oatey (ed) *Culturally Speaking: Culture, Communication and Politeness Theory*. London & New York: Continuum.
Wu, R.-J. R. (2004) *Stance in Talk: A Conversation Analysis of Mandarin Final Particles*, Amsterdam: John Benjamins.

(350007　福建福州,福建师范大学海外教育学院;
100083　北京,北京语言大学语言科学院)

现代汉语“(S)那叫一个X”构式研究*

王　刚

摘　要:“(S)那叫一个X”是具有高程度义的主观评价构式,该构式义一方面承继于上位构式,另一方面来自于构件的语义贡献。该构式经历了两次主观化:一是概念义的形成,二是构式义的形成。在构式的形成过程中,“一个”的插入是关键一步,这使得相关构件的潜在语义、功能得以显化。

关键词:“(S)那叫一个X”;构式;理据;主观化;构式化

〇、引言

本文所要研究的对象为“(S)那叫一个X”构式,先看如下例句,A组:

(1)昨天晚上最后一次训练,那风吹的,那叫一个冷。(BCC微博语料)

(2)前前后后一大堆人跟着,到哪里都七八辆车,那叫一个壮观。(醉虎《雪洗天下》)

以上例句中的画线部分“那叫一个冷”“那叫一个壮观”可以形式化为“(S)那叫一个X”,通过与下列B组例句的对比可以看出该类格式的特点。B组:

(3)“这还差不多,我去买藏……狗!”说完温熙蹦蹦跳跳地出去了。莫启哲在后面还叫呢:“那叫藏獒,连这都不知道,真没文化!”(锐利《猎国记》)

(4)忽然殿外一人道:“那叫辟邪剑法。”(令狐庸《风清扬传》)

以上例句中的“那叫藏獒”“那叫辟邪剑法”可以形式化为“(S)那叫X”。

B组中的“X”为名词(或名词性结构),其中的“叫”符合《现代汉语词典》(第7版)释义,是一种原型的“称为义”用法。A组中的X多为形容词,但是前面却有数量词“一

---

* 本研究得到国家社科基金一般项目(项目名称:基于类型学的汉语受事前置结构研究;项目编号:15BYY139)及湖州师范学院人文社科预研究项目(项目名称:现代汉语中与数量结构有关的构式研究;项目编号:KX18114)的资助。

个”修饰，这和形容词及“一个”的典型句法功能并不相符。形式上的非典型搭配造成了该格式在意义、功能等方面的特殊性，本文据此将之界定为一个构式。

关于该格式的研究主要集中在张伯江、方梅(1996)、周一民(2006)、唐雪凝(2009)、赵雅青(2010)、刘鹏(2013)、韩雪(2013)、林忠(2015)、甄珍(2016)。涉及以下方面：格式的语义、语用功能、句法功能、构件的分析、句式的主观化，等等。综合分析相关研究，我们认为该构式还有三个重要问题尚未得到较好解决：一是构式义的理据，二是构式的主观化特征，三是构式化历程。

一、构式义理据分析

学界大多关注到了该构式具有强调功能和强主观性，甄珍(2016)将该构式义概括为“通过对某一主体性状的强主观评价与命名来表达高程度义”。这样的概括存在以下问题：没有明确体现构式特殊的语用功能。我们将该构式义修正为“通过对某一主体性状的强主观评价与命名来表达高程度义，同时构式具有明显的主观夸张色彩，且体现出言者的感叹之情”。由此可见，构式的“命名义”和“强调义”是构式义的关键部分。那么，该构式何以具有这样的构式义呢？

1.1 构式的命名义理据

构式的命名义主要承继于上述 B 组例句中的“(S)那叫 X”。B 组的“(S)那叫 X”其实隐含了一个主观判定过程：X 具有一些典型特征，S 具有某些典型特征，将之进行对比，发现二者的典型特征一致，所以可以把 S 命名为(称为)X。这样的命名过程其实是“叫”作为“称为”义动词的认知基础，凡是将某物称为另一物的过程都隐含了这样一个判定过程。“(S)那叫一个 X”也是如此，只是二者的判定过程稍有差异。“(S)那叫 X”评判对象是事物，“(S)那叫一个 X”评价的是性状或程度，前者是直观的判定，有客观的、实在的所指作为参照，而后者是主观的、抽象的。但是二者的“命名”过程是一致的，“(S)那叫 X”的“命名”过程是把“S”称之为“X”，“(S)那叫一个 X”的命名过程也是把“S”称之为“X”。如例(1)“那叫一个冷”，言者首先需要将当时的天气判定为“冷”，(这就是下文 2.1 部分提到的构式的第一次主观化过程，也即其概念义的形成。)然后才可以对其程度进行评价。而“将当时的天气判定为‘冷’”的思维过程大致为：感知外界温度——搜索大脑词库(主要是表示天气的词库)——对照词汇意义(《现代汉语词典》(第 7 版)：“冷，温度低；感觉温度低”)——输出词语(冷)。基于此，我们认为构式的命名义主要承继于上述 B 组例句中的“(S)那叫 X”。

1.2 构式的强调义理据

构式强调义的突显是由三个方面造成的：一是“这/那”的使用，二是“一个”的极性副词化倾向，三是在实际使用中该构式的重读。

张伯江、方梅(1996:159)、唐雪凝(2009)、朱玲君、周敏莉(2011)、林忠(2015)等均关注到“(S)那叫一个X”构式虽然也有“(S)这叫一个X”的实例，但是“这”和“那”的使用存在明显的不对称。我们在北京语言大学语料库(BCC)中搜索“那叫一个a”和“这叫一个a”，分别得到相关例句1258条和162条。可见，“那”的出现频率远高于“这”，所以我们以“那”为例进行分析。林忠(2015)指出，从指示关系来看，“那”与主语有某种复指关系，“那”在该构式中起到启动一个抽象话题的作用。我们认为，除此之外，由于指示代词用法的遗留，“那”还隐含了一种意思：“那”叫X，“这”不能叫X，这就在语义上具有了对比倾向，对比是表达强调的常用方法。一般情况下，在交际过程中，如果言者单纯要证明X的性质，只需要从正面说明即可；如果言者不仅从正面做了说明，还从反面做了否定(或明确或隐性)，这就意味着言者有意在强调X的性质。

(5)这翠算不了什么，有块“三十二万”大翡翠，那才叫好呢。(转引自刘鹏，2013)

(6)我在南京大学时，附近有一片樱花树，也是这个季节开花，远远望去，像一片花海，那才叫漂亮壮观呢。(转引自刘鹏，2013)

例(5)中有明确的对比，可以称为显性比较，例(6)是隐性比较(刘鹏，2013)。由此可见，当言者在说“那叫一个X”的时候，由于“那”指示代词用法的遗留，致使该构式隐含了一层对比的意味，从而形成强调。①

数量结构“一个”在该构式中发生了非范畴化，其表示数量的意义已经完全虚化，其后接的成分一方面不被限制为名词，另一方面并没有单数的限制。由于“一”在汉语中有“全部”(比如：一生、一心一意)的意思，这就使得“一个”也具有“全部”的意思。如：

(7)她们又给我打了一双羊毛线袜和一条很窄小的围巾，使我温暖愉快地过了一个冬天。(孙犁《服装的故事》)。

“全部的”表示的是全量义，“全量”在认知上一般就被识解为“大量”，这就成为“一个”表示极性义的基础。这样的极性义用于“一个+谓词性词语”的组合，在认知上就很容易被类推识解为一般的“极性副词+谓词性词语”组合了。例(1)的“那叫一个冷”也就可以理解为“十分冷”，例(2)“那叫一个壮观”也就是“很壮观”。由此可以看出，“一

① 这种理据只适用于部分例句，有些语料由于无法推知对比对象而无须经过这一推理过程。

个”在该构式中具有了极性副词倾向。而正是这样的性质,使得该构式的强调义更加突出。

根据我们对语料的检索以及实际调查,发现在这样的例句中,“那叫一个 X”,总会是句子重读的地方。重读往往就意味着是语用焦点,语用焦点就是言者所要强调的焦点。

1.3 主观性突显的理据

该构式可以突显言者的主观性,具有强烈的主观化色彩,构式又是通过怎样的途径来突显主观性的呢?我们认为,前文所述突显强调义的三个因素同时也突显了主观性,强调本身就是主观性的一种集中体现。除此之外,“叫”的使用也是主观性突显的途径。

“叫”在该构式中的作用相当于一个系词,而现代汉语最常用的系词是“是”,同时汉语中很多“是”的例句也是可以表示言者主观认定的。为什么在“(S)这叫一个 X”构式中“叫”的使用比“是”更为常见,并且很多例句如果将“叫”换为“是”的话,构式的意义将发生变化且语用功能得不到突显,甚至很多例句将不成立?

其原因可能在于二者的基本义不同。《现代汉语词典》(第 7 版)显示,在与本构式相关的义项下,“是”的注释为“联系两种事物,表明两者同一或后者说明前者的种类、属性:《阿 Q 正传》的作者是鲁迅”,“叫”的注释为“(名称)是;称为:这叫不锈钢|那真叫好”。词典中给出的三个例句可以大致说明一些情况。“《阿 Q 正传》的作者是鲁迅”是客观情况,不是人们将“《阿 Q 正传》的作者”认定或者命名为“鲁迅”,更适合用“是”;而“那真叫好”其实是说话人认定当时的情况为“好”,更适合用“叫”;“这叫不锈钢”一句则处于中间状态,可以是说话人在给听话人讲解,我们将眼前的这种东西“命名为、称之为”(这就是一种主观性较强的行为)不锈钢,就使用“这叫不锈钢”,如果突出客观情况,说话人要告诉听话人眼前的这个是什么,也可以使用“这是不锈钢”。

林忠(2015)也提到,“叫”作为言说类动词,在该句式中并不表示言说本身,而表示“我认为”“我想”类意思的“知域”,由“言域”向“知域”投射的过程也是一个主观化操作。

可见,在该构式环境中,“叫”比“是”更能突显言者的主观性。

二、“(S)那叫一个 X”构式的主观化

2.1 构式的两次主观化过程

我们认为“(S)那叫一个 X”构式经历了两次主观化过程:其一是概念义的形成过程,其二是评判义的形成过程。我们以下面的句子为例进行详细分析。

(8)昨天我在站台等公交车,迟迟不来,寒冬腊月啊,零下好几度,小风一吹,那叫一个冷。(BCC 微博语料)

(9)今天天气很冷,又是开年后的第一天,皇上把早朝给免了。(滚木擂石《明歌》)

一般情况下,言者在感知到客观情景之后会形成这样一个概念义的链条:话题(主语)(+属性程度)+属性。例(8)中的客观情景是"寒冬腊月""零下好几度"等,言者在感知到这样的情景之后,就会形成一个概念义,并使用相应的语符串进行表达。在此时的具体环境中,其语符串一般为:天气+很+冷(如例(9))。这是言者对物理世界的观察,这种观察是言者形成概念义的基础,也是"(S)那叫一个 X"构式的第一次主观化。从这个层面上讲,任何概念义的形成都有主观性,都有作为认知主体的人的参与。从概念语义学的角度看,语言的意义在于概念化,即概念主体(conceptualizer)对客观情景的概念观照(construal)(庞加光,2015)。这是最广泛意义上的主观化。

对于"那叫一个冷"而言,其概念义仅仅是构式的语义基础,在概念义(天气冷)形成之后,言者更进一步关注自身感受,进而调整语言的表层形式,这就是第二次主观化过程。在这个过程中,言者的主观表达意图被突显,自身感受显化,相较于一般的语言形式"天气很冷","那叫一个冷"也在形式上具有了更多的形义不透明性。这次主观化过程相较于第一次主观化过程是更典型的,也是学界关注更多的类型。

2.2 两次主观化过程的不同

这两次主观化中,客体和主体的相互关系是不同的。Langacker(1991、2006)对主客体的相互关系做了详尽的论述。他采取"舞台模型"来解释主体和客体的不对称关系。主体是观众,正在观看"舞台表演"。这种关系如图 1 所示,方块 IS 是舞台"表演区",称为直接辖区(immediate scope)。圆 C 指概念主体即说话人和听话人,由圆 C 到圆 O 的虚线箭头指概念主体对客体的概念识解(construal),即以某种特定的方式来看待客体。此时,客体(即圆 O)成为概念主体关注的焦点,被显影(profile)(圆 O 为粗线)。而概念主体及其识解(construal)方式处于背景地位,未被显影(圆 C 和虚线箭头为细线)。此时,主体位于"台下",在表演区之外,客体作为"演员"位于"台上",在表演区之内。而主体和客体并非一成不变,也会发生角色的变化。一般情况下,说话人和听话人是在舞台之外,充当"观众"作为主体,但是在一定条件下,说话人和听话人也可以走上舞台,充当关注的焦点,从而被客体化(objectification)。另外,原本作为客体的概念成分可能逐渐摆脱其客体地位,从"舞台上"到"舞台下",从而被主体化。

在"那叫一个冷"的两次主观化过程中,主体和客体的情况是不同的。在第一次主观化过程中，说话人是作为纯粹的主体出现的，处于“舞台”之下，“天气冷”是作为客体被识解(construal)的，是突显的(如图 2)。而在第二次主观化中，说话人是同时作为主体和客体被识解(construal)的。说话人既关注到了客观的天气情况，又关注到了自身的感受，并且后者是相对更加突显的内容(如图 3)。

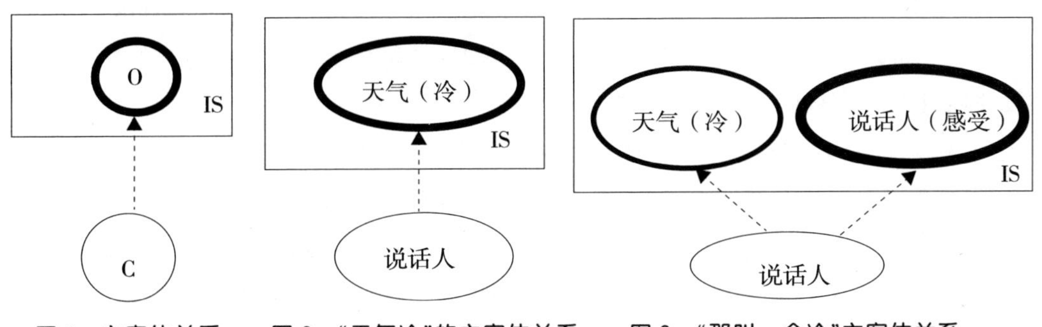

图 1　主客体关系　　图 2　“天气冷”的主客体关系　　图 3　“那叫一个冷”主客体关系

图 2 中的方框是“舞台表演区(IS)”，表演区的“演员”只有一个，就是椭圆框中的“天气(冷)”，说话人作为观察者出现于舞台下。图 3 方框代表的“舞台表演区”中有两个“演员”:“天气”和“说话人(感受)”。“说话人”又作为“观众”在“舞台”下观察，也即，此时“说话人”既是客体又是主体。“天气”和“说话人(感受)”虽都被关注，但相对于“天气”而言，“说话人(感受)”是主要演员，获得了更多的关注，地位更加突显。

三、构式化及构式变体

3.1 “(S)那叫一个 X”构式的形成

我们认为“(S)那叫一个 X”构式来源于基础句式“(S)那叫 X”。“(S)那叫 X”的原型用法是“那＋叫＋NP”，例如“那叫树、那叫猫”。这是言者的“称为”行为，而这种“称为”更多的是基于百科知识和大众共同的认知基础的，主观性和强调义并不明显。但其中的“叫”和“那”同时也使该结构具备突显主观性和强调义的潜在功能。“叫”的意义就是指明其两边成分的等同关系，而这种等同并非完全的词汇义和功能的绝对等同，只要言者主观上认定即可。构式中的“那”具有指代作用，指代的同时就是“区别于其他”，“区别于其他”就是一种“对比”，“对比”在认知上就很容易被识解为强调。由此看来，该结构具有表示强调的潜在功能。

这种潜在功能的显化还需要更为明确的形式，“一个”就是这个明确的形式标记。“一个”的使用并非偶然，其理据有两点：首先，强调其实就是一种主观增量，而对结构中的X增量，就需要使用与之相配的表量结构，作为该构式基础句式的“那叫X”中的“X”多由名词充当，而“一量名”是最自然的搭配，“一个”又是最基本的表量结构，这是使用“一个”的最重要理据；其次，正如前文所述，“一个”可表示“全部的”意思，表示的是全量义，“全量”在认知上一般就被识解为“大量”，“大量义”与“强调义”是相通的。同时，“一个”的使用也符合认知上的“距离相似”原则。当言者有意突显某种意义的时候，主观性就会进一步增强，这就会体现在相应的语法形式上，而拉长修饰词与中心语的距离就是加强主观性的一种重要方式（雷冬平，2012）。

当“一个”插入基础句式“(S)那叫X”之后，“那”潜在的“强调义”和“叫”的潜在“突显主观性”功能就都被充分激活了，整个构式的“主观强调”功能就突显出来，其后的X也就不被局限于名词，更多地由自身具有量级属性的形容词或其他成分充当，构式基本成型。

“(S)那叫一个X”构式的固化引起了构件的一系列变化。首先是“一个”的变化，由于后面成分的改变，“一个”的性质也在发生转变，逐渐具有了“极性程度副词”的倾向。其次，由于构式激活了“那”的“潜在强调”功能，随着构式的高频使用，也使得这一功能逐渐成为“那”的显化固有功能，进而使其具有了“表示性状程度”的功能。这是构式与构件互动的结果，也很好地体现出构式与构件之间的互动关系。一方面，构件必须具备某些与构式相符的条件；另一方面，构式也需要借助构件来显化其功能。同时，构件进入构式之后，又受到构式的压制产生自身功能、性质的某些改变，而这些改变一方面顺应了构式的需要，另一方面又增强了构式的能产性。

3.2 “(S)那叫一个X”构式的变体

构式成型之后，在具体的使用中又出现了一些变化形式。主要有以下几个：“(S)那真/才叫一个X”“(S)那叫一/个X”“(S)那叫X”“(S)那X”。

(10)我给你说，大白天的眼睛雪亮，什么都看得清楚，那才叫一个享受呢。（殷扬《大秦帝师》）

(11)说话之人嗓门那叫一大，隔着一条街都能听得清清楚楚。（短头发《甲申天变》）

(12)那娃啊，都长那么大了，那叫个俊呦。（小鱼大心《逐风流》）

(13)他们在这拨儿，比你们差远了，活得那叫在意。（转引自张伯江、方梅，1996）

(14)一打就聊个没完，那腻——你怎么会不记得？（转引自张伯江、方梅，1996）

产生上述变体的关键原因就在于“(S)那叫一个X”的高频使用，使用频率的增加会产生三种结果：其一，构式的通俗化、平常化。本来该构式是表示言者的强烈主观感情的，高频使用使得该构式不再具有新奇效果，语义、功能出现某种弱化，言者就会在此基础上使用更多的主观量标记以表达其感情，比如上面的“才、真”等。其二，构式固化后，就会在语言使用者认知中形成完形图式，即使其中的某些成分不出现，交际双方仍能按照其完整形式识解其意义、功能，这就造成了“那叫一 X”“那叫个 X”“(S)那叫 X”的使用。其三，构式功能沉淀于其中的关键构件上，使得该关键部件可以表达整个构式的意义、功能，也就是该关键部件已经发生了词义演变，产生了新的义项，这是“那 X”产生的原因。

3.3 构式化过程小结

“(S)那叫一个 X”的构式化过程可以一定程度上反映一般构式的演变轨迹。一般情况下，为表义的明确性，一种语言会尽量减少歧义或者多义现象，一个格式在最初形成时总会表示一个较为单一且固定的意义(如 B 类格式“(S)叫 X”)，若要表示特殊的意义(如高程度义的主观评价)或有特殊构件进入格式时(如“X”由形容词充当)，必然需要更多明确的形式标记(如插入“一个”“那”)，而这种添加了更多形式标记的格式一旦固化之后(如“(S)那叫一个 X”)，又会产生新一轮的变化，或者增加形式(如“(S)那才/真叫一个 X”)，或者减少成分(如“(S)那叫一 X”“(S)那叫 X”“(S)那 X”)。

我们将“(S)那叫 X”等诸多构式称之为“(S)那叫一个 X”的变体，一方面是由于这些构式共享一个核心语义“高程度义评价”，另一方面是由于它们在形式上有一致性，这种形式上的一致可以反映出它们之间的演变关系。从前文的论述可以看出，在这诸多变体中，“(S)那叫一个 X”是最为典型的构式。相对来说，“(S)那叫 X”是比较特殊的一个。因为这种形式在现代汉语中其实可以有两种语义：一种是引言部分提到的 B 组格式，这种格式表示的是组合义，另一种才是高程度义评价构式。这两种格式虽然同形，但是来源不一。第一种是词汇的直接组合，第二种是“(S)那叫一个 X”的缩减之后的变体形式，也就是说这种格式只能是在“(S)那叫一个 X”成型之后演变而来的。

“那 X”也是构式变体中比较特殊的一个，其特殊性主要在于其构式义的来源问题。吕叔湘(1980/1999:396)指出，“那”的指示代词用法有三：其一，指示比较远的人和事物；其二，那 + 一 + 动/形，“那”加强语气，同“那么、那样”；其三，口语中用在动词、形容词前，表示夸张，同“那个”。这就很容易让人产生疑问：“那 X”构式中“那”表示性质和程度的功能是其本身就有还是从构式中获得的？我们认为“那”的这种用法是从构式中获得的(参见前文 3.1)。吕叔湘所列举的第一条和后两条用法之间差别太大，没有直接演变关系。当然吕先生在此也仅是列举“那”的用法，并非探究其演变路径。

根据《现代汉语词典》(第7版)注释,“那”的义项主要有三条:指示代词,指示比较远的人或事物;指示代词,跟“这”对举,表示众多事物,不确指某人或某事物;跟“那么”相同。可见,“那”的常规用法中并无“表示性状程度的功能”。那么这种用法应该是额外获得的,而单个词项往往不会孤立地发生语法化,它常常依赖于特定的组合环境。我们认为,“(S)那叫一个X”就是“那”获得“表示性状程度的功能”的组合环境,至少是一个可能性比较大的来源。张伯江、方梅(1996:159)也提到,在北京人的语感里,这种“这/那+形”的用法跟另一种平行格式“这/那+叫(+一个)+形”似乎关系更密切。

上述构式的发展过程可以用图4表示。

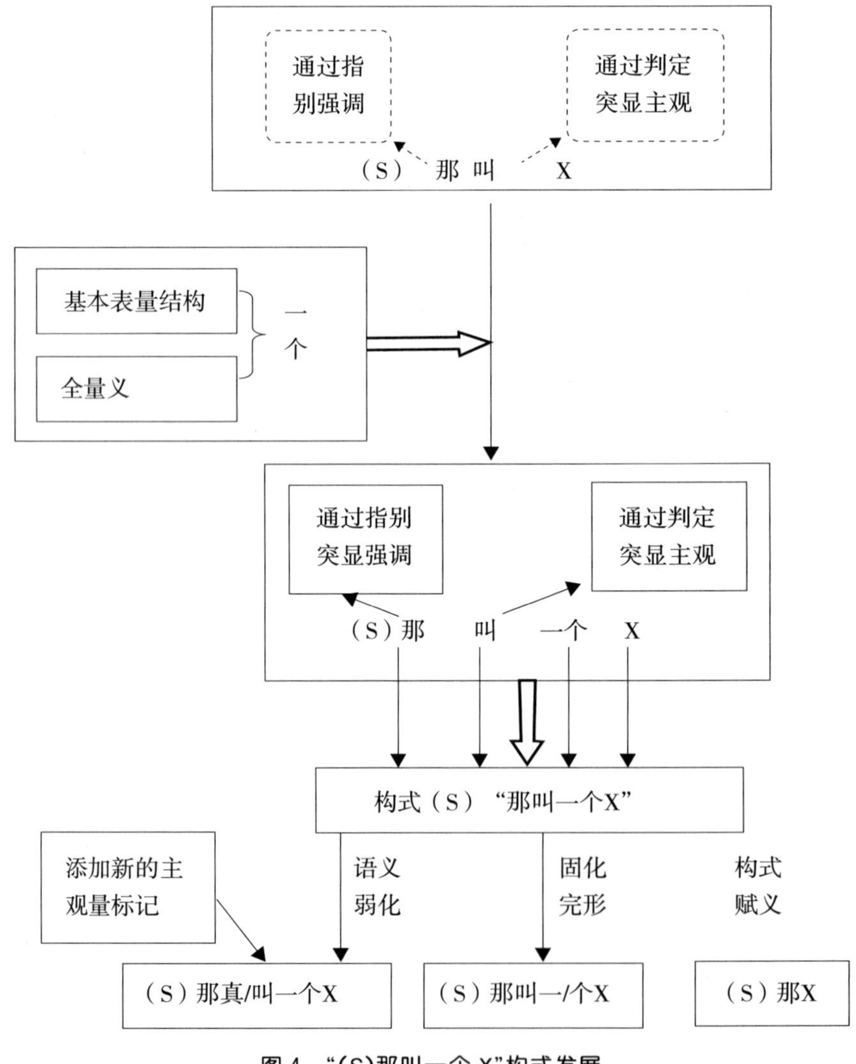

图4　“(S)那叫一个X”构式发展

在“(S)那叫 X”的方框内,“那”和“叫”的斜上方均有一个方框,该方框用虚线标识且用虚线箭头连接,表示框内为其潜在功能,并未实现。当具有“基本表量结构”和“全量义”特征的“一个”加入之后,“那叫一个 X”方框中的“那”和“叫”的斜上方的方框和连接箭头变为实线,表示该功能已经显化。“(S)那叫一个 X”与“构式‘(S)那叫一个 X’”方框之间除了有大箭头连接之外,还有细箭头连接,表示每个构件都对构式的形成起到了作用。构式“那叫一个 X”通过三个箭头分别连接三个方框,表明下面三个方框中为其子构式,箭头上标明其分化原因。在“那/真叫一个 X”方框斜上方还有箭头连接的“添加新的主观量标记”方框,表示“那/真叫一个 X”是由两部分原因造成的。

四、结语与余论

构式语法强调构式独立于其构件的整合意义,陆俭明(2008)继而提出“构式义是哪儿来的”。就“(S)那叫一个 X”构式而言,其构式义一方面来自其基础句式“(S)那叫X”,这也是构式语法所强调的构式义的承继理据;另一方面,构式的每个构件都对构式义的产生做出一定贡献,这种贡献有时是潜在的,需要明确形式标记触发才可显化。就一般构式而言,构式义的形成除了承继其上位构式语义和构件义外,还会有语境赋义、语用推理、修辞义固化等各种因素。可见,构式义的形成是有其理据的,只是这种理据涉及多种因素,对这诸多因素的探讨应该是构式语法研究的一个重要课题。

参考文献

韩　雪(2013)“那叫一个 X”格式分析,吉林大学硕士学位论文。
雷冬平(2012)“好 + (X)个 NP”的构成及语法化研究,《语言教学与研究》第 2 期。
林　忠(2015)口语句式的主观性表达——以“天气那叫一个冷”为例,《外语学刊》第 3 期。
刘　鹏(2013)“那 X 叫 Y”感叹格式考察,《长春理工大学学报》(社会科学版)第 2 期。
陆俭明(2008)构式语法理论的价值与局限,《南京师范大学文学院学报》第 1 期。
吕叔湘主编(1980/1999)《现代汉语八百词》(增订本),商务印书馆。
庞加光(2015)“有 + 数量结构”:从客体观照到主体观照,《当代语言学》第 2 期。
沈家煊(2008)“逻辑先后”和“历史先后”,《外国语》第 5 期。
唐雪凝(2009)试析“那叫一个 X”,《汉语学习》第 6 期。
张伯江、方　梅(1996)《汉语功能语法研究》,江西教育出版社。
赵雅青(2010)强调感叹义的“那/这叫一个 X”类句式,《华中师范大学研究生学报》第 1 期。
甄　珍(2016)现代汉语口语主观评议构式“那叫一个 A”研究,《语言教学与研究》第 3 期。
中国社会科学院语言研究所词典编辑室编(2016)《现代汉语词典》(第 7 版),商务印书馆。
周一民(2006)名词化标记“一个”构句考察,《汉语学习》第 2 期。
朱玲君、周敏莉(2011)“那叫一个 X”句式考察,《湖南工业大学学报》(社会科学版)第 5 期。

Langacker, R. W. (1991) *Foundations of Cognitive Grammar: Descriptive Application*, Stanford University Press.

Langacker, R. W. (2006) Subjectification, Grammaticization, and Conceptual Archetypes. *Subjectification: Various Paths to Subjectivity*, De Gruyter.

(313000 浙江湖州，湖州师范学院文学院)

“有没有”测度句的界定与功能特征分析*

陈 伟 李 静

摘 要:本文通过检索语料库,对“有没有”构成的三类疑问句进行比较分析,发现“有没有”测度句是位于询问句与反诘句的中间阶段,并占据多数的比重。测度句中的“有没有”不再作为主要动词的正反叠加形式,而是一种测度语气的表达标记。“有没有”测度句之所以能够表达测度语气,主要是与言者对事实的预估或对已知信息的主观倾向性有关。该类句式还具有多重语用功能,其功能主要靠“疑问话语标记”“语力”和“信疑互动的认知转化”三方面来实现。

关键词:“有没有”;测度;询问;反诘

〇、引言

在现代汉语中,“有没有”疑问句从表层形式上来看属正反问句,然而在不同的语用环境中具有不同的功能类别。吕叔湘(1942)将具有疑问语气成分的句子分为三类:一是询问句,有疑且问;二是反诘句,有疑问之形而无疑问之实;三是测度句,介于疑信之间。邵敬敏(1996)提出,疑而询问,是疑问句;无疑而问是反问句;疑而不问,是猜测句。徐盛桓(1999)也认为,疑问句可以有疑而问,也可以无疑而问,在有疑而问中还存在猜测而问。在有疑问语气成分的句子中,以上三位学者均认为疑信之间存有疑而不问的一类。关于“有没有”疑问句,邢福义(1990)集中论述了“有没有 VP”形式的用法,邝霞(2000)对“有没有”反复问句做过定量研究,王森等(2006)列举了“有没有+VP”表示询问、猜度和祈使的三类情况,孙瑞、李丽红(2015)将“有没有”视为准话语标记。以上研究各具特色,但都未明确指出“有没有”疑问句的内部类别及其间的关系。本文以“有没

* 本文是教育部人文社会科学研究基金项目“语言动态观下语法和修辞界面的同形结构研究”(项目编号:15YJA740044)、上海外国语大学重大资助项目“主要生源国学习者汉语学习与认知的多角度研究”(项目编号:KX161076)、上海外国语大学导师引领研究项目“现代汉语非常规句法结构的浮现和演化”(项目编号:201601045)的阶段性成果。

有"疑问句的研究为切入点，通过比较分析其内部的三类句式来揭示测度句的特点，以求填补学界关于"有没有"测度句专项研究的空白，为该类句式的对外汉语教学提供更为细致的依据和参考。

通过对语料的检索和分析发现，"有没有"疑问句可以分为三类：一是言者纯然不知，并寻求告知的询问句；二是言者已有预估，只是需要对方加以证实或引起共鸣的测度句；三是言者已有定论，借疑问之形来表达自己的观点。本文按照吕叔湘的说法，将第二类"有没有"疑问句称为测度句，它处在有疑的询问句和无疑的反诘句之中，是其间的过渡环节。问题是，"有没有"测度句的判定标准和形式特点怎样？其语用功能特点有哪些？"有没有"测度句与询问句和反诘句的区别有哪些？本文对北京大学 CCL 语料库①"有没有"问句进行穷尽式搜集、整理，得到 2276 条有效语料，在充分观察语料基础之上，试图回答以上问题。

一、"有没有"疑问句的内部系统

通过考察，笔者认为"有没有"疑问句的内部也具有系统性，可以将其分为询问句、测度句和反诘句。

"有没有"疑问句的基本形式是由动词"有"及其反义形式"没有"组合而成，同其他动词正反叠加形式一样，可在句中构成正反问句，是典型的询问句，如例(1)；随着"有没有"问句疑问功能的转移，言者虽用正反叠加形式但已不需要听话人回答，即典型的反诘句，如例(2)：

(1)现在小青年谈恋爱，姑娘都会先问小伙子，"你在镇上有没有房子?"(《人民日报》1996 年)

(2)我们农户已经两年没有收入了，有的家庭连温饱都成了问题，这世道还有没有公理?!(1994 年报刊精选)

例(1)是有疑而问，发问者以"有没有房子"为疑问点，希望受话人可以做出答复，是典型的疑问句；而例(2)是无疑而问，没有疑问点，不需要对方回答，用反诘的方式或语气表达出来，属反诘句。邵敬敏(2013)提到，有疑而问是真性问，无疑而问是假性问，真问和假问的区别在于发问人的意图是否明确或真实，而且反诘句的实质是表示言者主观上强烈的否定语气。从问句性质的真假来考虑，我们发现"有没有"问句存在许多介于真性问和假性问之间的情况，这类问句的客观询问功能已经弱化，但也并非反诘句的无疑

---

① 文中所有例句尽量注明出处，未注明出处的语料均来自北京大学中国语言学研究中心 CCL 语料库。

而问，主要以主观性和期望性为主，即前文所说的"测度句"。我们来看以下几例：

(3)"在哪儿?""你别管在哪儿了，有没有吧? ……和个男的。"(王朔《给我顶住》)

(4)今天这样的事儿还有没有呢? 我想答案是肯定的。(《人民日报》1996年)

(5)那几年势头特别好，有没有觉得我会一直这样下去?(鲁豫有约)

(6)"你没有直勾勾望着他的眼睛，是吧?"他有气无力地问，"你跟他一块跳舞的时候，有没有?"(西奥多·德莱塞《美国悲剧》，黄禄善等译)

(7)毛泽东还说："江青有野心。你们看有没有?我看是有。"(《人民日报》1993年)

从上面的例子可以看出，"有没有"测度句具有一定的形式特征：首先，存在特定的句末语气词，如例(3)(4)的句末语气词"吧"和"呢"表示言者的猜测性疑问，其中"吧"表揣测的语气(齐沪扬，2002)，"呢"表提醒对方注意疑问点(胡明扬，1981)①；其次，"有没有"前后常与具有主观揣测性的词语共现，如例(5)的"觉得"，语料中还发现其他主观推测性的词语，如"认为、感觉、想过"等；再者，"有没有"可以位于句末或独立出现，如例(6)；最后，自问自答的问句形式，如例(7)。通过以上五例可知，这类句子在形式上与询问句和反诘句有明显的区别。通过考察语料我们发现，"有没有"测度句在形式上不外乎以上四点特征，也就是说在"有没有"问句中，符合四点形式特征之一的就有可能是测度句。"有没有"问句在使用过程中，其疑惑程度存在区别。从有疑而问的询问句到无疑而问的反诘句并非直接关联，其间存在半信半疑的情况，即言者对于说出的问题其实已经有一些自己的见解，但并不完全确定，故揣测而问。在这种情况下，听者会根据言者疑惑程度的深浅做出相关的反应，可直接回答也可间接回答或不回答，它位于真性问和假性问之间，表半信半疑的揣测语气。如下面三个例子分别代表"有没有"询问句、测度句、反诘句：

(8)房东老板过来问："你现在有没有钱?"我摇了摇头，房东老板说你现在就走吧。(卞庆奎《中国北漂艺人生存实录》)

(9)你有没有觉得自己有时候很傻，就是接受记者访问说了一些不该说的话?(鲁豫有约)

(10)"你还有没有点儿职业道德，谁的计价器上也不能一百元、一百元地跳吧!"(林长治《Q版语文》)

因此，我们可以认定"有没有"询问句与反诘句位于有疑和无疑的两端，前者的疑惑程度可量化为1，后者的疑惑程度量化为0；那么，与之相应，前者的确信程度为0，后者的确信程度为1。"有没有"测度句则位于疑惑与确信的中间地带。因此，"有没有"构

① 语气词"吧""呢"与"有没有"疑问句搭配时仅表测度。

成的询问句、测度句、反诘句在其疑问功能上构成一个连续统，如图1所示[①]：

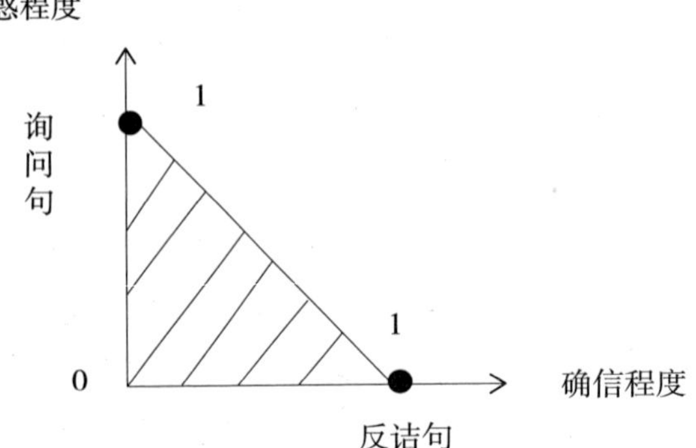

图1　询问句、测度句和反诘句的疑惑程度

通过上述分析我们发现，“有没有”疑问句的内部疑问功能有明显区别，与之相应的形式和意义同样也有所不同，下面我们将通过比较“有没有”三类疑问句式之间的不同，来探究其深层的意义与功能。

二、测度句与询问句、反诘句的比较

既然“有没有”测度句在疑问功能上位于“有没有”询问句与“有没有”反诘句的中间地带，那么其句法、语义、语用等方面必然有所不同。通过对三类句式的对比分析，可以厘清“有没有”测度句自身的特点。在此基础上，对“有没有”疑问句三种句式的句法、语义、语用等方面进行比较分析，来探究“有没有”测度句自身的特点。

2.1　询问句与测度句

2.1.1　语用动机的不同

从发话人的语用动机来考虑，“有没有”询问句与“有没有”测度句的区别是主观倾向性的有无。由于“有没有”询问句是一种发话人纯粹不了解情况而问的疑问方式，因“无所知”所以没有任何主观倾向性，是一种中性问。而“有没有”测度句则是发话人对于信息已有见解或预断，故意用揣测性的语气发问，只是希望得到对方肯定的证实或共鸣，是一种有主观倾向性的问句。

“有没有”询问句是典型的正反问句，“有没有”作为主要动词的正反叠加形式，既可

① 测度句处于阴影部分，但不包括数轴线。

以从"有"或"没有"正反两方面来回答,也可以用其他答复方式来表述言外之意。例如:

(11)问:有没有俸禄?答:啊,没有。

(12)问:有没有人捣乱?答:有龙哥坐镇!谁还敢来捣乱(鲁豫有约)

无论是例(11)的直接答复,或是例(12)的间接答复,从发话人的角度来考虑其询问动机都是客观的,全然没有任何主观倾向性。对于询问的事件本身来说,在上下文语境中也没有任何预设的成分。而"有没有"测度句由于常常置于主观揣测性成分前,或在句末独立出现,句中或句前会有先设性话题成分。例如:

(13)杨澜:查先生,最近很多人都在议论,说您正在修改自己的武侠小说……有一种说法就是说是不是您的社会责任感更强了,说不要让青少年去学习韦小宝,所以要把他的那个结局写得差一点,有没有这样的一个考虑?

金庸:有过这个想法,因为现在武侠小说修改,改了七年,我全部改完了。(杨澜访谈录)

(14)我们全家都看你的节目!你那个太好笑!就是跟那个谁,有没有?(鲁豫有约)

例(13)中杨澜提出的问题是建立在已有背景知识的基础之上,有明确的倾向性,希望金庸给予确切的答复。例(14)中问话人以"那个"指代有定的关涉对象,言者已基本确定"那个节目太好笑"只是寻求听者证实。以上两例发话人都有预设存在,具有明显的测度意味,那么如果例句中没有出现先设性话题成分,"有没有"测度句是如何表达测度语气的呢?这与其搭配成分的句法语义特征有关。

2.1.2 搭配成分的差异

"有没有"问句的初始形式只具有询问功能,其后主要接名词性成分,但随着功能不断演化,"有没有"后接成分的范围也不断扩大,后接谓词性成分的情况逐渐增多。通过语料检索发现,"有没有"后接成分为"NP、VP、AP",也存在位于句末或单独出现的情况,对各类情况的统计,如表1:

表1 "有没有"后接成分或单独使用的语例统计

后接成分 / 句子类型	总计	+NP		+VP		+AP		单独/句尾	
		次数	占比(%)	次数	占比(%)	次数	占比(%)	次数	占比(%)
询问句	912	795	87.2	98	10.7	1	0.1	18	2.0
测度句	1294	901	69.6	353	27.3	5	0.3	35	2.8

可以看出,"有没有+NP"和"有没有+VP"是构成"有没有"疑问句的主要形式,其中"有没有+NP"更为常见。在询问句中"有没有+NP"和"有没有+VP"的使用频率约为8∶1,而在测度句中约为2.5∶1。

在“有没有 + NP”形式中，询问句中的“NP”一般为具体名词，如“钱、粮食、刀子”等；在测度句中的“NP”更倾向于抽象名词，并且更为常见的是可接有定性名词（如“一种 NP”“这样的 NP”等），有定成分为说话者的测度语气提供心理认知依据。例如：

(15)鲁豫：有没有一种感觉：北京我来了，我要征服你？（鲁豫有约）

(16)鲁豫：当时有没有那种百感交集的情绪？（鲁豫有约）

以上两例之所以表测度，是因为提到“感觉”或“情绪”时，必然含有言者主观性成分，主持人在已有话题的基础上根据自己的经验和体会提炼出测度性的问题。

“有没有 + VP”形式不仅可以表测度也可以表询问，询问动词性成分所表示的事件是否发生过（丁声树等，1961），董秀芳（2004）将该类“有没有”视为助动词，为句中非主要动词的特殊形式。观察发现，询问句和测度句后接动词性成分有所不同，“有没有”询问句后接动作行为类动词（如“吃、喝、听、学习、来、去”等）、存在变化消失或发展类动词（如“发生、产卵、消灭、发展”等）；“有没有”测度句则后接主观意愿类动词（如“觉得、想过、想到、感觉”等），或者是视觉、听觉等动词（如“看见、看到、听说”等）。“有没有”后接“想到/过、觉得、感觉（到）、看见/到/过、听说”的次数为 229，在所接动词性成分（353 条）中占 64.87%，占总测度句数量（1294 条）的 17.7%，如表 2 所示：

表 2 “有没有”后搭配“想到/过、觉得、感觉（到）、看见/到/过、听说”的语例统计

“有没有”+	想到	想过	觉得	感觉（到）	看见	看到	看过	听说	总计
次数	50	83	18	18	25	13	7	15	229

“有没有”询问句和测度句后接动词性成分不同的具体表现如下例所示：

(17)“阿姬，最近艾莉有没有吃中药？”宝珠问。（岑凯伦《合家欢》）

(18)我说。“怎样？最近有没有发生火灾？”（村上春树《挪威的森林》，林少华译）

(19)鲁豫：你当时有没有觉得有一点遗憾？才卖出来几百张。（鲁豫有约）

(20)问题 9：有没有想过自己可能会一去不返？（新华社新闻报道，2003 年 11 月）

以上四例都是发话人对已然事件的疑问，不同的是，例（17）（18）的主要动词是“吃”和“发生”，“有没有 VP”表达的是对客观事件的询问，具有询问性；而例（19）（20）的主要动词是“觉得”“想过”，“有没有 VP”表达的是发话人对于受话人心理感受的测度，具有猜测性。

此外，也存在“有没有”单独使用或者放在句尾的情况，不同之处为：“有没有”询问句大多是“有没有”后接的名词性成分被移到前面，并且大都是具体名词，若将此成分移到后面，完全不改变句子的意义，例如“鸡蛋、猪肉、大白菜，有没有？”；而在测度句中，“有没有”支配的对象不再是具体名词，而是其他的名词性成分或动词性成分所表述的

事件，有的甚至是具有完整意义的陈述句，如例(6)(14)。

搭配成分在句法语义特征上的差异，导致了"有没有"所构成的疑问句存在询问与测度的区别。与此同时，搭配成分的差异必然会伴随着疑问句在语义上的不同倾向。

2.1.3 语义倾向的差异

由上文可知，"有没有"询问句与测度句不同的语用动机造成了"有没有"不同的语义倾向，那么语义倾向的差异具体表现在哪些方面？造成语义倾向差异的原因是什么？先来看以下几例：

(21)问题：不作为犯有没有实行行为？

答：根据自然行为论没有，但根据社会行为论则有。(刘刚《外国刑法讲义》)

(22)张向东：有没有想过让俞渝先退休？或者做执行董事呢？(张向东《创业者对话创业者》)

(23)鲁豫：你一个人在上海读书的时候有没有感觉过孤独？(鲁豫有约)

例(21)是表询问的中性问，其答语既可以是"没有"，也可以是"有"。而例(22)(23)则是有倾向性的问句，是一种测度性的偏义问。吕叔湘(1942)对于测度问句的看法是：测度问句和普通问句不同，不是纯然的不知而问，而是已有一种估计，一种测度，只要对方加以证实，所预期的答语是"是"，而且一般可接表测度语气的"吧"字。"有没有"测度问的例(22)(23)可变换为例(24)(25)，如：

(24)张向东：想过让俞渝先退休吧？

(25)鲁豫：你一个人在上海读书的时候感觉过孤独吧？

如果把例句中的"有没有"去掉，换成表测度语气的"吧"，该问句同样成立，这说明发话人的语义倾向于肯定，而非否定，否则问句将无从问起。

2.2 测度句与反诘句

"有没有"测度句位于询问句与反诘句的中间阶段，其疑惑程度既有接近于询问的强疑，也有接近于反诘的弱疑；同理，也可以说既有已知信息不足的强测度问，也有已知信息充分的弱测度问。从语用功能上来看，"有没有"反诘句是无须对方回答的假性问，"有没有"测度句在某些特殊用法下也存在无须回答的情形，如自问自答的设问句，只求以测度问的方式引起共鸣而不必做答，我们称之为"有没有"弱测度问句。从句法形式上来看，"有没有"反诘句在"有没有"之前往往有诸如"还""到底""究竟"等副词，"有没有"测度句同样可以，比如上文中的例(4)。从两类疑问句的言者主观倾向性来看，"有没有"测度句语义偏向于肯定的"有"，而"有没有"反诘句的语义偏向于否定的"没有"。问题是，"有没有"测度句和"有没有"反诘句既然在功能和形式上有许多相似之处，那么其区别又在哪里呢？首先，在形式上虽然都可受某些副词修饰，但副词的类别不同；其次，对于发问人来讲，所提供问句的语义预设及语用预设不同；再者，"有没有"测度句内部功能还有强弱之分，弱疑的测度句接近于反诘句，但二者外在的形式特点与内部的语义功能有所不同。

2.2.1 副词类别及用法的差异

通过分析相关语料发现，"还""到底""究竟"等副词在"有没有"疑问句中，只表示测度和反诘两种情况，原因是：上述副词的使用是建立在已知信息基础之上的，不再表单纯的询问。以上三个较为典型的副词在两类句式中所占比例如表3：

表3 "还""究竟""到底"出现在测度句和反诘句中的语例统计

	还	到底	究竟	总计	占句式总数比
测度句①(1294条)	98	46	57	201	15.5%
反诘句(70条)	35	8	3	46	65.7%

齐沪扬、丁婵婵(2006)曾提到，反诘类语气副词在表示反问语气上具有不可替代的作用，并且一些语气副词也可以看成是功能类别的形式标志。"有没有"反诘句在形式上最明显的特征就是存在"还""到底""究竟"等语气副词，但"有没有"测度句也有类似的副词出现。以下是反诘句的例子：

(26)他哪点对不住小刘？这是什么世道？还有没有清白忠厚的人？（老舍《鼓书艺人》）

(27)我所说的关于爱德尔、琳勒特或者金罗埃的话，都不能打动你的心吗？你到底有没有心肝？（德莱塞《天才》，主万译）

(28)天！天哪！女人的下贱究竟有没有止境?!（劳伦斯《查泰莱夫人的情人》，饶述一译）

以下是测度句的例子：

(29)这次来，张铭泰笑谈道："你们还有没有把我当人贩子?"(1994年报刊精选)

(30)关于出版物编校质量低下的批评，近几年不时见诸报端，到底有没有纠治的良方呢？(《人民日报》1994年)

(31)卡尔匆忙问道，"草蛇扬言说你曾经踢死过他最疼爱的老伴，究竟有没有

① 询问句、测度句、反诘句三类句式在CCL语料库中的数据统计详见表4。

这回事呢?"(塞尔玛拉格洛夫《尼尔斯骑鹅旅行记》,石琴鹅译)

例(26)—(28)是"有没有"反诘句,"还""到底""究竟"是语气副词,只是表强烈的反诘语气。而例(29)—(31)是"有没有"测度句,例(29)的"还"表示状况依旧未变,因为之前张铭泰曾经被人当作过人贩子。例(30)(31)中的"到底""究竟"在《现代汉语词典》(第7版)中的释义都为:用在问句里表示深究或追究,并且在例(30)(31)中可以互换使用,因此我们把这两个词的词义统一认定为深究义。

"有没有"测度句中的"到底""究竟"有实在意义,表示深究或进一步疑问,而在"有没有"反诘句中则仅起强化语气的作用而没有实在意义,说明在反诘句中"到底""究竟"的功能已经发生了偏移。我们认为原因有以下两点:首先,从句末语气词来看,测度句可以比反诘句多一个"呢"字,表示存疑的测度;其次,测度句"还/到底/究竟+有没有"需要在相关语境下表达测度义,如例(29)—(31)的前部话语语境表达的是现实中存在的某个事件,其后的问句是建立在现实事件基础之上的,所以测度句中的语气副词语义较为实在,而在反诘句中,由于没有现实事件作为背景,全部是基于言者主观情感的表达,所以"还""到底""究竟"只表语气不表实在意义。

2.2.2 肯定倾向与否定倾向的差异

吕叔湘(1942)提到,"反诘实在是一种否定的形式,反诘句里没有否定词,这句话的用意就在否定;反诘句里有否定词,这句话的用意就在肯定"。而对于测度句的概述为:"已有一种估计,一种测度,所预期的答语是'是'。"也就是说,吕先生对于反诘句预设的判定是与字面用意相反的,而对于测度句的预设判定是肯定的,那么他的论断是否适用于"有没有"反诘句与测度句呢?

"有没有"问句由于是正反问的重叠形式,既存在肯定词"有"也存在否定词"没有",那么就无法用肯定词或否定词来分辨句子的用意,但不可否定的是"有没有"反诘句的确表达的是否定的倾向,而"有没有"测度句则必须表达肯定的倾向。来看以下两例:

(32)你还有没有点人情味?(1994年报刊精选)

(33)我想问你有没有觉得自己发生了一些变化?(张向东《创业者对话创业者》)

例(32)是反诘问句,发话者利用否定且带有责备的语气来训斥受话人"没有人情味",如果是肯定的话将无从谈起,即斥责必然是负面否定性倾向;例(33)是发话者用测度的方式来发问,而且对受话人的变化已有一定的判定,该问句只能是肯定的,如果是否定的话将无从问起,即测度问是建立在已有观点基础之上,且必然为肯定。

2.2.3 弱疑和无疑之别

由于测度句处于询问句和反诘句之间，从疑问功能上来说三类疑问句构成了一个连续统，测度句类似于过渡带，那么其疑惑程度从典型的测度句到反诘句之间也存在着一个过渡阶段，如果这个阶段的功能特征已接近于反诘，我们称之为几近于无疑的弱疑测度句，该测度句只起到发话人阐述个人观点的作用。这类功能特点靠近反诘的弱疑测度句则类似于设问性测度问句，由于只是为了寻求共鸣而不需要受话人回答，说明疑惑程度已至最低。例如：

(34)不知道有没有发现？古今中外许多令人怀念的革命者都是诗人。我想这是因为诗人一直在追求激情，当他发现写诗不如革命激情时，他就去革命了。（蒋勋《孤独六讲》）

这类问句形式只是借疑问之形来阐述言者的观点，但是仍旧有测度的意味，目的是为寻求听者或读者的确认性共鸣。而反诘句则不必寻求听者的确认，也没有任何不确信的疑惑，只是对已知的事实用疑问的方式宣泄自己的情绪，例如：

(35)从玉屏乘坐中巴车到此换车去新晃的62岁老人余世云更是气愤不已："中巴车主只顾图利，到底有没有人管?!"（2001年6月新华社新闻报道）

(36)张日平一刻也坐不住了。孩子出生时你不管，现在快死了，你也不管，你还有没有"良心"啊！（1994年报刊精选）

由以上两例可知，"有没有"反诘句表达的是无疑的否定语气，而且是一种强烈的情绪和态度，而"有没有"测度句即便是弱疑测度也是存疑的，表现为说话人自问自答或渴望得到对方的确认。

三、"有没有"测度句的功能特征

在"有没有"疑问句中，询问句的功能在于表达中性的疑问，反诘句的功能在于表达主观否定义，而测度句的主要功能是表达说话人的主观倾向性，且在"有没有"疑问句式中占有相当大的比重。上文从形式、语义和语用层面讨论了"有没有"测度句与其他两类句式的具体区别，那么，其自身主要的功能特征是什么样的呢？

由于"有没有"测度句在疑问功能上是一个连续统，其疑惑程度从强疑到弱疑是渐变的，相关问句的表述也有所不同。下面我们需要观察"有没有"测度句在不同语境中的不同语用倾向。根据疑惑程度的强弱，可以分为两个层次六种类型：

第一层，疑惑程度相对较高，表示征询、催促或寻求认同。主要有三种语用功能：

一是征询。发问者根据已知信息，对所问的事件只有一般性的了解，并自认为这是应该会有的事情，否则将有悖于常识，用测度性疑问来表达自己对于客观事实的认识，测度语气较为强烈。例如：

(37)如果是门户之类的网站，大家可能会说这个商业模式太早，但当当一开始利润就不错，且模式清晰，但却一直没有上市，您心里有没有不平衡啊？（张向东《创业者对话创业者》）

(38)“打完这场官司，您有没有遗憾？”记者再问。（《市场报》1994年）

二是催促。对所问、所评述的对象或事件个人已有所判断，但又不十分确定是否正确，发话人急切地想通过测度的方式知晓答案，测度语气比较强硬。例如：

(39)秦启风看了他一眼，转过头问蒋联杰：“你老婆到底有没有问题？”（董哲《汉风》）

(40)嗯？现在你先告诉我，你的感觉如何？有没有哪里不对劲？（于晴《红苹果之恋》）

三是求同。发问者对于所问的事实有一定的认识，或有一定的倾向性，表述是为了得到对方的认定，测度语气明显。例如：

(41)张向东：如果你不走运一点，一直坐在CEO的位置上，又要做管理又要做创新，那有没有觉得内心有很大的冲突？为什么我问这个问题呢？因为我有，因为所有人都不是样样擅长。（张向东《创业者对话创业者》）

(42)勒苟拉斯对甘道夫说：“我觉得有股强烈的怒气在四周盘旋，你有没有觉得似乎空气跟着这股意志在共振？”“有的！”甘道夫说。（约翰·罗纳德·瑞尔·托尔金《魔戒》，朱学恒译）

第二层，疑惑程度相对较低，表示提醒、质问或设问。主要有三种语用功能：

一是提醒。发话人认为受话人对于某些情况应该有所了解，用测度问的方式表示提醒，测度语气相对平和。例如：

(43)你有没有发现，你若期待坏事来临，事情就真的常会变坏的？（《读者文摘》1989年）

(44)金九龄道：“你想她有没有可能就是江轻霞？”（古龙《陆小凤传奇》）

二是质问。疑问点位于问句后部，表测度性质问，发问人根据已知事实提出疑问，希望受话人给予确认性的答复，而受话人则根据具体情况来选择应答方式。该类问句一般表示强调，测度语气短而急促。例如：

(45)你自然不同了！你有私情啊！嗯？有没有？这就是他的表达感情的方式了。我扭转脸，不去看他。（戴厚英《人啊人》）

(46)李振江又说:"……我说我们家里没有摔破碗,没有碗碴子,你叫我们到外头去捡,不捡就罚钱,这事有没有?""有,老李哥。"韩老六说。(周立波《暴风骤雨》)

三是设问。发话人以自问自答的方式阐述自己的观点,先是以预设的方式提出问题,然后回答,疑惑程度已至最低,只是用测度性的口吻引起受话者共鸣。

(47)我们现在有没有"庸俗的现实主义"的表现呢?我看多少是有一些的。(邵荃麟《邵荃麟评论选集》)

(48)总希望听点小道消息能一夜暴富,其实天上掉馅饼的事有没有呢?有。但是我们散户绝对不要奢望它能掉到我们头上。(陈新《股市宝典》)

综上所述,"有没有"测度句在不同的语境中有不同的语用功能,从疑惑程度较高的征询到疑惑程度较弱的设问,其疑惑程度随语用功能的不同而递减。表征询义的"有没有"测度句在疑问功能连续统中靠近询问句,表设问义的"有没有"测度句则靠近反诘句。在两层六类测度句连续统中,越是靠近询问的测度越是需要受话人答复,与之相反,越是靠近反诘的测度越是不需受话人回答,当然其间还存在可答可不答的中间状态。

此外,还须说明,以上六类测度义并不是截然对立的,而是相互关联,测度语气存在交叉与渐变的情况,这与言者表达时的主观倾向性有关。另外,"有没有"测度句的主要功能是半疑而问,即在对某事实有所了然的基础上发问,这与询问句的全疑而问和反诘句的无疑而问是不同的,在发问时对于问题的答案有一定的倾向性。

四、"有没有"测度句的产生动因

在"有没有"疑问句中,测度句占比最大,详见表4:

表4 "有没有"疑问句的相关分类统计

疑问句式	出现次数		比率	情况说明
询问句	2276	912	40.1%	基本形式
测度句		1294	56.9%	使用频率最高
反诘句		70	3%	使用频率最低,有待发展

是什么原因造成了"有没有"疑问句在疑问程度上的差异?我们认为,造成疑问程度差异的动因可归为三点:疑问话语标记,语力,信疑互动的认知转化。

在测度句中,处在句末或充当独立成分的"有没有",句法性质上不再是实义动词的正反重叠形式,已虚化为话语标记,表强调的测度语气,意思是前面陈述的内容不容置疑,其支配的成分往往是一个完整的事件,而且受支配成分语义完整性的制约,其句法位置不能随意移动,那么可以说其用法和形式已经固化。此类疑问句的句法建构为"陈述句+疑问句",如例(45)(46)。这种附加疑问的方式是发问人对所述命题内容既信又疑的外在表现,要求其作用范围内所述的内容只能表疑问而不是陈述。

所谓"语力"是指使会话纳入了某一特定的言语行为,从而决定了整个句子是否是一个"示意行为"(illocutionary act),是否具有某种特殊的"语力"(illocutionary force)(陈振宇,2008)。疑问话语标记形式是"有没有"测度句固化的形式表现之一,除此之外,当"有没有"与心理活动类或意愿类等动词形式、感觉类名词形式、深究或探索类副词组合,表言者揣测性发问并要求听者回答时,具有了特定的语力,要求听者告知揣测的结果。

从语言使用者的认知角度来分析,"有没有"测度句是有倾向性的发问,这与猜测本身具有的线索性和推断性有关。在不同情况下,发问人对所述命题内容有时信大于疑,有时疑大于信,有时是信疑参半。当超过一定阈值时,信可以替代疑,疑也可以替代信,这种现象的相互作用称为信疑互动(牛保义,2003)。句末的"有没有"可被称之为信疑互动,而设问的自问自答则是疑信互动,如例(47)(48),信多则疑少,疑少则信多。在"有没有"测度问句中,根据信疑程度的不同,划分为需要回答的测度问和无须回答的测度问,这正是处在全疑和无疑之间过渡带的表现,存在疑问程度的连续性变化。

参考文献

陈振宇(2008)现代汉语中的非典型疑问句,《语言科学》第4期。
丁声树等(1961)《现代汉语语法讲话》,商务印书馆。
董秀芳(2004)现代汉语中的助动词"有没有",《语言教学与研究》第2期。
胡明扬(1981)北京话的语气助词和叹词,《中国语文》第5期。
邝 霞(2000)"有没有"反复问句的定量研究——对经典作家白话文作品的定量研究,《汉语学习》第3期。
吕叔湘(1942)《中国文法要略》,商务印书馆。
牛保义(2003)信疑假设,《外语学刊》第4期。
齐沪扬(2002)《语气词与语气系统》,安徽教育出版社。
齐沪扬、丁婵婵(2006)反诘类语气副词的否定功能分析,《汉语学习》第5期。
邵敬敏(1996)《现代汉语疑问句研究》,华东师范大学出版社。
邵敬敏(2013)疑问句的结构类型与反问句的转化关系研究,《汉语学习》第2期。
孙 瑞、李丽红(2015)作为准话语标记的"有没有""好不好",《宁夏大学学报》(人文社会科学版)第5期。
王 森、王 毅、姜 丽(2006)"有没有/有/没有+VP"句,《中国语文》第1期。
邢福义(1990)"有没有VP"疑问句式,《华中师范大学学报》(人文社会科学版)第1期。
徐盛桓(1999)疑问句探询功能的迁移,《中国语文》第1期。
中国社会科学院语言研究所词典编辑室编(2017)《现代汉语词典》第7版,商务印书馆。

(200083 上海,上海外国语大学)

“把”字句的标记模式研究*

刘春光

摘　要:本文对“把”字句的标记模式进行研究,发现其与句法语义对应关系的连续统:标记度越高,越倾向于语用的解读。从标记模式的视角回归对“把”字句的整体认知,有利于对“把”字句做出更为深入的研究和解释,对第二语言(汉语)教学也大有裨益。

关键词:“把”字句;标记;标记度;认知

〇、引言

“把”字句的语法意义到底是什么,一直是学界热衷讨论的话题,学者们从不同的角度对“把”字句进行了细致的描写和研究,主要的观点大致可以分成三种:一是“处置”说,如王力(1943)、吕叔湘(1948)、沈家煊(2002)、王红旗(2003)①;二是“致使”说,如薛凤生(1989)、戴浩一(1989)、郭锐(2003)②;三是“位移”说,如张伯江(2000)、张旺熹(2001)认为“把”字句是一个完整的认知图式,并从句式的整体功能上概括“把”字句的句式语义。因此,“把”字句不是一个单一的句法语义结构,而是一个多义范畴,“处置”和“致使”都只是“把”字句的语法意义的一个侧面,“主观性”以及认知阐释使得“把”字句的语用价值得以突显。在实际的教学中我们发现,外国学生往往对“把”字句采取回避的策略,而中国学生也很难将“把”字句说得非常清楚,因此,我们认为在“把”字句的研究走向精细化的同时,关注其整体上的认知阐释是非常必要的。

---

* 本文为上海师范大学文科项目的部分成果(项目编号:A-0230-15-001002),写作和修改过程中,《对外汉语研究》编辑部与审稿专家给予悉心指教并提出宝贵修改意见,在此一并致谢。

① 沈家煊(2002)认为“把”字句的语法意义是“主观处置”,邵敬敏、赵春利(2005)认为“把”字句的主观性主要在于突显说话人关注的焦点,提出了“焦点标记说”。

② 同样,“致使”义也不能完全解决“把”字句的语法意义,蒋绍愚(1997)指出所谓的致使实际上是动结式的语法意义,而不是“把”字句的语法意义。

一、"把"字句句法成分的标记模式

先来看一组例句：

(1)a. 小李看完了这本小说。[①]

b. 小李把这本小说看完了。

c. 这本小说小李看完了。/小李这本小说看完了。

d. 这本小说被小李看完了。

对以上例句，以往多从语法结构的转换、宾语的话题化、话题结构等角度讨论。我们从标记的角度出发，将标记性看作一个原型范畴（施春宏，2004），分析语法结构的标记度，这里的标记度既指同一句法范畴内部成员有标、无标的对立，也可以是不同句式之间的相对标记程度。比如，相对于结构 a 而言，b、c、d 是有标记的语法结构[②]，结构 b、c、d 的标记度都比结构 a 强。另外，在有标记的句法结构中，标记程度不同，对句法结构的解读和认识也不相同。我们以此为出发点讨论"把"字句的标记模式。

"把"字句的句法结构可以码化为：A + 把 B + VP（薛凤生，1989），在解释和描述"把"字句的时候，各家都要对"A""B""VP"的性质和特点进行分析。比如："主宾语的有定性""动词的处置性""谓语动词的非光杆性""动词的肯定性"等（张伯江，2000），同时也有人提出反例。从标记理论出发，笔者认为，"把"字句各组成部分的特点实际上体现了一个标记度的梯次差异，主要体现在以下几个方面。

1.1 A 的标记度

一般来讲，典型"把"字句的主语是由名词性成分来充当的，有时也有动词短语和小句的情况，有时也可以不出现。例如：

(2)小王把玻璃打碎了。

(3)他把我恨死了。

(4)三千米把我跑得气喘吁吁的。

(5)一顶轿子就把新娘抬来了。

(6)我跟你下棋把手都下臭了。

---

① 本文例句有的检索于北京大学 CCL 语料库，有的摘自各方家论著，也有一些内省语料，为行文方便，恕不一一标明出处。

② 本文所提及的有标记的句法结构是从句法规则和语义互动的角度来判定的。

(7)他们说你撞了车,把我吓坏了。

(8)看把个小伙子伤心的!

可见,从例(2)到例(8),充当主语的成分各不相同。从充当的语义角色来讲,例(2)中"小王"是典型施事;例(3)中"他"是受事;例(4)中"三千米"是因事;例(6)中"一顶轿子"是工具;例(7)中"把"字句承接上文小句,如果非要补出主语的话,只能是"这件事""这个消息",补出来句子反而冗余;例(8)中不能补出主语。《现代汉语描写语法》(张斌主编,2010)指出,"把"字句是表示通过一定的控制和致使力量作用于人或事物,主语充当的各种语义角色对句中动词的控制由强到弱形成一个系列:施事→准施事→系事→工具→时间→受事→因事→关涉者。因此,也可以说"把"字句主语的标记度形成一个由低到高的序列,这种标记度的不同是导致"处置"和"致使"分野的一个重要原因。就"处置"而言,一定要有处置的主体,如例(2);而"致使"不强调施动主体,更强调诱因,如例(3)至(8)。也就是说,对于表示"处置"的"把"字句来说,主语是句子的必有论元,而表致使的"把"字句对主语论元没有特别的要求。例(8)既不强调"处置"也不强调"致使",表达一个整体的句式意义,突显的是主观性。对于这种情况,我们就不能简单地给主语贴上施事或者受事的标签(张伯江,2000),因为一个句式就是一个完型(沈家煊,1999),这种情况的"把"字句标记度也就更高。表示处置的主体一般不会很复杂,但表示致使的原因会很复杂,可以是很长的结构表达形式。如例(9)(10)画线部分虽然在句法位置上可看作是"把"字句的主语,但却不是施事,而是"致使"因子:

(9)她多才多艺,篮球、垒球、足球、网球和剑术把她操练得窈窕健美,棕色的头发梳理整齐,深棕色的眼睛晶莹发亮,笑容传送高压电力。(《读者》(合订本))

(10)你们的汽车、你们的舞蹈、你们闲在的日子,这两年已经把她的眼睛看迷了。(曹禺《雷雨》)

1.2 B的标记度

"把"字后面体词性成分的标记度主要体现在施事和受事、有定和无定上。受事宾语和有定成分是典型的,标记度低;施事和无定的是非典型的,标记度高。

我们先来看施事和受事的情况:

(11)他把花瓶打碎了。

(12)他把衣服洗了。

(13)人生常常是这样,会把自己陷进一种欲罢不能的境况里。(琼瑶《雁儿在林梢》)

(14)前天你做菜给我吃，把碱当咸盐放了，差点没把我吃吐了。

例(11)(12)中的“花瓶”和“衣服”都是宾语，是受事成分，“把”字句表示“处置”义。例(13)(14)中的“自己”和“我”是施事宾语(非典型宾语)，标记度比例(11)(12)高，加上主语隐现，“把”字句表示“致使”，“使因”有可能是上文出现，也有可能是共识。因此，B标记度低的“把”字句表示“处置”，B标记度高的表示“致使”。

再来看有定和无定的情况，大多数语法论著都认为“把”字句的宾语是有定的，同时也有观点认为“一个”是一个典型的无定标记。(陶红印、张伯江，2000；杉村博文，2002；张谊生，2005a、2005b)例如：

(15)他把房子卖了。

(16)他把牙磕了。

(17)a. 他把这个苹果吃了。

*b. 他把一个苹果吃了。

c. 他把一个苹果都吃了。

例(15)(16)中的“房子”和“牙”在说话人和听话人心中是有定的，或者说是已知信息(旧信息)。例(17)a中“这个苹果”是有定的，因此句子成立；例(17)b不成立，因为“一个苹果”是无定的，不能进行可及性处理；而加上量化标记“都”之后，例(17)c成立，但整个句子表达的是一种主观义，表示“出乎意外”的情况或者强调主观量。因此，标记的强弱不仅影响句法结构的成立与否，同时标记越强，越增加语用意义。杉村博文(2002)、陶红印、张伯江(2000)等都从形式出发，认为“个”表示无定，张谊生(2005b)认为“个”是助词，他们一致的看法是“把个”是“把”字句中特例，我们认为相对于一般“把”字句而言，其标记度更高，上文也讨论过，标记度高的“把”字句倾向表示“致使”，不能分析为“处置”。张谊生(2005b)也认为“把个”句表示致使。例如：

(18)除夕夜，四周的爆竹把个年夜烘托得无比幸福。

(19)重重地坐下去，张开嘴想对母亲说什么，又闭上嘴什么也不说出来，把个王老太急得简直不知如何是好！

另外，张文也列举了“把个”表示“处置”的例子：

(20)他用银链子把个大大的珐琅鼻烟壶挂在脖子上。

(21)聂小轩知道这里的规矩，便悄悄把个二两的银锭塞在烟壶的布包下边。

我们认为，这种例子和我们上面的分析并不矛盾，因为上面两例中的“个”可以换成“一个”，虽然少了主观色彩。试比较：

(20')他用银链子把一个大大的珐琅鼻烟壶挂在脖子上。

(21')聂小轩知道这里的规矩，便悄悄把一个二两的银锭塞在烟壶的布包下边。

例(18)(19)中的“把个”无法换成“把一个”，“把一个年夜烘托得无比幸福”和“把一个王老太急得简直不知如何是好”都不合法。既然“把个”是语法化的过程，那么例(20)(21)没有例(18)(19)语法化彻底，标记度低自然更倾向于表示“处置”。

1.3 VP的标记度

VP在“把”字句中至关重要，“把”字句的结构变化其实就是VP的变化，VP是“把”字句的核心，“把”字句的焦点就在VP上，这样符合句尾焦点的一般规律。“把”的作用就是将B提到前边做话题，而把语义焦点放在VP上。(崔希亮，1995)VP一定是复杂形式，也就是说一定是具有强标记性，“把”字句才能成立。

其实，VP的标记度等级差异直接制约着“把”字句意义的表达。一般来讲，“把”字前后出现的分别是典型施事主语和典型受事宾语的时候，“把”字句往往表示“处置”。这时VP里的动词往往是二价和三价的动作动词。这种是标记度低的典型“把”字句。例如：

(22)你把窗帘拉上。

(23)他把床单洗干净了。

还有一部分“把”字句的主语和宾语分别是由非典型施事和非典型受事充当的，这时VP里动词往往是心理动词或者是性状谓词。相对于一般VP而言，标记性增强，这时，“把”字句往往表示“致使”，而不表示“处置”。例如：

(24)火锅把我想死了。

(25)这件事把他高兴坏了。

(26)几口酒就把小李醉倒了。

从例(24)至(26)可见，句中的“火锅”“这件事”“几口酒”都是非典型的施事主语，“我”“他”“小李”都是非典型的受事宾语；“想”是心理动词，“高兴”是形容词，“醉”是状态动词，都是非典型的动作动词。例(24)至(26)这种“把”字句的各个成分都是非典型的，标记度高，表示“致使”。

缪小放(1991)、崔希亮(1995)、张伯江(2000)都统计过“把”字句中VP的使用频率，较一致的看法是由述补结构的VP构成的“把”字句占绝对优势。张伯江(2000)指出，谓语形式为动趋式的“把”字句占比最大，几乎相当于其他谓语形式数量之和。我们认为，由动补结构构成的“把”字句标记度也是不同的，也有“处置”和“致使”之分。由动趋式VP构成的“把”字句表示“处置”，而“把”字句中动趋式VP往往具有[位移]性，而不具有主动性，相对于其他VP标记度更高，因此不是“致使”，而是“处置”的结果。

二、"把"字句整体语义的标记模式

上文主要从语法成分的语义表现形式上来讨论标记度和语法意义之间的互动关系，下面我们主要侧重从句式的整体语义上考察标记度对"把"字句意义表达的影响，说明"处置"和"致使"是两个不同层面的概念。

2.1 "处置"义和"致使"义的标记度

"把"字句的语义问题也是一个标记度强弱的问题。"处置"义是"把"字句最典型的语义表达，"处置"义的"把"字句不仅强调句法形式上的主宾关系，同时还强调主宾语的施受关系，从句式变换的角度来说，表"处置"的"把"字句也最容易和"主动宾"、"被"字句、"受事"主语句进行转换。例如：

(27)a. 小王打碎了玻璃。

b. 小王把玻璃打碎了。

c. 玻璃被小王打碎了。

d. 玻璃小王打碎了。

例(27)中 a、b、c、d 四句的句式不同，但语义上的施受关系没有发生变化。因此，"处置"义是"把"字句的基本语法意义。而表示"致使"的"把"字句转换就不自由。例如：

(26')a. 几口酒就把小李醉倒了。

b. 小李几口酒就醉倒了。

c. 几口酒小李就醉倒了。

*d. 小李被几口酒醉倒了。

例(26)的句子变换以后，不能从施受关系上来解释"几口酒"和"小李"之间的语义关联，从"致使"的角度解释更为合理。另外，由补语成分突显的"致使"义和"把"字句表达的"致使"义不是一回事。"致使"义是"把"字句意义的主要部分，但不是全部（王红旗，2003）。例如：

(28)他们把那条大船击沉了。

(29)他把大树锯倒了。

(30)面条把我吃腻了。

(31)这课把我听烦了。

例(28)(29)中，"处置"是"把"字句的语法意义，"沉了"和"倒了"这种"致使"义是"处置"

的结果；例(30)(31)中，“把”字句表示“致使”而不表示“处置”。因此，将“处置”义和“致使”义分开并根据不同的情况进行选择，问题显得更简单。正如张谊生(2005b)指出：“特定的句法形式必然会出现一定的语义内容，相应的语义内容同样需要借助特定的句法形式来表达。”表“致使”义的“把”字句从主语的低生命度、宾语的指称方式以及VP的特征上看都是有标记的。

2.2 “处置”义和“位移”义的标记度

崔希亮(1995)、齐沪扬(1998)、张伯江(2000)、张旺熹(2001)都关注了“把”字句的位移特征，但角度和出发点不同。我们认为，位移是“处置”的结果，而不是“致使”的结果。认定“处置”和“致使”的统一标准是“施动”性，处置强调施受关系，所以才有主观处置和客观处置之分。“致使”不强调施受关系，而强调“致使因＋致使结果”。杨素英(1998)也在“处置”义的基础上谈论“把”字句的位移性，“位移”需要驱动力，在句法上强调施事成分的必要性，而不是“致使原因”的必要性。因此，“位移”分为“空间位移”“时间位移”“心理位移”，这三者间也存在一个标记度的问题。例如：

(32)他把我拉上来。

(33)她把水递到我面前。

(34)他坚持把艺术之路走下去。

(35)我得把义务尽到年龄。

(36)他把这个决定立刻告诉了领导。

(37)小王把他当作亲人了。

例(32)(33)表示“空间位移”，例(34)(35)表示“时间位移”，例(36)(37)表示“心理位移”。三种位移虽然都表示“处置”义，但施受的语义关系有强弱的差别，例(32)(33)中的施受关系比较明显，例(34)至(37)中的施受关系比较模糊。实际上，“时间位移”和“心理位移”都来源于空间位移，是空间关系意义到时间关系和心理关系的投射。例(34)(35)中表达时间意义的趋向词语“下去、到”都是借助空间的表达方式；例(36)把“决定”这个信息看成实物，这种认知上的“位移”义是传导隐喻的结果；例(37)反映的是一种认同心理，即把甲物放在乙物的位置上，“把A当作B”是来自于心理放置表达式的隐喻，这种隐喻就是一个“物质空间的定位”投射到“心理空间的定位”(张伯江，2000)的过程。我们认为，这种隐喻的过程也是一个标记度增强的过程，标记度越高，越需要认知上的努力。

三、"把"字句语用上的标记模式

通过上面的分析可见,"处置"和"致使"在"把"字句中分工还是比较明确的。"处置"是"把"字句的基本意义,当句法和语义上的标记度增强时,"把"字句的"致使"义才得以突显,而"处置"的"结果"(补语表示的"致使"义)和"把"字句表示的"致使"义(句式义)不是一回事。"位移"义是"处置"义"把"字句中语义标记度突显的一类。语用上标记度的增强会带来"附加"信息,也就是说"处置"义、"致使"义、"位移"义看起来都不被突显,得到"突显"的是一种主观的评价、态度和情感。在语法表现形式上,也有很强的标记性,这些特殊的"把"字句往往不要求句法成分的必要性,甚至连主语或者充当"把"字句中核心成分的"VP"也可以不出现。

按照来源,这类具有特定语用用途的"把"字可以分成两类:一类来源于处置义"把"字句(我把你这个 NP!),一类来源于致使义"把"字句("把个")。

3.1 "我把你这个 NP!"的标记度

关于"我把你这个 NP!"这样的句子,王力(1943/1985)指出,"骂人的话往往不把处置的办法骂出来,于是话只得说一半";吕叔湘(1980)认为,"'我把你这个……'后面没有动词,表示责怪和无可奈何";张美兰(2000)、王幼华(2008)、李青(2011)也都讨论过这个问题。从标记度来说,这种句子在句法、语义和语用上标记度都很强,是为了表示特殊语用含义的一种语法形式。其句法形式上要求主语必须是第一人称代词,宾语必须是第二人称代词,VP 不出现;语义上要求 NP 必须是贬义色彩的词语;语用上表现为主要用于表达说话者内心的愤怒和不满,或侮辱谩骂,或愤怒痛斥,或嫌怨责怪。这种特殊"把"字句的另外一个特点就是通常用于口头交际之中。例如:

(38)我把你个小蹄子!

(39)我把你个王八羔子!

(40)我把你这个不要脸的!

(41)我把你这个没出息的东西!你为什么不上进呢?

李青(2011)对这种句式表达的主观意义做了详尽的分析。我们关注的是这些非典型的"把"字句为什么能成立,其表达的主观意义是怎么来的。我们认为这和语言的标记性有关。语言的标记模式和典型范畴理论密切相关,人类建立的范畴其实大都是典型范畴,它的内部成员的地位不平等且有核心和边缘之分。边缘的往往采用有标记的形式,有标记的形式在认知上具有复杂性。就上面特殊的"把"字句而言,我们认为这种认知的复杂性主要体现在语用推理上。

典型的处置义"把"字句就是一个"完型","我把你个NP"之所以能够成立并被理解,在句法上是类推在起作用。① 那么,"VP"不出现,语义表达上的不自足性就需要语用推理的帮助。说话人不想说得太详细,解决的办法就是依靠语境从有限的话语中推导出没有说出而实际要表达的意思(或叫"隐含义")。"我把你个NP"往往表达一种隐含的"处置"义,至于如何处置,说话人也想不清楚或者说不出来,这时说话人和听话人的"相互知识"(何兆熊,1989)就是推理的前提。"相互知识"往往不需要表达出来。从认知上来讲,说话人通过有标记的选择所传递的意图可以通过激活人们对所选择的语言形式所能产生的约定俗成的社会、心理联想得以实现。这也是"VP"不在句法结构中出现的原因。另外,这个特殊的"把"字句的标记性还与一些语用原则密切相关。一方面是与"经济原则"密切相关,人类的认知计算是以经济性为导向的(沈家煊,1999;樊永仙,2008),即说话人总想在取得精确传递信息的效益时尽量减少自己说话的付出。因此"我把你这个NP"是个"半截子话"。语言交流是说话人和听话人之间互相合作的一项活动,还要遵守"合作原则"。如"坏蛋、贼奴才、孽畜、狠心狼、狗腿子"等NP已经具有了足够的贬低和斥责义,因此"适量"和给对方留足面子也十分重要。

综上所述,我们认为"我把你个NP"是"处置"义"把"字句的一个特殊的表现形式,只是这种句子整体上不再强调句法成分的排列规则,突显的是这个句式的语用含义,表达说话人的主观情感,因为说话人做出有标记的选择,这就意味着额外的付出,这些额外的付出会获得额外的回报——传递附加信息。

3.2 "把+个+NP+VC"的标记度

在表"致使"义的"把"字句中,不管从使用频率还是表现形式上,"把+个+NP+VC"的标记度都很高。例如:

(42)这篇文章可把我写哭了。

(43)这个南瓜吃得他拉肚子了。

(44)偏偏又把个老王病倒了。

(45)把个犯人跑了。

例(42)(43)是比较典型的致使义"把"字句,句法语义特征表现为主宾语不是典型的

---

① 所谓类推指的是原有结构没有发生变化,但因套用某个法则,类推出不同于原来的新结构,新结构表层不同于旧结构,但两者的底层意义不变。(参见王寅、严辰松,2005)

施事和受事，整个句式义突显致使关系而不是处置关系。和这类“把”字句相比，例(44)(45)有很高的标记度：“把个”句主语经常具从缺结构模式和低生命度特征；谓语常由一价动词或特定泛义动词充当；宾语的指称方式和语义角色相对灵活；补语的标记方式和表达手段具有特殊性和多样性（张谊生，2005b）。而这些突破句法限制的形式特点不是离散的、偶发的，而是整体上表达一种特定的语用含义，也就是说，这种“把”字句不能再做句法上的分割和操作，即不能进行变换。试比较：

(44’)? a. 老王病倒了。

* b. 老王被病倒了。

(45’)? a. 犯人跑了。

* b. 犯人被跑了。

变换以后的 a 句不表示“致使”义，b 句不合法。

因此，对于这种特殊的“把 + 个 + NP + VP”句来说，从语用上解释更合适。杉村博文(2002)注意到了在这种句式中，“NP”和“VP”之间存在一种扭曲的语义关系，整个“把”字句的语法意义可以笼统地描写为“说话人对所发生的事件、情景感到出乎意料”。张谊生(2005b)进一步详细论述了“把个”句的表达功用和主观化色彩。张文给我们的启发很大，但通过分析张文的例句，我们发现值得进一步探讨的问题：并不是所有的“把个”句都表示致使[①]，我们来看张文的例句：

(46)国的心一动，想：刚才我光注意了她的后影儿，把个前影儿忽略了，要不是衣服粘在身上还当就只有件衣服呢，人忽略的往往就是衣服底下的这个人啊。

(47)他是浙江人，一口南方官话，他把个“俺”字念得怪里怪气，引起了大家哄笑。

(48)把个东方春雨馋得伸手便来要，却被秦宝宝一巴掌把手拍了回去，道：“你急什么，还没有烤熟呢。”

(49)两人穿了露出身体大面积的游泳衣，在光天化日之下也敢做出几个青藤枯树交接缠绕的身段，把个陈维高幸福得飘飘悠悠的，跟着蓝天碧海一起年轻了不少。

比较上面的例句，例(46)(47)中的“(我)把个前影忽略了”“他把个‘俺’字念得怪里怪气”除了“个”之外，在句法表现形式、语义的施受关系上和一般的“把”字句没有太大差别，我们认为这两个例子中的“把”字句表示“处置”，而并非“致使”；例(48)(49)中“把个东方春雨馋得伸手便来要”“把个陈维高幸福得飘飘悠悠的”两句中找不到明显的施事主语，而充当宾语的也不是受事，动词也是有标记的（一价、不及物），这两个句子中的

① 陶红印、张伯江(2000)，张谊生(2005a、2005b)，李青(2011)等认为是“致使”。

“把”字句才表示“致使”。这种差异在语序的选择变换上也体现得非常明显。来看变换之后的情况：

(48’)a. 把个东方春雨馋得伸手便来要

b. 馋东方春雨馋得伸手便来要

* c. 东方春雨被馋得伸手便来要

(49’)a. 把个陈维高幸福得飘飘悠悠的

b. 陈维高幸福得飘飘悠悠的

* c. 陈维高被幸福得飘飘悠悠的

例(46)(47)可以变换成主动句和被动句，表示“处置”，而例(48)(49)变化之后要么意思变了，要么句子不合格，受到严格的句法限制，表示“致使”。

另外，“把”字句有一定的主观性，而这种主观性往往是有语境标记或者词汇标记的。李青(2011)对能够进入“把”字句的语气副词进行了细致的描写，共分为九类：诧异、侥幸、意愿、逆转、巧合、强调、婉转、料定、领悟等。例如：

(50)我们幸亏把他带来了。(侥幸)

(51)你不让他去，我偏把他带去。(强调主观愿望)

(52)他不但不帮我，反而把我批评了一顿。(反预期)

(53)让他拿书，他却把本子拿来了(埋怨)。

(54)他不巧把书忘带了。(不希望)

再来看语境的标记对“把”字句意义的影响。例如：

(56)我对着小王喊，没想到把小李喊醒了。

(57)老王打儿子，结果把老婆打哭了。

单独说“我把小李喊醒了”和“老王把老婆打哭了”就表示“处置”义，而上例中，语境提供了充足铺垫，“把”字句表“致使”，因为“没想到把小李喊醒了”“结果把老婆打哭了”在语义上不是真正的施受关系。可见，表“致使”义的“把”字句在各方面都是有标记的。

四、“把”字句标记模式的整体认知

就现代汉语的基本语序而言，“把”字句无疑是一种有标记的句法结构。(石毓智，2000；施春宏，2004)这种有标记的句法结构到底表达什么样的语法意义，是学界一直争论的焦点。有的强调“把”字句的“处置”义，有的强调“把”字句的“致使”义，有的强调“把”字句的主观性和语用义。我们认为，“把”字句的语法意义体现在一个动态的系统之中。

石毓智(2000)和施春宏(2004)认为,汉语中无标记的基本的句法结构是"主语 + 谓语 + 宾语",其对应的基本语义结构是"施事 + 动词 + 受事"。汉语是一种依靠语序区别句子成分的语言,它的基本语法结构的规则完全可以用语义特征加以描写。而汉语有标记的语法结构是在各种语境因素制约下,对无标记结构进行语序变换或者添加语法标记而产生的。我们用标记度的强弱来说明"把"字句的语法意义,而标记度的强弱指的就是句法规则和语义特征对应的程度。总体上来说,我们认为"把"字句有两种最主要的语法意义:"处置"和"致使",二者可以分开,在句法表现形式上"致使"义"把"字句的标记度强于"处置"义"把"字句,甚至可以说处置义"把"字句在句法和语义上是无标记的[①],致使义"把字句"在句法和语义上是有标记的,二者形成一种互补的标记模式:

无标记组配	有标记组配
主+动+宾	(主)[②]+动+宾语
施+动+受	非[施+动+受]
"处置"义	"致使"义

图 1　处置义"把"字句和"致使"义"把"字句的句法语义差异

上文已经讨论过,只要能在句法上和语义上分析成"主动宾(施动受)关系"的"把"字句都表示"处置"义,表位移的"把"字句是"处置"义"把"字句中有语义标记的一类;相反则表示"致使"义。

当"把"字句不能体现句法结构和语义结构之间的对应关系时(如"我把你个 NP""把 + 个 + NP + VC"),"把"字句表达一种说话人的主观态度,是一种具有特殊语用目的的"把"字句,但其语用意义还是来源于"处置"和"致使"。

综上所述,"标记"是一种调节手段,"标记性"越强越倾向于语用解读,因为标记具有语用信息传递和突出信息中心的功能(孟凡胜、腾延江,2005)。因此,"把"字句标记模式的整体认知可以如图 2 所示:

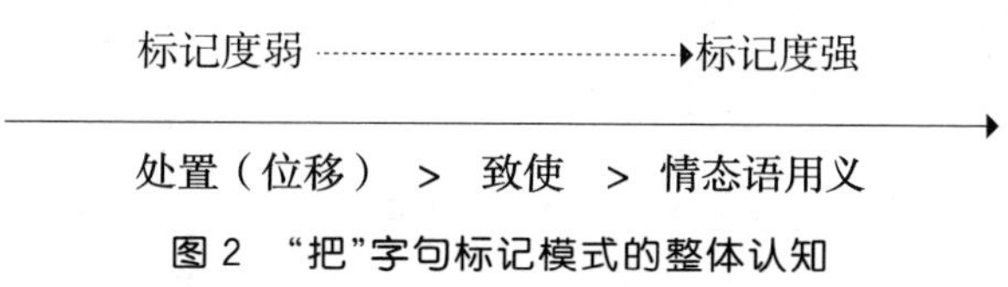

图 2　"把"字句标记模式的整体认知

从图 2 可见,标记的强弱和"把"字句的功能构成一个连续统和等级体系,在这个体

① 这里的有标记和无标记是相对于"把"字句内部而言的。

② 不出现主语或者无法补出。

系中我们可以动态地、分层次地整体看待“把”字句的特点：其一，“处置”义和“致使”义既有联系又有区别，二者在句法层面、语义层面和语用层面通过标记度的调节“各司其职”。其二，在一种语法结构内部观察语法、语义和语用三个平面，建立三者的关联模式，而不是将三个平面独立地看待分析，它们之间是一种动态的互动关系。其三，这种标记模式对于汉语中其他的语序现象也具有解释力，如“被”字句，我们将另外讨论。

参考文献

崔希亮(1995)“把”字句的若干句法语义问题，《世界汉语教学》第3期。

戴浩一(1989/1994)以认知为基础的汉语功能语法刍议，载戴浩一、薛凤生主编《功能主义与汉语语法》，北京语言学院出版社。

樊永仙(2008)标记理论及其扩展应用，《中北大学学报》(社会科学版)第3期。

郭　锐(2003)把字句的语义构造和论元结构，《语言学论丛》第28辑，商务印书馆。

何兆熊(1989)《语用学概要》，上海外语教育出版社。

蒋绍愚(1997)把字句略论——兼论功能扩展，《中国语文》第4期。

李　青(2011)现代汉语“把”字句主观性研究，吉林大学博士学位论文。

吕叔湘(1948)把字句用法研究，《汉语语法论文集》(增订本)，商务印书馆。

吕叔湘主编(1980)《现代汉语八百词》，商务印书馆。

孟凡胜、腾延江(2005)标记理论综述，《外语和外语教学》第8期。

缪小放(1991)老舍作品中的“把NVP”，《语文论集》(四)，外语教学与研究出版社。

齐沪扬(1998)《现代汉语空间问题研究》，学林出版社。

杉村博文(2002)论现代汉语“把”字句“把”的宾语带量词“个”，《世界汉语教学》第1期。

邵敬敏、赵春利(2005)“致使把字句和隐省被字句”及其语用解释，《汉语学习》第4期。

沈家煊(1999)《不对称和标记论》，江西教育出版社。

沈家煊(2002)如何处置“处置式”——论把字句的主观性，《中国语文》第5期。

施春宏(2004)汉语句式的标记度及基本语序问题，《汉语学习》第2期。

石毓智(2000)《语法的认知语义基础》，江西教育出版社。

陶红印、张伯江(2000)无定式把字句在近、现代汉语中的地位问题及其理论意义，《中国语文》第5期。

王　力(1943/1985)《中国现代语法》，商务印书馆。

王　寅、严辰松(2005)语法化的特征、动因和机制——认知语言学视野中的语法化研究，《解放军外国语学院学报》第4期。

王红旗(2003)“把”字句的意义究竟是什么，《语文研究》第2期。

王幼华(2008)半截子埋怨式“把”字句的结构语义分析，《语文研究》第1期。

薛凤生(1989)试论“把”字句的语义特征，《语言教学与研究》第1期。

杨素英(1998)从情状类型来看“把”字句(上、下)，《汉语学习》第2、3期。

张　斌主编(2010)《现代汉语描写语法》，商务印书馆。

张伯江(2000)论“把”字句的句式语义，《语言研究》第1期。

张美兰(2000)论近代汉语“我把你个+名词性成分”句式，《语文研究》第3期。

张旺熹(2001)"把"字句的位移图式,《语言教学与研究》第3期。
张谊生(2005a)近代汉语"把个"句研究,《语言研究》第3期。
张谊生(2005b)现代汉语"把+个+NP+VC"句式探微,《汉语学报》第3期。

(200234　上海,上海师范大学对外汉语学院)

介词句否定式的“镜像”分布与限制因素*

——以“S不和NPVP”与“S和NP不VP”为例

赵　彧

摘　要:“S不和NPVP”与“S和NP不VP”以介词为视点的镜像分布有句法和语义限制。VP进入“S不和NPVP”与“S和NP不VP”具有[无界]特征。句式的组配要求与VP的语义特征之间有很强的选择关系,[±交互]、[±自主]、[±共同]等语义特征会直接制约VP准入两种句式的自由度,存在一个“交互性等级”。就焦点和辖域的关系看,无标记时,否定毗邻成分;有对比焦点时,“焦点否定”优先于“毗邻原则”。就功能表达与使用限制来看,主要表现在三个方面:信息属性与否定位置、主观表达与客观直陈、零形反指与成分标界。

关键词:“不”;功能漂移;否定焦点;否定辖域;功能表达

〇、引言

介词“和、跟、与、同”是一组汉语同义介词,它们基本上呈现出同义的分布模式和语义功能,只是各自的使用频率和语体色彩略有差异。张谊生、赵彧(2018)探讨了介词“跟”与“不”的两种分布模式。本文以介词“和”为代表,探讨否定词“不”在“S和NPVP”中的镜像分布①模式和限制因素:“S不和NPVP”(Ⅰ式)与“S和NP不VP”(Ⅱ式)两者在选择搭配、语义功能以及否定辖域上的差异。如:

(1)a. 我和张三<u>不认识</u>。　　b. ? 我<u>不</u>和张三<u>认识</u>。

* 本研究得到了刘红妮副教授主持的国家社科基金项目“汉语跨层词汇化的再演变研究”(项目编号:17BYY161)和上海师范大学研究生优秀成果培育项目(项目编号:A-0132-17-002021)的资助。本文曾在第四届“汉语副词研究学术研讨会”(福建厦门,2017.12.9—12.10)上宣读,与会学者提出诸多意见,导师张谊生教授和《对外汉语研究》匿名评审专家也提出中肯的修改意见,在此一并致谢。

① 汉语“镜像”表达有多种类型,张黎(2003)描写了以核心动词为视点,诸多成分在动词前后呈现出“镜像分布”。本文所谓“镜像”,是以介词为视点,否定词“不”在介词前后形成的镜像分布。

(2)a.？我和张三不见面。　　b. 我不和张三见面。

(3)a. 我和张三不来往。　　b. 我不和张三来往。

上面三组六句，为什么例(1)b和例(2)a两句在没有特定语境的提示下，似乎都不能单说，至少接受度相对较低；而例(3)a和例(3)b无需特定的语境，却都可以单说？那么，导致例(1)b、例(2)a两句不符合汉语语感的限制性因素到底有哪些呢？再进一步思考，都可以单说的例(3)a和例(3)b两句，否定焦点与否定辖域、语言表达的主客观功用等又有什么细微而重要的区别呢？本文将对这一现象进行探讨。

本文语料取自CCL现代汉语语料库、BCC现代汉语语料库。除集中举例不标出处外，其余所有例句均标明出处。

一、语义特征与选择方式

并不是所有的VP都能选择Ⅰ式和Ⅱ式这两种分布模式，形成这种镜像表达在句式的组配要求与VP的语义特征之间有很强的选择关系。根据VP准入的自由程度，可分为：自由选择式和限制进入式。

1.1 自由选择式

VP为[＋双向、＋自主、＋共同]的交互动词时，可以自由进入“S不和NPVP”和“S和NP不VP”中，形成镜像分布。所谓交互动词，是指凡是在语义上要由两个方面的人或物同时参与才能实现或实施的动词(张谊生，1997)。依据交互动词是否可以同配价成分“O”同现，可分为二价交互动词和三价交互动词。如：

(4)蔡珍纳那一伙，一向和我们不来往，她们嫉妒秋如、茉莉功课好！又嫉妒各项运动你总拿第一，她们老是第二。(岑凯伦《哟！女孩子》)

(5)他明白这是乌龙和罗盘在暗中保护他，心中很是感激。但这两个人在监房里却从不和他来往，他有时想凑近前说一两句话，他们却使个眼色远远闪开。(彭荆风《绿月亮》)

(6)“太后，‘东边’现在也太不像话了，什么事都和您不商量，奴才想了心里真替您委屈。”说着李莲英竟挤出两点眼泪。(斯仁《李莲英》)

(7)那年寒假，任大叔事先不和女儿商量，当着女儿的面收下了农业合作社会计黄有财的定亲彩礼。(白桦《古老的航道》)

“来往”“商量”是表达交互动作，语义作用方向都是双向的。“来往”是二价交互动词，施事成分“蔡珍纳”“这两个人”必须前置，与事成分“我们”“他”也要左置介宾化。

“商量”是三价交互动词，其中施事成分“东边”“任大叔”和与事成分“您”“女儿”强制出现，而补足语论元既可前置话题化，如例(6)；也可句法隐省，不强制性要求右置宾化，如例(7)。有两种情况会影响“不”的漂移：

第一，当“S”与“NP”为[-生命、-施动]的名词时，“不”仅能与VP紧邻。如：

(8)我和赖恩在购物中心看到一个年轻女孩，她身上那件孩子气的连衣裙和修长白皙的双腿有点不搭调[？连衣裙不和修长白皙的双腿有点搭调]，看来娇弱而楚楚动人，深深打动我们的心。(艾丽斯·西伯德《可爱的骨头》)

例(8)中“她身上那件孩子气的连衣裙”与“修长白皙的双腿”均是无生命的名词，具有非施动性，尽管“搭调”是交互动词，但“不”仍不能漂移到介词前。

第二种“不”不能漂移的情况是VP为光杆动词。如：

(9)她虽武功尽失，但精锐的目光尚在，她警觉注意四处，发现这里的庄主必是喜欢花花草草之人，但真的和那老头儿不搭[？这里的庄主不和那老头儿搭]。(于晴《凤求凰》)

例(9)“这里的庄主”与“那老头儿”是有生命的名词，有施动性，但“不”仍不能漂移到介词“和”前，这是因为VP为光杆动词。例(9)“不”不能漂移至“和”前，也符合汉语句子的基本成分严格遵守普通重音“右重”的要求。普通重音“居末”是以句末主要动词为中心建立起来的，Quirk等(1972)概括为“尾重原则”(principle of end-weight)，而“不和那老头儿搭”形成的是“头重脚轻”的重音分布模式，打破了汉语普通重音“右重”的要求，“不”的作用在于加重“搭”的分量，不能做句法移位操作。在VP为[+双向、+自主、+共同]的交互动词时，否定词“不”是否能功能漂移也要受制于“S”与“NP”的生命度、施动性特征和VP是否光杆动词。

1.2 限制进入式

当VP为准交互动词，VP的交互性减弱使得自由进入Ⅰ式和Ⅱ式的镜像分布受到限制，具体表现为选择Ⅰ式和选择Ⅱ式。

1.2.1 选择Ⅰ式

VP为[-双向、+自主、-共同]的准交互动词时，选择进入“S不和NPVP”。所谓准交互动词，是指动作的实现与实施虽然涉及两个方面的人或物，但双方支配动作的地位并不等同，语义作用方向都是单向的。请看例句：

(10)烟鹂自己也没有女朋友，因为不和人家比着，她还不觉得自己在家庭中地位的低落。(张爱玲《红玫瑰与白玫瑰》)

(11)罗厚不和她争辩，乘她不在家，私下见了姚伯母，就到姚宓的小书房去找书。(杨绛《洗澡》)

例(10)“比”是三价动词，其施事“烟鹂”和介词“和”介引的与事“人家”强制出现，而其关涉论元“女朋友”则隐含了。例(11)“争辩”是二价动词，施事论元“罗厚”和与事论元“她”作为必有论元出现。当介词“和”表“对、向”义时，也选择Ⅰ式。如：

(12)偏偏这个家伙要搞出这一回事，浑身湿漉漉地，都没心情玩了。你说我怎么能没气，你看他，像是没事人一样，也不和我们道歉，一想起来就来气。(三羊猪猪《都市藏娇》)

例(12)“和”表示“对、向”义，“不”只能置于介词“和”前。“道歉”是二价动词，施事成分“他”必须前置，对象论元“我们”必须左置介宾化。

某些谓词的义项差别会限制进入Ⅰ式和Ⅱ式，语义理解也有所区别。如：

(13)我跟你讲清楚，你和不和可慧好，是你们的事！你和她好也罢，你不和她好也罢，我发誓不再和你来往！你也请尊重些，再也不要来找我！(琼瑶《聚散两依依》)

(14)他说送箭头的意思是，突厥人向来和中原人关系不好，见面就动手，射你几箭倒是有情可原。(墨武《江山美色》)

“好”有多个义项，当表示“男女相处”时，只能用于Ⅰ式，表示主观上不愿意和某人处对象、做朋友，如例(13)；当表示与某人“友爱、和睦”的关系时，只能用于Ⅱ式，表示陈述与某人的关系不友爱、不和睦，如例(14)。

VP为[-双向、+自主、+强及物性]的动作动词时，也选择进入“S不和NPVP”。如：

(15)加林为了不和她并排，只好比她走得更慢一点，和她稍微错开一点距离。(路遥《人生》)

(16)生活中磕磕碰碰在所难免，这时可能会用到碘伏来消毒。但要注意碘伏不能和红药水一起用。(《碘伏怕遇上红药水》，人民网—生命时报2017年4月1日)

协同义副词赋予了“排、用”临时的交互性，其本身不具有交互性，而且“并、一起”等协同义副词需要强制出现，否则会影响到句式的完句与自足。在与配价成分“O”同现时，会出现“论元增容”的情形。如：

(17)后来父亲就不和马伯乐一张桌吃饭，父亲自己在客厅里边吃。吃完了饭，那漱口的声音非常大，马伯乐觉得很受威胁。(萧红《马伯乐》)

例(17)“吃”是二价动词，施事“父亲”前置出现，受事“饭”右置宾化，多出的与事“马伯乐”通过介词“和”引进。对于这类动词的论元增容现象，Goldberg(1995)认为框式构式(skeletal constructions)本身可以提供论元,沈家煊(2000)把配价看作是句式的属性,动词的配价或论元主要是由句式的整体意义所决定的。其实,这是表达的精细化等语用动机引发了动词和句式的互动,其结果是动词改变其论元结构来适应句式意义和句式构造的需要(袁毓林,2004),具体而言,就是动词能够直接赋予的论元种类有限,为了表达的精细化,许多间接论元要靠介词引进,从而引发动词论元结构的增容。

1.2.2 选择Ⅱ式

VP为[-双向、-自主、+关涉]的准交互动词时,选择进入"S和NP不VP",多为二价状态VP,其中部分VP需要协同义副词"相、共、同、并"等句法强制性出现。如:

(18)我前几日还和许姐姐说,要能找位才子给写几个字,明日竹叶青推出时,挂在堂内就好了,可惜孟珏不在,我们又和那些自珍羽毛的文人不熟悉。(桐华《云中歌》)

(19)孙建冬记起当年她就特别漂亮,是南区出了名的美女,只是她的漂亮向来和他不相干,三年过去了,这梁诗洛简直就是越发漂亮了。(李可《杜拉拉升职记》)

"熟悉""相干"都是二价非自主的关涉义VP,其关涉对象"那些自珍羽毛的文人""他"只能通过介词"和"左置介宾化。"不"是否进入词内成为语素也会直接制约"不"做句法移位操作。如:

(20)事实上呢,我们当时只有两种机会上报,即抢人和自杀。但是这两件事都和我们兴趣理想不大合,当然不曾采用。(沈从文《一个传奇的故事》)

"不大"是词法关系(马清华,2005),"不"为词内成分,是绝对不能拉出前移出现在Ⅰ式中,例(20)中是不能说成"这两件事都不和我们兴趣理想大合",其他如"格格不入、不相伯仲、素不相识、密不可分、毫不相干"等这类成为构词语素的"不"同样也不能做句法移位操作。

考察发现,VP为[-双向、-自主、+关涉]时,进入"S和NP不VP"是一种无标记的强势倾向,在以下三种情况下,"不"可以漂移到介词短语前。如:

第一,表示假设、条件等的虚拟句中。

(21)良久,夏侯沅峰叹息道:"韦兄可还有什么心愿未了,只要不和天意相违,在下必会尽力。"韦膺游目四顾,淡淡问道:"陆夫人可死了么?"夏侯沅峰目中闪过惊异之色,道:"没有,陆夫人影踪不见,想来已经脱险了。"(随波逐流《随波逐流之一代军师》)

"相违"是关涉义的状态VP,进入"S和NP不VP"是无标记的、自然的表达,在虚拟句中否定词可以前移至"和"前,形成"不和天意相违"这种表达,表示某种条件。

第二，要求听话人执行某种行为的言语行为句中。

(22)你不和人民代表熟悉，怎么让人民代表选你？哪怕只是程序，你也得让他们帮你过这一关才行。（瑞根《弄潮》）

在表示以言行事的施为句中，否定词“不”可以功能漂移，形成“S不和NPVP”，“和人民代表不熟悉”是客观直陈的否定表达，而“你不和人民代表熟悉，怎么让人民代表选你”则是以反问形式发出“最好要和人民代表熟悉”这一建议的施为句。

第三，非自主义的自主化。

(23)晚年的毛泽东不仅敏锐，而且固执，认准了的事情九牛拉不回来。最近，主席才严厉批评了江青他们几个人搞帮派活动，不和大多数委员团结。（1994年《作家文摘》）

当“团结”等非自主动词实现自主化时，即主体有意识地发出“团结”这种可控的动作行为时，也可以进入“S不和NPVP”。非自主动词实现自主化，也即马庆株(1988)提出的“自主义的隐现现象”，即动词在具体运用中自主义和非自主义的转化，参看原文以详。

着眼于VP允准的共性特征看，VP进入Ⅰ式和Ⅱ式都具有[+无界]特征，反映在句法上就是“不”不能与完成体标记共现，以及在用“不”否定的结构里，动词宾语一般排斥数量词的现象正是“不”的使用要满足“无界性要求”(Ernst，1995)，即VP要满足“无界”(unbounded)特征才能用“不”否定。沈家煊(1995)区分了活动动词与事件动词，认为“动+了”和“动+这/那+(量)+名、数量+名”是一个有内在的自然终止点的有界动作，并指出活动动词只能用“不”否定，事件动词一般只能用“没”否定。

(24)不和罗梅扯闲篇	*不和罗梅扯了闲篇	没和罗梅扯了闲篇
和罗梅不扯闲篇	*和罗梅不扯了闲篇	和罗梅没扯了闲篇
(25)不和杏儿谈问题	*不和杏儿谈两个问题	没和杏儿谈两个问题
和杏儿不谈问题	*和杏儿不谈两个问题	和杏儿没谈两个问题

综上所述，在不涉及语义及情态方面的差异时，VP准入两种句式受语义特征的制约，存在一个“交互性等级”：交互性、自主性越强越自由进入两种句式，否定标记句法漂移的自由度也相对较高；交互性、自主性越低，则只能限制性进入两种句式，否定标记做句法漂移操作的自由度也大大降低。上述论述总结如图1：

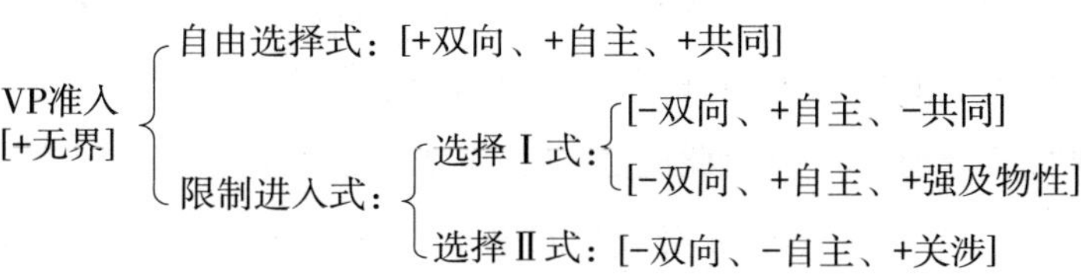

图1 语义特征对VP准入的制约

二、焦点指派与情态滤除

“不”作为焦点敏感算子，语序具有一定的灵活性，句法位置的变化会带来否定辖域的宽狭变化和否定焦点的选择变化。与情态动词组合后，“不”还有情态滤除功能。

2.1 否定谓语中心

焦点性质不同会引发“不”的语义作用方向的变化，在语义特征为[+双向、+自主、+共同]和[-双向、-自主、+关涉]时，“VP”与“不”毗邻(adjacent)，若指派为常规焦点，否定辖域与焦点相重合，VP既是辖域内成分也是焦点成分。如：

(26)他是个实际的人，这些自然的诗意，本来和他不打交道，可是此时他的心情实在很可以说近乎所谓感伤了。(矛盾《蚀》)

(27)她是一个身材苗条的女人，五官还算端正，可是周宏明每次看见她，总是暗地里为张文华难过，他觉得这女人浑身上下透着一股俗气，和张文华一点不般配。(白帆《那方方的博士帽》)

否定在表层结构上是一种线性的语法范畴，在无标记的情况下，否定的辖域一定是否定词之后的成分(袁毓林，2000)，虽然“般配”与“打交道”进入两种句式，“不”存在漂移自由性差异，但都是作为“不”的毗邻成分，在常规焦点下，否定词“不”否定毗邻成分“般配”与“打交道”。而在句中加入对比重音或焦点标记标示对比焦点，否定的辖域可以回溯到否定词之前的成分。如：

(26')a.[这些]$_{Fc}$自然的诗意，和他不打交道。(不是那些)

b.这些[自然]$_{Fc}$的诗意，和他不打交道。(不是人为的)

c.这些自然的诗意，和[他]$_{Fc}$不打交道。(和别的人)

对比重音是一种非线性的句法现象，对比重音标记对比焦点，句中位置相对自由，其实一个句子中的各种实词、甚至虚词都可带对比重音(范开泰，1985)，例(26')中当对比重音分别落在“这些”“自然的”“他”时，就会指派成为句子的对比焦点(Fc表示对比焦点)，处理为优先否定，而“不”右侧辖域内的VP否定强度已经弱化。总之，在常规焦点下，VP既是否定辖域内成分，也是否定焦点；在有标记情况下，否定焦点具有动态性，可以回溯到“不”之前。可以为此建立一个关联标记模式：

常规焦点	被否定成分在否定词之后	无标记词序和无标记否定
对比焦点	被否定成分在否定词之前	有标记词序和有标记否定

2.2 否定状中短语

在语义特征为[+双向、+自主、+共同]和[-双向、+自主、-共同]时,“不”右侧辖域内有三个成分:“和NP”“VP”“和NPVP”。吕叔湘(1985)指出:“在句子里,‘不’或‘没’的否定范围是‘不’或‘没’以后的全部词语。一个词在不在否定范围之内,有时候会产生重大的意义差别。”“不”是一个对焦点敏感的算子,倾向于吸引焦点。否定辖域的扩大会使得否定焦点存在多种选择性,在无标记情况下,遵循“毗邻原则”,“不”与“和NP”形成的是毗邻否定,优先理解为否定焦点,而在有对比焦点等有标记的情况下,遵循“焦点否定”,否定词否定的是句子的对比焦点。如:

(28)村里有我个亲戚,几年前就说下个媳妇,可是人家硬拖着不和他结婚,嫌他人穷,村穷,拉倒了。(1994年《报刊精选》)

(29)我本想叫司机送我去餐厅,告诉他,我不和他吃饭,大哥说,若我去了,他肯让我走才怪。(岑凯伦《蜜糖儿》)

否定词在没有焦点的情况下否定靠近否定词右侧的成分(李宝伦、潘海华,2005),“不”优先选择“毗邻原则”,即否定毗邻成分“和NP”,上述两例分别是“人家(媳妇)可能结婚了,但不是和他”“我可能要吃饭,但不是和他”。若句中通过焦点重音或焦点标记显示对比焦点,“不”作为一个对焦点敏感的算子,优先选择“焦点否定”。由于否定词具有焦点敏感性(focus sensitive),当否定句中引入焦点后,如果仅靠语感判断,很难断定否定词操作的对象是焦点还是其他成分。所以在这种情况下,最关键的是要找到可以判断否定词与什么成分关联的区别性句法环境(胡建华,2007)。如:

(30)邱天骏道:“我们不和水家、元家比,只和乔家比,我们也捐一千两吧。”(电视电影《乔家大院》)

例(30)通过“乔家”这一区别性要素可知毗邻成分“水家、元家”是作为对比焦点被否定的,只不过此时“焦点否定”与“毗邻原则”重合,而距离“不”较远的“比”没有被否定。上述可总结为“不”的“焦点否定”优先于“毗邻原则”,句中若存在对比焦点的有标记用法时,“不”与对比焦点关联紧密,对焦点的否定优先处理,而在无标记时,否定词“不”遵循毗邻原则,句法上与“不”毗邻优先处理为否定。

2.3 情态滤除功能

情态动词是非现实语义的一个重要体现形式,对情态动词的否定能发现非现实语义范畴中的一些问题。当“不”与情态动词形成毗邻否定时,“不”具有情态滤除作用,“不”的使用会改变非现实命题的次情态范畴,会使某个命题从一个情态范畴变为另一

个情态范畴(王晓凌,2007)。如:

(31)a. 我能和她离婚。

b. 邹杰说,她有精神病,我不能和她离婚,可我也是个男人,箫,你懂男人和女人吗?(苏童《妇女生活》)

例(31)a"我能和她离婚"中"能"既可表"能力",属动力情态范畴(dynamic),意为"我有能力和她离婚";也可表"可能",属认识情态范畴(epistemic),意为"我可能会和她离婚"。而当"能"的情态多义功能一旦与"不"组合后,其语义类型以及相应的语法范畴发生了一定变化,例(31)b"我不能和她离婚"仅表道义情态(deontic)的"不可以"。再如:

(32)a. 大家可以和它们"亲密接触"。

b. 为了让大部分狗狗都能吃到狗粮,志愿者们分头行动,而一旁的工作人员则细心地告诫大家,在狗狗们吃食的时候,千万不可以和它们"亲密接触",以免被狗狗咬伤。(温暖爱心行走进太原市流浪狗爱心家园,《山西晚报》2013 年 12 月 1 日)

例(32)a"大家可以和它们'亲密接触'"中情态动词"可以"既可表认识情态的可能性,也可表道义情态的"允许",而在例(32)b"不可以和它们'亲密接触'"中,只能表示道义情态的"禁止"。综上可知,情态动词在被否定时会对其语义解读产生影响,一些多义情态动词在与否定算子结合后,可能把其中的某个意义滤除掉,而只剩下另一些意义。这时,否定算子也就有了使多义的情态动词少义化或单义化的作用(彭利贞,2007)。

三、功能表达与篇章管界

否定词"不"在"S 和 NPVP"中的句法漂移带来的语序变化在否定功能上有哪些差异?两种不同漂移结果在主客观人际功能上有何表现?零形反指和篇章管界又是如何表现的?

3.1　信息属性与否定位置

"和 NP"在不在"不"的否定辖域内在句法语义、信息属性与语用功能上都表现出不同,正如 Givón(2001)指出自然语言的命题否定比真值条件的命题否定更为复杂,典型的是,只有命题的部分内容是处于否定辖域之中,而未被否定的则是预设信息。如:

(33)久木现在才感受到有爱与没有爱的迥然不同,凛子在家里想必也是如此,甚至于早已不和丈夫一起吃饭了。(渡边淳一《失乐园》)

(34)其实我是不应该这样跟李浩君说话的,就算是他和小雨是亲密爱人,也毕

竟和我不熟悉。(张楠《没有阳光的幸福》)

上述两例“和 NP”表现出较大差异,前者“和丈夫”处于句法否定的焦点域(focus domain)中,是新信息,可以承载否定焦点;后者“和我”则是句法否定的焦点域之外的已知预设部分(presupposed part)。上述区分有两个形式的验证:

第一,提问方式不同。如:

(33’)凛子不和谁一起吃饭了?——凛子不和丈夫一起吃饭了。

(34’)李浩君毕竟和我怎么样?——李浩君毕竟和我不熟悉。

例(33’)中“和丈夫”是新信息,不是预设信息,可以针对其用疑问代词提问;而例(34’)中“和我”则是预设的已知信息,很难对已知信息进行提问,而对表达新信息的谓语用疑问代词进行提问则很容易。

第二,提顿词的位置不同。如:

(33”)凛子不和丈夫一起吃饭了。——*凛子不和丈夫啊,一起吃饭了。

(34”)李浩君毕竟和我不熟悉。——李浩君毕竟和我啊,不熟悉。

提顿词(句中语气词)有标记话题的作用,介词短语带上提顿词可以看作是话题化操作,类似于张伯江、方梅(1996)谈及的“话题主位”。例(33”)中“和丈夫”无法带上提顿词“啊”是因为其是新信息,与话题已知属性相矛盾;例(34”)中“和我”是预设的旧信息,可以带上提顿词“啊”,显示其话题属性。提顿词是已知信息与新信息、话题与述题的分水岭,而“和 NP”是否处于否定焦点域内直接决定其信息属性以及是否可以话题化。

3.2 客观直陈与主观表达

“不”表示说话者的主观否定(李瑛,1992),表示主观情感与意志、态度与认识等,而“不”的功能漂移会带来两种句式在功能上的主客观分工。“不”在 VP 前是对已然的现实情状、关系的客观陈述的否定,具有无意识性,是超越主体的意识而形成的客观态势(张黎,2003)。如:

(35)有 5 户受调查者学历在本科以上。其中两位表示,和邻居从不来往;另外 3 户表示和邻居只是偶尔来往。一位郑先生表示:他们和邻居不认识,除了见面时打个招呼,必要时敲敲门以外,不会有更深的交往。(邻里经常串门吗?《厦门晚报》2000 年 1 月 7 日)

例(35),“他们和邻居不认识”是对人物关系、现实状况的客观否定陈述,言者的情感、立场、态度等主观性因素不参与命题意义的建构。傅雨贤、周小兵等(1997)、吕叔湘(1999)、金玧廷(2000)在研究“不”与“跟”的位序时也指出否定词位于“跟”字结构后,句子表示客观现象;否定词位于“跟”字结构前,句子表示主观意愿。“不”在“和”字前也是对句子所表命题内容的主观意愿的否定，是说话人根据自己的视角、情感与认识等主观认识成分做出的认定性否定判断。如：

(36)“你们这还算轻易回家呀?”秋分问。“不和你辩论，”高翔笑着说，“我马上要和庆山哥谈谈这里的情况，开展工作，你们先到外边去玩一会儿。”(孙犁《风云初记》)

例(36)，“不和你辩论”是对言者主观意愿的否定，有“不愿意、不想、不肯”之意，是主观有意的行为。“不”的功能漂移引发的主客观分工有其内在语用理据，说话人对于一个命题的否定越有把握，就越倾向于把否定词移到离否定对象较近的位置，这时，表达上便趋向于确定；而说话人对一个命题的否定越没有把握，越倾向于把否定词移到离否定对象较远的位置，这时，表达上便越趋向于模糊(张爱民，1992)，确定性程度越高，客观现实性越强，主观情态性越弱；确定性程度越低，客观现实性越弱，主观情态性越强，语义的确定性与客观现实性成正比，与主观情态性成反比，如图 2 所示：

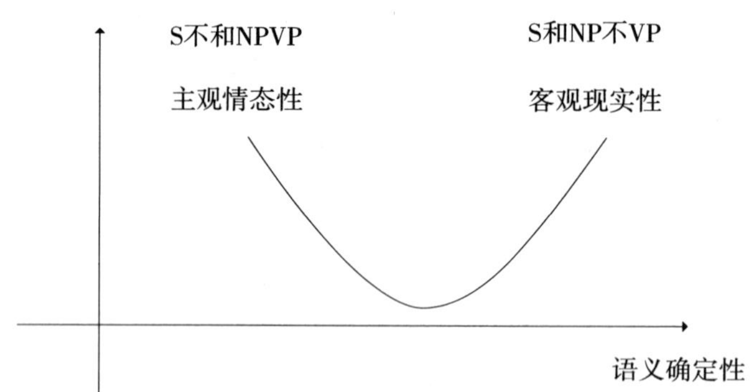

图 2 语义确定性与主观情态性、客观现实性的关系

“S 不和 NPVP”是一个对主观意愿否定的句式，而“S 和 NP 不 VP”是一个对客观现状否定的句式，有两点可以证明：

第一，排除其他干扰项，确定基础样本(常量)“S 和[①] NPVP”后，加入变量成分“不”构成最小差异对时，两种句式主客观程度差异明显。如：

(37)a. 我和他来往。我不和他来往。? 我不和他来往有三天了。我就是不和他来往。

b. 我和他来往。我和他不来往。我和他不来往有三天了。我和他就是不来往。

① “和”是连介兼类词，若不考虑语言环境、背景知识而孤立地看，很难说是介词还是连词，本文把基础样本“S 和 NPVP”中的“和”认定为介词。

例(37)中确定"我和他来往"为基础样本,加入变量成分"不"后的语序变化反映出主客观功能上的一些差异。例(37)a 是基于某种主观立场、情感所做出的主观意愿的否定,难以精确计量,因而加入"有三天了"这一精确的客观量成分后,该句难以接受,而加入主观性成分"就是"后,该句自足。例(37)b 是对人物关系的客观现状的否定性陈述,可以精确计量,也可以主观评注,不管是加入客观量成分"有三天了",还是主观性成分"就是",该句均自足。主、客观性的分工对客观量成分和主观性成分的句法选择性差异反映出倾向于客观陈述的语言成分,在语境中可以加上特定的语气、语调等超语段成分或语法形式来增强主观性,实现主观化;相反,倾向于主观表达的语言成分却不能通过减少什么或增加什么来达到"客观化"(宗守云、唐正大,2016)。

第二,两种句式对主观情态成分的准入表现不一。"S 不和 NPVP"本身就固有主观性,即使不与主观情态成分配合使用,也不妨碍其主观性表达。而"S 和 NP 不 VP"不具有主观性,其主观性是由引入的主观情态成分带入的,一旦提取相关成分,该句式的主观性也随即消失。如:

(38)a. 他不和童进商量。

b. 从此,有些事,他就不和童进商量,能够不告诉童进的事,也尽可能不告诉他。(周而复《上海的早晨》)

(39)a. 我们对书的理解和读书人不相同。

b. 我们成天与书打交道,对书的理解恐怕和读书人大不相同。读书人把书当作充实精神生活的另一种"食粮",他们典藏书籍是为了武装自己的头脑。而我们却得把这"精神食粮"作为物质生活的保证。(出版人自述,《福建日报》1994年5月14日)

例(38)a 提取主观评注成分"就"以后,"他不和童进商量"仍具有潜在的主观性,有"他不想 / 不愿意和童进商量"之义;而例(39)b 在陈述客观命题"我们对书的理解和读书人不相同"之外,还附加上了评注性副词"恐怕"对客观命题予以评注,显化了主观情态,但是一旦提取"恐怕",如例(39)a,该句的主观情态也就不复存在,而仅在陈述一个命题事实。

3.3 零形反指与成分标界

"不"在"S 和 NPVP"中的镜像分布,话语结构中还存在通过介词结构将底层述谓结构句法降级,变成非内嵌的依附小句(non-embedded dependent clause),导致小句主语零形反指现象产生,它具有一定的依附性,表现为:一,反指零形主语小句与后续带有显性主语的小句主语同指;二,反指零形主语小句没有时(tense)和语气(mood)成分

(方梅,2008)。如:

(40)a.他不和人说话。

b.蹄声响起。聆女师的私人马车驰往府后马厩的方向。我道:"驾车的是谁?"红晴低声道:"是个怪人,Ø从不和人说话[*了],听说自幼便是聆女师的仆人,他从不肯让人碰聆女师的马车。"(黄易《大剑师传奇》)

(41)a.黄萝卜田和青萝卜田不一样。

b.这是一块黄萝卜田。Ø和青萝卜田不一样[*了],黄萝卜田里是没有畦垅的,播种时就和撒草籽似的撒得满田都是。(张贤亮《绿化树》)

例(40)a、例(41)a底层述谓结构"他不和人说话""黄萝卜田和青萝卜田不一样"是独立性的自立小句,语气类型和情态成分不受限制,如"他不和人说话了/他不可以和人说话""黄萝卜田和青萝卜田不一样了/黄萝卜田可以和青萝卜田不一样"。底层的述谓结构是构成事件主线、直接描写事件进展的前景成分,反映在语法形式上就是"$了_2$"等语气类型和"可以"等情态成分可以入句,而例(40)b、例(41)b均是对底层述谓结构的零形反指化操作,实质是句法降级,零形式位置的主语("Ø"所标明)均是其后续小句的显性主语"他、黄萝卜田",而且由于句法上具有依附性,"$了_2$"等语气类型和"可以"等情态成分也受限。正如方梅(2008)指出小句采用零形主语反指是将小句间的关系从等立关系转为主次关系的手段,小句零形主语反指是综合运用语序和连贯手段对背景信息进行包装,以此背景化手段取得功能与句法形式的协调。

介词是语法关系的一种显性标记,因而他还有一种标界作用(金昌吉,1996)。在"S和NP不VP"中介词"和"的标界作用表现在不能句法删除,否则句子类型与语义理解都会发生变化。如:

(42)a.许云峰刘思扬不认识。

b.许云峰和刘思扬不认识,因此,要甫志高立刻找个可靠的地方打电话,约刘思扬出来。(罗广斌《红岩》)

(43)a.我你的朋友不熟悉。

b.宛若的声音有点模糊:"我在外面吃呢,出来吃吗?""喔,在外面吃,那我不过来了,又和你的朋友不熟悉。"(青铜人头《平行人生》)

"和"的标界作用制约其不能句法删除,否则句子类型和语义关系都会截然不同。例(42)a、(43)a"许云峰刘思扬不认识""我你的朋友不熟悉"都是话题句或主谓谓语句,而例(42)b、(43)b由于"和"的标界作用,只能分析为主谓句;就句法—语义关系看,"许云峰""我"受制于"和"标界作用的影响,可分析为主语和施事,"刘思扬""你的朋友"可分析为介宾和与事，而缺乏“和”标界作用的话，“许云峰”“我”可以分析为话题，“刘思扬”“你的朋友”可以分析为次话题。

四、结语

“S不和NPVP”与“S和NP不VP”以介词为视点的镜像分布会受到句法和语义的限制。VP具有[+无界]特征。句式的组配要求与VP的语义特征之间有很强的选择关系，VP的[±交互]、[±自主]、[±共同]等语义特征会直接制约VP准入两种句式的自由度，交互性、自主性越强，进入两种句式越自由，否定标记句法漂移的自由度也相对较高；交互性、自主性低，则只能选择性进入两种句式，否定标记做句法漂移操作的自由度也大大降低。

就焦点和辖域的关系看，在“S和NP不VP”中，常规焦点时，VP既是否定辖域内成分，也是否定焦点；在有标记情况下，否定焦点可以回溯到“不”之前。在“S不和NPVP”中，有标记时，“不”的“焦点否定”优先于“毗邻原则”，无标记时，句法上与“不”毗邻优先处理为否定。

就功能表达与使用限制来看，主要表现在三个方面：第一，信息属性与否定位置，“和NP”在不在“不”的否定辖域内在信息属性与语用功能上都表现出不同；第二，客观直陈与主观表达，“不”在VP前是对已然的现实情状的客观陈述的否定，“不”在“和”字前，是对句子所表的命题内容的主观意愿的否定；第三，零形反指与成分标界，“不”在“S和NPVP”中的镜像分布，话语结构中还存在通过介词结构将底层述谓结构句法降级，变成非内嵌的依附小句。介词“和”在句中有标界作用，其若删除，句子类型与语义理解都会发生变化。

参考文献

范开泰（1985）语用分析说略，《中国语文》第6期。

方　梅（2008）由背景化触发的两种句法结构——主语零形反指和描写性关系从句，《中国语文》第4期。

傅雨贤、周小兵等（1997）《现代汉语介词研究》，中山大学出版社。

胡建华（2007）否定、焦点与辖域，《中国语文》第2期。

金昌吉（1996）《汉语介词和介词短语》，南开大学出版社。

金玧廷（2000）现代汉语介词结构和否定词之间的语序关系，《语文研究》第3期。

李　瑛（1992）“不”的否定意义，《语言教学与研究》第2期。

李宝伦、潘海华（2005）焦点与汉语否定和量词的相互作用，载徐烈炯、潘海华主编（2005）《焦点结构和意义研究》，外语教学与研究出版社。

吕叔湘（1985）疑问·否定·肯定，《中国语文》第4期。

吕叔湘(1999)《现代汉语八百词》(增订本),商务印书馆。

马清华(2005)《语义的多维研究》,语文出版社。

马庆株(1988)自主动词和非自主动词,《中国语言学报》第3期。

彭利贞(2007)《现代汉语情态研究》,中国社会科学出版社。

沈家煊(1995)"有界"与"无界",《中国语文》第5期。

沈家煊(2000)句式和配价,《中国语文》第4期。

王晓凌(2007)论非现实语义范畴,复旦大学博士学位论文。

袁毓林(2000)论否定句的焦点、预设和辖域歧义,《中国语文》第2期。

袁毓林(2004)论元结构和句式结构互动的动因、机制和条件——表达精细化对动词配价和句式构造的影响,《语言研究》第4期。

张　黎(2003)"有意"和"无意"——汉语"镜像"表达中的意合范畴,《世界汉语教学》第1期。

张爱民(1992)单一否定词移位问题探讨,《徐州师范学院学报》(哲学社会科学版)第4期。

张伯江、方梅(1996)《汉语功能语法研究》,江西教育出版社。

张谊生(1997)交互动词的配价研究,《语言研究》第1期。

张谊生、赵　彧(2018)语义特征、表义方式与含状谓语否定位置的选择——以"S跟N不VP"与"S不跟NPVP"为例,《中国语言学报》第18期。

宗守云、唐正大(2016)河北涿怀方言的两个反身代词"一个儿"和"个人儿",《语文研究》第2期。

Ernst, T. (1995) Negation in Mandarin Chinese, *Natural Language and Linguistic Theory*, 13(4): 665—707.

Givón, T. (2001) *Syntax: An Introduction*. Vol1. Amsterdam: John Benjamins Publishing Company.

Goldberg, A. E. (1995) *Constructions: A Construction Grammar Approach to Argument Structure*. Chicago and London: The University of Chicago Press.

Quirk, R., S. Greenbaum, G. Leech, & J. Svartvik, (1972) *A Grammar of Contemporary English*. London: Longman.

(200234　上海,上海师范大学语言研究所)

《对外汉语研究》征稿启事

《对外汉语研究》由上海师范大学对外汉语学院主办，由商务印书馆出版，向国内外发行。本刊以"促进国内外对外汉语教学与研究，及时反映汉语教学与研究领域的最新成果和学术动态，全面提升对外汉语教学界的教学和科研队伍，为学术讨论、研究和理论创新提供平台"为宗旨。竭诚欢迎世界各地从事汉语研究和教学的学者、专家、教师、研究生围绕以上栏目及相关内容给《对外汉语研究》赐稿！

栏目设置：

作为第二语言的汉语本体研究；语言测试研究；语言学习理论；汉语作为第二语言的习得与认知；中外汉语教学的历史与现状；语言文化教学；对外汉语学科教学论；教材建设；对外汉语教育技术；学术评论和学术动态等。本刊特别欢迎论证充分、材料翔实，联系实际的新观点、新成果。

来稿注意事项：

1. 字数：论文以 8000 字左右为宜，重要文章可适当调整。

2. 题目、摘要和关键词：摘要一般不超过 200 字，关键词一般不超过 5 个。

3. 例句：

例句全部用小五号宋体，用(1)(2)(3)……统一编号，按顺序排列，并在例句后面用小括号注明出处。

4. 注文：注文一律采用脚注，用①②③……编号。

5. 参考文献：

例如：马箭飞(2001)以"交际任务"为基础的汉语短期强化教学教材设计，《对外汉语教学与教材研究论文集》，华语教学出版社。

沈家煊(1994)"语法化"研究综观，《外语教学与研究》第 4 期。

朱德熙(1982)《语法讲义》，商务印书馆。

Wilkins, D. A. (1976) *Notional Syllabuses*, Oxford University Press.

6. 投稿要求：来稿请以 WORD. DOC 格式用 E-mail 通过附件的方式发送至本刊编辑部。详细的格式、体例请参看本刊近期文献。

7. 来稿时写明：作者姓名，工作单位，通信地址（含邮政编码），联系电话，E-mail 地址和主要研究方向等内容。

8. 来稿审读时间一般为 6 个月，6 个月内未接到用稿通知，可自行处理。

《对外汉语研究》编辑部

邮政编码：200234

地址：上海市桂林路 100 号上海师范大学对外汉语学院

电话：021—64328691；电子信箱：dwhyyj@shnu.edu.cn

联系人：杜轶

图书在版编目(CIP)数据

对外汉语研究．第19期/上海师范大学《对外汉语研究》编委会编．—北京：商务印书馆，2019
ISBN 978-7-100-17033-8

Ⅰ．①对…　Ⅱ．①上…　Ⅲ．①汉语—对外汉语教学—教学研究—文集　Ⅳ．①H195.3-53

中国版本图书馆CIP数据核字(2019)第005922号

DUÌWÀI HÀNYǓ YÁNJIŪ
对外汉语研究
第十九期
上海师范大学《对外汉语研究》编委会 编

商务印书馆出版
(北京王府井大街36号　邮政编码100710)
商务印书馆发行
北京冠中印刷厂印刷
ISBN 978-7-100-17033-8

2019年2月第1版　　开本787×1092　1/16
2019年2月北京第1次印刷　印张13

定价：32.00元